首席人才发展官

世界500强企业人才发展全周期操盘之道

申晓刚◎著

中国铁道出版社有限公司
CHINA RAILWAY PUBLISHING HOUSE CO., LTD.

北 京

图书在版编目（CIP）数据

首席人才发展官：世界500强企业人才发展全周期操盘之道/申晓刚著. —北京：中国铁道出版社有限公司，2024.6
ISBN 978-7-113-31101-8

Ⅰ.①首… Ⅱ.①申… Ⅲ.①企业管理-人才管理学 Ⅳ.①F272.92

中国国家版本馆CIP数据核字（2024）第056783号

书　　名：	首席人才发展官——世界500强企业人才发展全周期操盘之道
	SHOUXI RENCAI FAZHANGUAN: SHIJIE 500 QIANG QIYE RENCAI FAZHAN QUANZHOUQI CAOPAN ZHI DAO
作　　者：	申晓刚

责任编辑：王　宏	编辑部电话：（010）51873038	电子邮箱：17037112@qq.com
编辑助理：宋　川		
封面设计：仙　境		
责任校对：苗　丹		
责任印制：赵星辰		

出版发行：中国铁道出版社有限公司（100054，北京市西城区右安门西街8号）
印　　刷：河北宝昌佳彩印刷有限公司
版　　次：2024年6月第1版　2024年6月第1次印刷
开　　本：710 mm×1 000 mm　1/16　印张：13　字数：247千
书　　号：ISBN 978-7-113-31101-8
定　　价：88.00元

版权所有　侵权必究

凡购买铁道版图书，如有印制质量问题，请与本社读者服务部联系调换。电话：（010）51873174
打击盗版举报电话：（010）63549461

序　言

拿到书稿的第一时间，赞许之心油然而生。晓刚能在繁忙的工作之余撷取百家之长，结合多年的实践，通过自己的思考集萃成册，其间的心力、脑力及毅力得到彰显。

人才发展这个话题驾驭起来并不容易，所以我们才会看到不同企业都有自己相对独特的人才发展方法论，表现在操作模式上就更加五花八门。这本书，不仅列举了世界500强企业在人才发展领域的最佳实践，还结合自身的知识经验及思考将这些内容有机地整合在一起，从战略和组织能力出发，系统阐述了人才目标、人才标准、人才评估、人才盘点、人才培养、人才任用和人才激励的完整内容。对于广大读者来讲，既能近距离了解大量的实操工具及方法，又能领悟到人才发展在组织发展全周期中的位置及体系，实属难得。

本书适用于人力资源相关工作者，无论你是从事人力资源的哪个模块，在本书中都能找到相应的内容。刚入门的新人可以直接把书中的方案、流程、工具作为可参照的范本；实践经验丰富的从业者也能够循着这本书的框架脉络，对自己的工作进行体系化的总结及升华。

组织中的各级管理者也能从这本书中全面了解人才发展工作的地位及价值，近些年人力资源工作的发展趋势之一是让人力资源从业者更加靠近业务，与此相呼应的即是让组织中的管理者也能全面了解人力资源管理的重点及框架。本书深入浅出的编写特点无疑给管理者提供了一块便捷的敲门砖。

对自身职业生涯发展有明确诉求及规划的职场人士，也可以通过本书了解到从组织的角度是如何设计人才发展这个议题的，如果能够将自身主导的成长发展与组织主导的培训发展有机结合起来，无疑对当下工作的适应及长期的职业发展都是很好的助力。

现实的商业环境使得当下的职场充斥着各种需要我们应对的复杂局面，这对于组织人才管理和每个人的职业生涯发展都提出了更高的挑战。人力资源从业者如何更好地开展人才发展工作，组织中的业务管理者如何更好地发展团队，职场中的个体如何更好地规划自己在组织中的成长，本书为我们做好这些工作提供了极大的助益。

北京师范大学心理学部领导力研究中心（NCCL）主任

史伟博士

2024年1月

前　言

当下商业环境充满了非连续性、复杂性和不确定性，使得企业如同身处漩涡，承受着巨大的挑战。俗话说："打铁必须自身硬"。企业在追求成功的道路上，离不开清晰明确的战略定位、敏捷的组织管理以及精细严谨的财务控制。在众多的企业决策中，短期可能看不到明显的效果，甚至需要大量投入。但从长期看这却是意义非凡的事情，比如人才培养，大到国家小到企业，无论过去还是现在，人才对一个组织的重要性已经得到充分印证。

业务管理者跟人力资源（HR）管理部门抱怨最多的基本是：业务人手不够、优秀的人太少、员工成长的速度太慢、高绩效的人不断被竞争对手抢走、高绩效员工离职后现有的人顶替不上等，围绕人才的一系列问题已经成为业务管理者的焦虑根源。遇到这些情形的业务管理者往往会给HR"下命令"，尽快填补岗位空缺。由于缺乏必要的规划和提前的布局，这时候企业基本都是通过紧急启动外部招聘来解无人可用的燃眉之急。

诚然，无论何时，招聘都是解决企业用人问题的重要手段，能够短时间填补人才缺口，确保业务正常开展。但是一味地采用外部招聘方式，特别是紧急招聘带来的弊端也是显而易见的。紧急招到的人往往会伴随胜任要求降低，外部招聘的人通常要求更高的薪酬，这不仅带来成本压力，还可能带来薪酬倒挂，影响内部公平性。

因此，塑造并强化企业竞争力，针对人才管理和发展的能力必须迭代升级、提前谋划、系统串联、科学实施，方能跳出"人到用时方恨少"的怪圈。

理想很丰满，现实很骨感。做好人才发展工作，能够实现人才账本清晰，人才管理有迹可循，避免"眉毛胡子一把抓"，促进人才管理机制形成，人才文化落地，最终战略目标与实现路径相辅相成。与此同时，企业在人才发展工作中暴露出的问题也不容忽视，总体上可以从"人、事、机制"三个维度概括，具体问题见表1。

表1　人才发展工作常见问题清单

序　号	维　度	问题概括
1	人的维度	管理者参与但参与的深度不够
2		培养对象层次划分较粗
3	事的维度	人才标准欠缺完备性
4		人才评估效度亟待提升
5		培养发展活动缺乏创新性
6		人才发展缺乏有效闭环，重盘点，轻应用
7		无对标不管理
8	机制的维度	人才发展和战略脱节，人力难以与整体战略相协调
9		人才发展的体系化机制不健全
10		各模块貌合神离，各自为政

走在前沿的标杆企业边干边摸索，正在从点状的培训授课不断向系统化人才培养转型。更多普通企业的HR从业者，也面临着系统化提升本企业人才培养工作的迫切需求，可往往无从下手。企业中经常存在这样的现象：什么样的人才是企业迫切需要的，直接上级往往单线判断下属员工的"好坏"，高绩效员工的突然离职往往使人员重新配置变得异常棘手等。有时候，HR凭借从网上找到的零散方法进行工作的创新推动，既无法取得良好的效果，又费时费力，业务管理者也不买账。可以说，系统化理论知识储备不足，缺乏行之有效的落地实践方法和工具，已经成为HR专业人员推进人才发展工作的实际痛点。

听了太多身边HR同行的诉苦，同时我在工作实践中也走过不少的弯路，这使得我萌生了创作本书的想法，创作过程中力争达到以下三个目的。

第一，理论系统性。系统阐述人才发展全周期体系，提出人才发展飞轮模型，从宏观业务战略到末端人才管理，让更多的HR从业人员具备全局视角，使更多的业务管理者清晰地看到人才发展（talent development，简称TD）工作的重要价值。

第二，技能工具化。翔实的理论模型匹配清晰丰富的落地方法和工具表单，同时结合大量的操盘案例进行详细说明，实现即学即用，使本书更加具备落地的实用性。

第三，知识启发性。围绕人才的发展是个复杂的工作体系，极具实践性和灵活性，不存在所谓绝对正确的操作。书中将各个模块执行的步骤详细讲解，完整地呈现和分析，帮助读者知其然又知其所以然，从而能够在新的工作场景中举一反三、灵活运用。

本书不仅浓缩了我十多年来的思考和实践，在写作的过程中，还参考了许多经典书籍，研究了诸多优秀企业的人才发展工作实践案例。人才发展技术生机勃勃，不断有新的理念和方法涌现。由于受限于个人认知的局限性，书中的内容难免有纰漏之处，期待与志同道合的朋友交流，共同踏上人才定义、人才识别、人才盘点、人才培养开发的"探险之旅"，共同推动人才发展技术的不断创新。

申晓刚

目　　录

第一章　人才战略与业务战略共舞 1

　　第一节　业务战略如何决定人才战略 2

　　第二节　什么是人才发展飞轮模型 9

　　第三节　企业不同发展阶段的人才发展重点 18

　　第四节　人才发展飞轮模型靠什么成功 19

第二章　人才目标："三看四定"模型 24

　　第一节　人才"三看"，明确现实需求 25

　　第二节　人才"四定"，确定关键岗位人才 30

第三章　人才标准：胜任力与胜任力模型 35

　　第一节　人才标准连接战略与人才发展活动 36

　　第二节　胜任力模型介绍及构成要素 39

　　第三节　四类胜任力模型 44

第四章　胜任力建模：全流程完整解析 49

　　第一节　完成项目准备 50

　　第二节　信息收集方法：资料分析法 52

　　第三节　信息收集方法：访谈法 55

第四节	信息收集方法：研讨共创法	64
第五节	焦点小组访谈和问卷调研	67
第六节	胜任力模型设计	69
第七节	胜任力模型校准出具	72

第五章 人才评估：人才能力全面掌握 — 77

第一节	为什么要做人才评估	78
第二节	人才评估三维度及对应方法	79
第三节	述职与述能评估	84
第四节	组织健康度评估	86
第五节	360度考评法	89
第六节	心理测评评估	97
第七节	访谈评估	101
第八节	情景模拟评估	103
第九节	人才评估结果的反馈和个人发展计划	109

第六章 人才盘点：从组织盘点到人才盘点 — 115

第一节	准备项目方案	116
第二节	完成人才盘点校准会准备	118
第三节	召开人才盘点校准会	122
第四节	人才盘点校准会工具：九宫格落位图	127
第五节	盘点结果共识和继任者盘点	131
第六节	人才盘点校准会结果和后续管理措施	132
第七节	人才盘点校准会讨论过程示例	134
第八节	人才盘点结果"两图两表"	139

第七章 人才培养：人才能力提升解决方案 — 142

第一节	人才培养PLP模型及各种培养方式对比	143
第二节	课堂授课	145

第三节	行动学习	148
第四节	导师辅导	154
第五节	短期任务安排、标杆游学和自主阅读	159
第六节	人才培养项目设计模型	161
第七节	人才培养项目评估4P模型	177

第八章 人才任用激励：多维任用，激活动力 ... 181

第一节	人才任用四大导向	182
第二节	在岗任用	183
第三节	轮岗任用	186
第四节	升迁任用	188
第五节	四维激励手段激发员工内生动能	190

参考文献 ... 194

后　记 ... 196

第一章

人才战略与业务战略共舞

开始学习前,先回答一个问题,人才战略从何而来?业务战略制定要考虑市场客户、自身能力、行业政策和竞争对手等多重因素,人才团队的不同搭配是实现战略的重要抓手。因此,人才战略要基于业务战略,在业务战略落地全周期的不同阶段中发挥支撑性的作用。

第一节 业务战略如何决定人才战略

业务战略是人才战略的出发点，人才战略需要回答一个终极问题，即"五个合适"：合适的时间、合适的地点、合适的成本、提供合适的人才、实现合适的人效，以满足当前和潜在的需求。

人才目标规划确定企业所需人才的类别、数量等信息，为供给提供了时间和地点的参考；岗位的胜任力建模解决了如何选择合适的人才，即人才标准的问题；人才评估和盘点更是进一步盘活了人力资源，提供精准的识别，并在精准识别的基础上进行人才任用和激励，真正实现"人才活水"和"滴灌精准式"匹配资源，为合适的成本提供支撑。这些过程性"组合拳"构成的人才发展工作，有助于达成人才战略的终极目标——通过不断地提高人效，达成战略目标。

拆开战略输入到战略实现之间的人才管理"黑匣子"，可以从"人才发展价值驱动模型"进行系统分析，如图1-1所示。

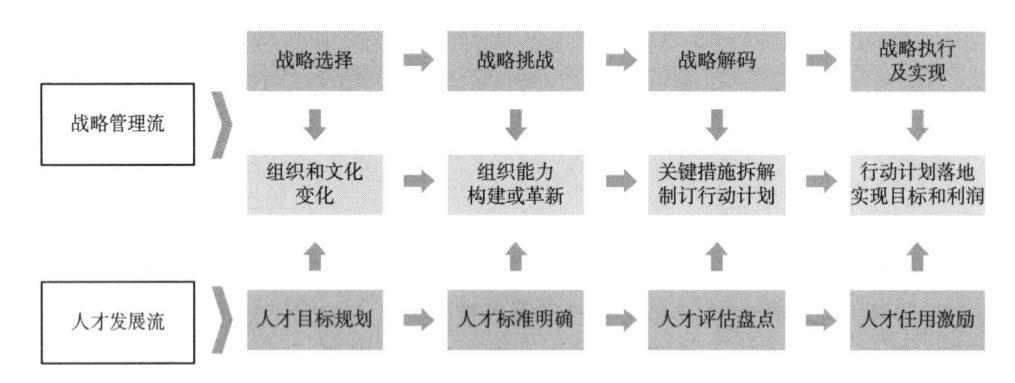

图1-1 人才发展价值驱动模型

一、企业战略选择决定人才目标规划

战略管理大师迈克尔·波特曾提出，战略的本质是抉择、权衡和各适其位。在一定的时间和空间范围内，任何企业面临的资源都是有限的，根据外部市场机会和内部资源禀赋，做出相应的战略选择，这也决定了企业未来的发展路径。企业的经营并不是万事俱备之后才开展行动，总会有需要补足的短板，或者需要进一步强化的环节，这样的新要求会进一步传导，带来组织和文化的新变化。例如，选择拓展陌生的市场，需要搭建组织、组建团队，撤出某一市场则正好相反；预计增强创新研发的实力，引进更多的高水平人才就成为必选项等。这些组织和文化的新变化，

需要有清晰的人才目标规划作为支撑，符合数量和质量要求的人才，以及人才与组织、岗位、文化的合理融合，才能真正带来组织和文化的积极变化。

二、组织能力是应对战略挑战的"压舱石"

任何一个新的战略选择，带来业务上新的要求和变化，都不会是一帆风顺，而是机遇与挑战并存。根据国际知名咨询公司埃森哲发布的《2021埃森哲中国企业数字转型指数研究》报告，企业数字化转型面临三大挑战：战略缺位，转型缺乏方向；能力难建，转型难以深入；价值难现，投入无法持续。在转型的过程中，虽然已经明确方向，但能否设计并落地可实现的商业模式，能否突破旧体系的束缚革新组织能力，能否找到试点突破口，实现路径跑通，这些要素更直接地决定了转型的成功与否。

数字化转型如此，其他的战略选择又何尝不是这样。在确定了合理的商业模式之后，组织能力就成了一个关键要素，正如华为技术有限公司总裁任正非在内部战略会上的讲话："方向要大致正确，组织要充满活力。"要构建对应的组织能力，按照中欧国际工商学院杨国安教授提出的"杨三角模型"，从员工能力、员工思维和员工治理三个维度构建企业组织能力，其中员工能力是支柱之一，而人才能力打造的前提是明确需要什么样的胜任能力，新的、不同的组织能力建设，对应新的、不同的人才能力要求，人才标准的再明确就成了构建或者革新组织能力的重要基础。

三、战略解码的过程也是人才解码的过程

战略解码的核心过程是，拆解拟定可以使战略得以实现的关键措施，并将这些关键措施与合适的人进行组合，实现人和任务的高效匹配。

大家可能对华为的业务领先模型（BLM）都比较熟悉，与之相匹配的，华为还有一套战略解码落地的工具，即业务执行模型（BEM）。业务执行模型的核心逻辑为，战略确定之后，要找到正确的衡量标准，创立恰当的项目，进而选择合适的人，运用正确的方法执行战略，如图1-2所示。

由此可见，"选择合适的人"就成了战略能否被执行的关键一环，很多经营管理者都发出过这样的感慨，用错了某个人导致业务失败。关键举措确定后，首要的任务就是对组织中的人进行盘点，不仅要识别高质量的人才，这些人还可以带领团队取得业绩的突破，将合适的人配置到正确的岗位。更重要的是，发现人才的薄弱点，从而主动采取措施，包括但不限于外部招聘、内部培养、内部调用等措施，逐渐给予弥补。例如，无发展意愿和发展潜力的员工不适宜安排创新性的工作，发现在关键岗位上无可用之人，要积极布局外招予以填补等。盘点好了人才，根据人才的特点、特长及整体状况，提前"排兵布阵"，为后续执行取得事半功倍的效果打下牢固的基础。

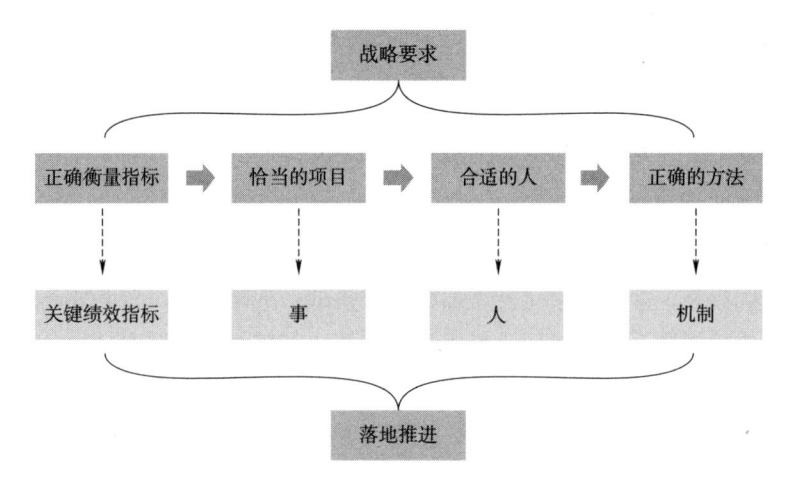

图 1-2　业务执行模型核心逻辑图

四、人才任用激励，保证业务计划落地

战略管理的最后环节是通过适当的机制确保前期的规划得以被执行，这些机制至少需要包括三类：数据管理机制、日常运营监控机制和人才任用激励机制。通过数据管理机制，常态化的监控关键绩效指标（KPI）的达成，出现数据异常可以快速反推存在的执行问题，进而有针对性地优化解决。日常运营监控机制，通过报告、会议等手段，监控行动计划日常执行的状态，起到防患未然的作用。人才任用激励机制，既包括数据结果异常后的被动人员调整，又包含在日常监控中，发现人员配置问题后的及时主动调整，始终保持用合适的资源激励合适的人，实现战略行动计划被完整执行。

典型案例

好时休闲零食的"新战场"

2009年，好时坚果公司（化名）年度销售额突破5亿元，业务覆盖山东、河北、河南、天津和湖北等省市，成为华北地区农业产业化的区域性龙头企业。

2010年以来，伴随市场消费模式的变迁、电商的高速发展，以及行业不断有新的品牌进入，整体坚果市场的行业规模在不断扩大，但好时坚果公司的业务不增反降，且逐年呈现下降的趋势，相关原材料的价格忽高忽低，但整体上呈现温和上涨的现象，压缩了利润空间。同时，有几个区域市场的销售负责人被竞争对手招用，进一步恶化了公司的情况。

在这种情况下，公司的创始人要求运营部门召集核心骨干召开发展方向的研讨交流会，结合市场客户部门的数据调研结果，除了新进入者的直接竞争带来的威胁外，挖掘出来当下存在的几大核心问题。

- 自有生产模式限制了产能的扩大，供给难以支撑市场的需求。公司长期以来采用自己投资建厂，原料自采的全自主控制生产模式。在该模式下虽然产品质量可以得到很好的保证，但由于投产周期长，占用资金规模大，产能短时间无法形成，错失了行业规模扩大的红利。
- 产品传统，相对单一，消费场景受限，无法及时满足当下多样化的客户需求。公司原来的产品集中度高，消费人群和场景更偏向家庭的日常消费和节日消费，当下年轻群体消费崛起，其消费的偏好更加多元、场景更加丰富，消费需求也日益常态化，公司现阶段的产品难以满足这样日益成为主流的新市场需求。
- 原有销售渠道萎缩，新渠道未能有效打开。公司原有的销售渠道还是代理商，终端店铺、商超的模式，互联网电商、直播带货等新型的销售渠道虽然进行了布局，但由于销售政策、专业人才等方面的限制，迟迟未能带来有价值的转化。

针对存在的上述问题，经过公司上下各层级不断地沟通，达成了共识。2013年，公司痛定思痛，决定迎头赶上。由于要控制风险，总体上采用跟随的竞争策略，主要在以下方面做出战略方向的选择调整，据此打造自身的第二增长曲线，见表1-1。

表1-1 好时坚果公司战略方向调整一览表

序号	调整维度	原模式	新模式
1	生产模式	自建工厂	停止自建，采用代工的模式迅速扩大产能，节约资金占用
2	新品研发	产品传统、固定、品类少	不是简单扩大单一的品类，而是做品类的组合，增加多样性
3	渠道优化	传统商超渠道，代理模式	企业类客户（to B）和个体消费者（to C）双拓展，一方面开辟企业定制；另一方面强化电商渠道
4	品牌升级	好时坚果	好时休闲零食，强调场景，强调和年轻人的链接

在确定新的战略调整思路之后，公司人力资源负责人就同运营部门负责人进行了深入的沟通，变化之后针对组织和文化方面，至少会带来以下几点挑战。

- 组织上，一方面代工厂考察及日常管理需要专门的团队负责，以前公司里并没有类似的部门；另一方面新渠道的强化，也需要专门的部门重点推进，避免原来的团队负责，出现执行不到位的情况，甚至刻意压制新渠道的不良导向。因此，公司决定成立两个新的部门：生产管理部和新渠道管理部，统筹新的工作任务。

- 文化上，任何转型都需要组织自上而下统一行动、步调一致，遇到困难要共同克服，避免扯后腿和不作为。因此，公司内部提出了两个倡议：一是向前台销售和渠道部门尽力提供便利和支持；二是要挖掘过往成功的关键要素，艰苦奋斗的拼搏精神，提出了二次创业的宣传导向。
- 人员上，带来的影响更直接，随着工厂停建及日后的调整，传统的生产管理人员的需求会变少，他们中的一部分人可以转型到代工厂的管理上。研发、新渠道、品牌公关的人才需求变得异常重要，公司的人才管理活动也必须涵盖这些新的关键岗位，这些岗位人员的胜任情况将直接决定战略方向能否实现。

新的战略方向清晰明确之后，公司内部召开了管理层和员工的交流座谈会。经过多轮的交流碰撞，一方面将新的战略向广大员工做了澄清和宣贯，便于大家更精准地把控，在工作中有意无意地贯彻执行；另一方面强调了新旧渠道的协同融合、新产品的快速开发迭代、品牌心智的共建、资源的共享等是成功的关键，经过运营部门的提炼，确定了"敏捷创新、协同共建"是新的组织能力，代替原来"精细运营、稳定可靠"的运营能力。

组织能力的要求明确之后，要解决的重大问题是通过哪些方式实现组织能力的转型。从管理学的角度讲，"杨三角模型"已经清晰地指出了行动的路径，要围绕员工能力、员工意愿和员工治理三个方面入手，打造组织能力的前提是明确我们要什么样的能力，即人才标准。从行为学的角度讲，根据查尔斯·都希格在《习惯的力量》一书中提到的"由暗示、惯常行为和奖赏组成的回路"，可以有效地促使人们形成惯常的行为模式。总结下来，核心方式有两个，即拉力和推力。

一是拉力方面。通过改变人才标准要求，对员工的行为起到牵引和规范的作用。因此，人力资源负责人通过广泛的人员访谈和聚焦研讨，对公司的基础人才标准进行了更新迭代，最大的变化就是将客户导向升级为客户增值，并成为核心要素，同时增加创新、协作、学习的新要求，匹配组织能力打造的新要求，如图1-3所示。

二是推力方面。一方面，立刻对全体员工的绩效考核内容进行更新，将服务满意、流程上下游响应时间、产品创新个数等指标纳入特别考核项，通过考核，倒逼员工思维模式和行为模式的逐步改变；另一方面，针对内部支持部门设置"服务标杆奖""协同标杆奖""最佳学习部门奖"，针对外部拓展部门设置"销售标杆奖""渠道拓展突破奖"等评优奖项，计划每半年度对表现优异的部门团队进行激励表彰。

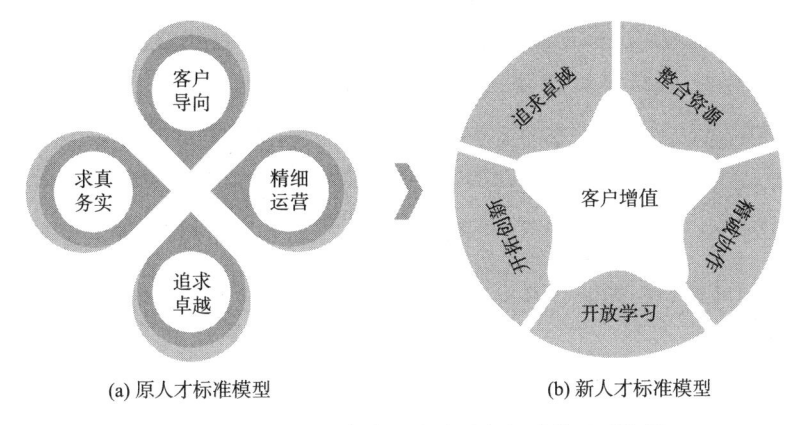

(a) 原人才标准模型　　(b) 新人才标准模型

图 1-3　好时休闲零食公司人才胜任标准前后对比图

要想真正实现战略突围，公司的创始人清楚，做到前两步还基本处于"纸上谈兵"阶段，是远远不够的，必须转化为具体的行动举措，将新模式下的战略目标拆分为具体可被执行的一个个计划才是重中之重。考虑公司之前从未进行过类似的改革，因此特意引入了外部咨询顾问，主导组织战略解码的工作，运营部门做好支持和配合。为此，人力资源和运营两个部门组织筛选了公司内部的主要管理者和关键岗位上的绩优员工，进行了为期3天2晚的"战略解码研讨工作坊"，整体流程如下：

- 第一天：组织了以团队小组为单位的整体团建活动，以年为单位，各个小组回顾公司的发展历程，寻找老照片，挖掘感人故事，最后绘制了生动形象的公司发展史，一起重温了十几年来的创业发展历程。
- 第二天：上午创始人分享了当下的环境，重点宣导公司的战略转型方向，并进行了工作动员，随即由外部咨询顾问介入，一方面介绍了战略解码的方法论，另一方面演练了相关的引导激发技术，帮助参会人员熟悉工具方法。下午进入正式的战略解码工作坊，引导师先让大家描绘了战略转型成功时的景象，从感性入手激发团队的工作激情，随后聚焦目标、剖析问题、形成关键"必赢之战"、拆解行动计划等。随着沟通的深入，一直持续到深夜，大家都还在激烈地讨论。
- 第三天：上午延续战略解码的策略共创，下午各个部门就共识的关键举措进行汇报，上下对齐，左右拉通，彼此公开透明，公司的创始人逐个点评确认，明确了未来工作的具体方向。

研讨会整体成果见表1-2（内容有删减）。

表1-2　好时休闲零食公司战略解码地图

财务层面	资产利用率、营业收入、利润增长					
市场客户层面	好吃、价格、关系、品牌、轻松、好玩、质量、市场占有率					
主要战场	产品创新	代工厂管理	渠道拓展	品牌升级	客户运营	数字化
年度必赢之战	1. 新产品开发计划 2. 产品研发定型敏捷流程 ……	1. 优化供应链管理体系 2. 制造能力输出管控体系 ……	1. 渠道谈判决策能力 2. 渠道拓展运维和退出机制 ……	1. 内容运营 2. 活动创新组织 3. 立体化品牌宣传和触达 ……	1. 通过渠道吸引新用户 2. 用户运营 3. 客诉追踪反馈闭环机制 ……	信息化平台建设
保障机制	组织、机制、文化、资金、信息化					

业务举措明确之后，各个部门的负责人马不停蹄地开展了落地实施工作，每双周运营部门组织工作进度推进会，但刚开始就遇到了意想不到的"新问题"。有些部门的工作迟迟没有明显的实施进度，即使进入实施阶段的工作也面临这样或者那样的问题，业务部门的负责人纷纷找到人力负责人，不约而同地提到了一件事，就是人才的能力达不到新工作的要求，人才的数量也不能满足需要，商量是否可以淘汰不胜任的员工，同时增加编制招聘更多的优秀人才。这正符合人力负责人的计划，以前让各个业务部门的负责人评估部门人员的能力，各个部门的负责人均回答部门人员的能力都很好，工作很辛苦也很努力，无须做细致的评估和提升，自己都能掌控。现在真切地体会到了痛，借此人力资源部门在总经理办公会上提出对现在的人才进行摸底盘点，识别胜任员工、高潜力员工，特别是要处理那些不作为、能力跟不上的员工，引入新鲜血液，盘活人才。这一措施，得到了各部门负责人和创始人的共同支持。

在随后的几个月，人力资源部门联合外部咨询机构，对内部关键人才进行了有计划的评估和盘点。为避免敏感，统一对外口径为人才摸底，以提升能力为导向，针对基层员工，要求各部门负责人按照人才标准强制分布，比例为"3511"，即优秀员工30%、稳定贡献员工50%、有抢救价值的员工10%、坚决要淘汰的员工10%。针对关键岗位和管理岗位，引入个性测评、管理风格测评和组织氛围调研，综合评价其胜任领导力，同时配合现场的答辩，不仅对人才的优劣势进行了探讨共识，还在盘点的过程中，产出了很多有价值的工作想法。针对能力优、有想法的员工进行调用轮岗；针对紧缺的人才立即启动外部招聘；针对经常没有业绩产出的员工果断调整，甚至淘汰优化。通过这样的人才盘点，公司不仅掌握了内部人才的全貌，还匹配了不同的任用和发展措施，同时人力资源部门针对制定的必赢之战也申请了激励奖金，形成了良性循环。

第二节　什么是人才发展飞轮模型

对人才的吸引、管理和培养，不但是企业成立之初就必须关注和夯实的基本功，而且在当下复杂的商业环境中，其地位也变得愈加重要。领英公司发布的2021未来人才趋势报告显示，长期来看，企业内部更加关注人才的培养和发展，如图1-4所示。

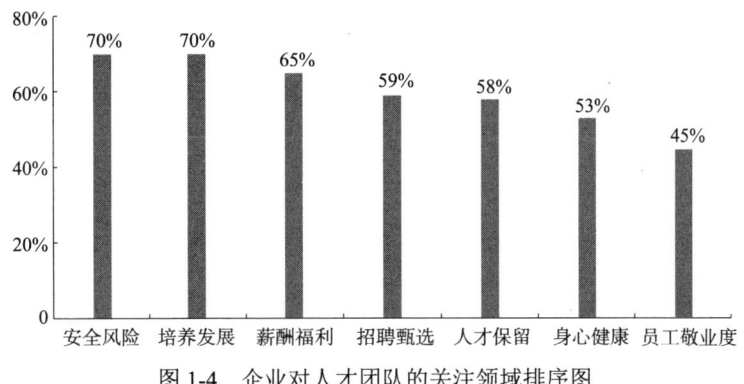

图1-4　企业对人才团队的关注领域排序图

安全风险	培养发展	薪酬福利	招聘甄选	人才保留	身心健康	员工敬业度
70%	70%	65%	59%	58%	53%	45%

在深刻理解前文中提到的"人才发展价值驱动模型"的基础上，如何做好人才发展的全周期管理工作，使其在企业内部真正变成一个个可落地的管理动作并实现价值，需要进行深入的剖析和拆解。在此提出"人才发展飞轮模型"，对人才发展工作的全周期进行详细的解码分析，如图1-5所示。

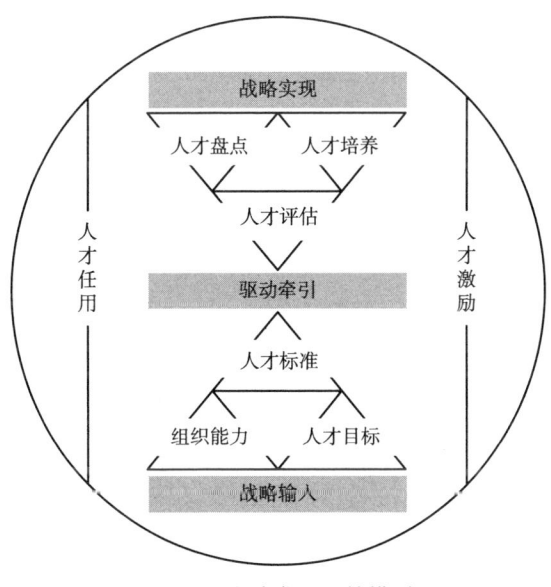

图1-5　人才发展飞轮模型

人才发展飞轮模型总体上可以分为三个层次：第一层为目标层，围绕组织能力需要，说明企业需要什么样的人，达到什么样的胜任目标；第二层为管理层，在人才发展的关键三步中，核心是找到目标层中所需要的人；第三层为应用层，真正实现所需要的人为企业所用，实现价值创造。

围绕战略输入到战略实现，人才发展涉及八个模块，即组织能力、人才目标、人才标准、人才评估、人才盘点、人才培养、人才任用和人才激励，这既是一个完整的全周期工作链条，各模块又具备一定的独立性，单独使用可发挥作用，组合使用则产生更大的价值。

一、组织能力与人才目标：战略驱动与人才适配的协同路径

战略决定组织能力，组织能力决定人才目标要求。一方面，组织能力分析以战略为出发点，通过拆解构建可以满足顾客价值的经营活动，不断循环迭代，最终沉淀形成独特的组织竞争优势；另一方面，组织能力要成为现实的能力，其中一个关键因素是找到合适的人，因此组织能力提出对人才目标的要求。

行业内助力组织能力分析的工具有很多，比如由美国管理学家罗伯特·卡普兰和戴维·诺顿提出的平衡计分卡（BSC）和战略地图（strategy map），国内外诸多的方法论体系都源于此。无论采用何种工具，组织能力分析的核心都需要在明晰战略方向的基础上，聚焦在企业自身SWOT分析（是一种经典的内外相结合的分析方法）、内部营运举措设计和关键能力提炼三个方面，进而梳理组织流程，明确关键岗位，逐步明晰人才目标要求。

（一）企业自身SWOT分析

SWOT分析通过对企业自身的内部条件和外部环境进行深入剖析，帮助企业制定合适的发展战略。其中，S（strengths）是自身优势、W（weaknesses）是自身劣势、O（opportunities）是外部机会、T（threats）是外部威胁，将以上四个方面的信息调查列举出来，综合分析，不仅能够更好地认识自身，还与外部进行交叉关联，得出结论，而结论通常又能够指引工作方向。分析示意如图1-6所示，四个不同的象限，已经勾勒出了下一步内部经营应该重点关注的工作环节，同时要抓住外部的机会，强化优势，逐步弥补不足；针对外部威胁，要采用更加灵活的经营策略，利用优势对抗威胁；对于望尘莫及的选项，要采取更加主动的应对策略，避免深陷泥潭。

（二）内部营运举措设计和提炼关键能力

内部营运举措通常围绕如何强化优势项、如何弥补劣势项、如何应对新的需求和挑战、如何创造差异化的竞争优势等方面。这些关键行动计划被执行的过程，也是企业逐步锻炼学习，并最终沉淀形成新的组织关键能力的过程。这些关键能力通

常是由组织架构、运营机制、合适的人才等因素共同发挥作用而形成的能力，通过提炼予以明确，更具有生命力。

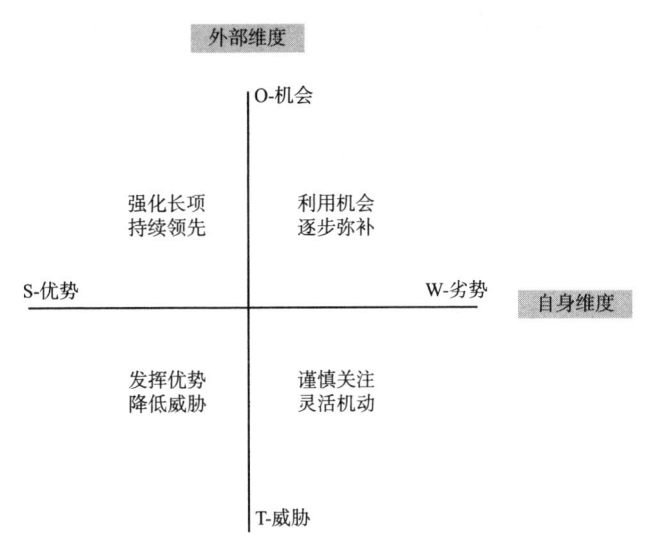

图 1-6　企业自身 SWOT 分析示意图

以前面提到的好时休闲零食的情况为例，企业内部营运关键举措聚焦和关键能力提炼的具体结果见表 1-3。

表 1-3　好时休闲零食内部营运关键举措和关键能力一览表（示意）

客户分析	内部营运关键举措	组织关键能力
好吃	1. 形成多样化的产品线及新产品研发 2. 搭建敏捷化产品研发及定型决策流程 3. 原料严选、质量可靠的产品生产制造	1. 新产品研发及管理能力 2. 强大的产品制造及品质控制能力
品牌	1. 品牌重塑升级 2. 创造性营销，包括宣传、活动组织等措施 3. 公关关系网的建设与管理	品牌管理能力
价格	1. 多环节降本增效 2. 搭建产品销售价格体系管理机制	1. 成本控制能力 2. 产品价格干预与控制能力

组织能力的分析作为人才发展工作的首要任务，其科学与否、执行与否将直接决定整体人才发展工作的效果，必须在企业内部达成广泛的思想共识。只有这样，计划才可能被一致执行，从而激发团队的主观能动性，共同应对和处理过程中的不确定性和突发状况。

（二）组织流程梳理，最终明确人才目标要求

组织流程包括"四个关键"，即关键流程、关键任务、关键部门和关键岗位，见表 1-4。

表1-4 组织流程四个关键梳理一览表

序号	流程		部门设置									
			投资	客研	研发	制造	市场	销售	运营	财务	人力	……
1	一级流程		描述流程的总体情况和任务目标									
		二级流程1关键任务	详细描述任务并进行编号									
1.1		二级流程1关键部门	★				★		★			
		二级流程1关键岗位	×××岗位				×××岗位		×××岗位			
1.2		二级流程2										
总结		关键部门次数	5									
		关键岗位明细	×××岗位									

- 关键流程，即价值创造的主流程。通俗地讲，就是比较宏观的一级流程，例如新产品研发定型流程、生产制造流程等。要在一级流程下梳理二级甚至三级流程，即采取哪些具体举措实现一级流程的过程。
- 关键任务，要找到关键的过程、举措、步骤，从而定义哪些是关键任务并进行标注。
- 关键部门，一方面，关键任务对应的部门是关键部门；另一方面，要明确相应部门的具体角色，是审批、审核还是备案。
- 关键岗位，要符合两个基本特征：关键任务关联性和岗位从业人员稀缺程度，如图1-7所示。在正常情况下，承担关键任务的岗位是关键岗位。此外，如果企业某一岗位内外人员都非常稀缺，那么必须引起高度重视。

分析到此，确定了承接关键业务流程，从而推动组织能力形成的关键岗位，接下来需要马上确定的是岗位上人员的需求目标，总体上可以分为数量目标、质量目标、分布目标和节奏目标。

- 数量目标，即为了满足未来业务需要，企业需要在关键岗位上配置多少人力。
- 质量目标，即所配置的人力中结构的安排，在时间、空间和人力费用成本的多重限制下，无法追求所有人都能胜任，因为要明确不同胜任水平下人力的比例分布。
- 分布目标，企业业务和部门众多，发展要求不同，应该优先确定将有限的高质量人才配置在哪些业务和部门，实现"好钢用在刀刃上"。
- 节奏目标，即根据全年的发展规划，人才应该在全年保持何种供应节奏。

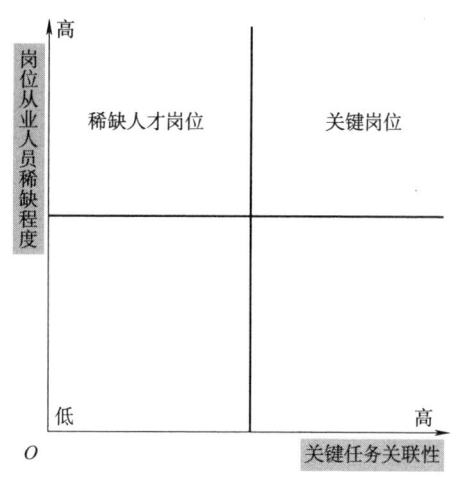

图 1-7 关键岗位特征示意图

二、人才标准：承上启下牵引人才管理动作

经过组织能力分析，已经明确了核心任务，识别了关键的承接岗位，那么如何将企业的要求传递给员工群体呢？人才标准的设计就是为了解决这个问题。

在企业实践上，人才标准源于企业组织能力的要求，是员工能力要求和行为要求的载体集合，胜任力模型、素质模型、人才画像等都属于人才标准的范畴。人才标准的输入端，来自业务和组织能力的需要，要求和目的不同，需要员工具备相应的能力素质。企业内对人的能力要求，倡导的日常行为规范，都可以明确固化到人才标准上。输出端链接了人力资源的诸多管理活动，通常企业的目标是招聘对的人，这个"对"指的是匹配人才标准；培养合格的人才，这个"合格"指的是对照人才标准的合格。

人才标准包括哪些类型呢？根据对象不同，大致可以分为三类：针对全员基础要求的通用素质模型、关键岗位的胜任力模型和领导力模型。图 1-8 和图 1-9 为三类模型的例子。

一个完整的人才标准应该包括哪些内容呢？通常包括四个内容，分别是模型框架、胜任力素质项、素质定义和关键行为特征。比如，在中欧中基层胜任力模型中，自我驱动者、高效执行者和团队领导者就属于模型框架，外围的九种能力要求就属于胜任力素质项。素质定义是对素质项的清晰描述和解释，在日常工作中要求员工在此维度下展现出的行为表现，则列入关键行为特征。

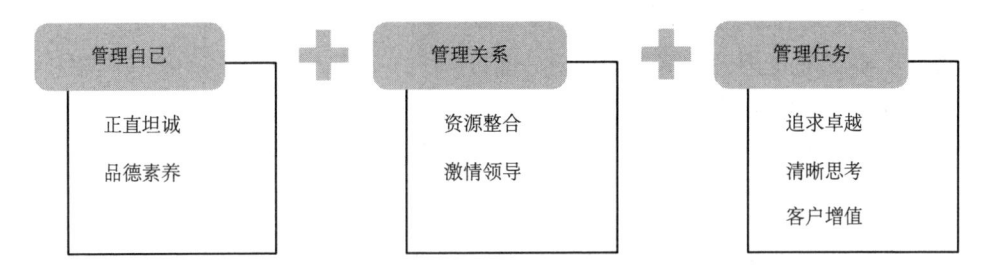

图 1-8　某房地产公司员工通用素质模型

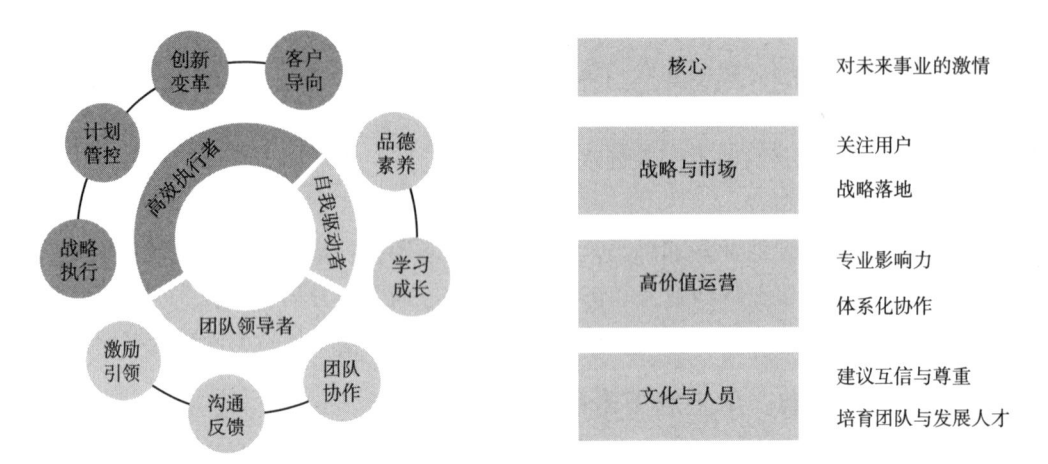

(a) 中欧中基层管理者胜任力模型　　　　(b) 吉利集团全球领导力模型

图 1-9　中欧中基层管理者胜任力模型和吉利集团全球领导力模型

人才标准在"人才发展飞轮模型"中起着承上启下的关键作用，将企业的能力要求传导到对人的要求上，并使其显现化，同时又牵引和指导其他人才管理活动。

三、人才评估：全面识别人才

人才评估是企业对照人才标准，综合运用测评、面试、调研等多种手段，对内部人才进行扫描和评价，发现人才现状与标准之间差距的过程。人才评估是人才发展工作全流程中，第一个面向大众群体落地的人才管理活动。之所以这么说，是因为之前的活动更多停留在纸面上，或者仅面向小部分群体，实施人才评估，几乎调动了企业内部所有人力——人才标准首先要全员宣贯，被评估人和评估人都必须参加所有的评估活动，人力资源团队要统筹协调。

人才标准明确了人才"要去什么地方"，即目标；人才评估则是判断人才"现在处在什么位置"，即能力差距，这样一个人才能力诊断的过程恰恰是其价值发挥的地方。人才评估报告反映了企业人才的状况，是基于企业业务发展的需要和组织能力的要求制定的。从个体维度讲，员工能够知道自己什么地方需要提升，可以指导个人有目的地调整；从企业维度讲，了解整体人才水平差距的现状，才能有针对性的进行人才匹配管理活动，如招聘、发展、优化等。

人才评估具体评估什么呢？按照冰山理论模型，从内到外，大概可以分为个性动机、胜任能力和知识技能三个维度，对应的评价方式也有所差异，具体见表1-5。

表1-5 人才评估项与评价方式对应明细表

评估项	常见的对应评价方式
个性动机	各类性格测评、价值观测评、动机测评、心智模式测评等
胜任能力	管理能力测评、潜力测评、360度考评、行为面试评价、人才评价中心等
知识技能	考试（书面或操作技能）、情景模拟、结构化面试问答等

人才评估还涉及效度的问题。所谓效度，通俗地讲，就是该评价手段反映真实情况的可信程度。由于人才能力展现的复杂性、多变性和可塑性，使得没有任何一种单一的评价手段可以准确且全面地反映一个人的能力，通常在实践上会多个手段结合使用，这同时增加了评价活动的投入和执行难度，因此需要根据不同的情景选择性地组合使用，兼顾资源投入和效果。

四、人才盘点：盘活人才队伍

人才盘点是企业根据当下和未来一段时间业务发展对人才数量和质量的需求，以人才标准为抓手，以人才评估结果为重要输入，对企业内员工进行分层分类扫描，进而确定整体人力资源状况的管理活动。

人才盘点阶段，要实现人与人的对比区分，实现人与组织需要的结合。根据当下和未来的业务场景需要，清晰地盘点谁更优秀、更合适，从而对员工的能力水平进行区分，这一过程也实现了人与组织需要的结合。

这种对比和结合产出的盘点结果，完整地描绘了企业整体人力资源的数量和质量现状，既是对人才发展飞轮模型之前所有步骤的结果总结，又为后续有针对性地开展工作提供了基本指引。例如，谁应该被提拔任用、谁应该轮岗激活、谁应该培养提升等，更加有的放矢。人才盘点是企业转换"人才动能"的关键手段，如今竞争白热化，企业面临业务创新的巨大压力，往往会出现人才能力没能够及时跟上的情况，常言道"冰冻三尺非一日之寒"，造成"无人可用"的一个非常重要的原因就是没有对以前的人才状况进行常态化的盘点，人才常盘常新，要始终保持正确的人在做正确的事。

人才数量盘点，通常是通过编制规划和管控的方式进行管理。较难的是对人才质量的盘点，根据不同的分类维度，质量盘点又有所不同。按照操作形式分类，可以分为开门盘点和闭门盘点，顾名思义，即公开和非公开盘点；按照范围外延不同分类，可以分为广义盘点和狭义盘点。广义盘点，是将人才评估和后续的管理动作也包含在内，本书所讲的"人才盘点"指的是狭义的开门盘点，后续相关的实操和案例均在这个范围内展开。

人才盘点的三大关键产出：全方位人才地图、继任者人才地图和人才任用发展地图。

全方位人才地图，主要包含人才的基本档案信息、各类评估信息、流动信息和九宫格位置信息等。其中，九宫格落位图是普遍通行的呈现方式，通常以绩效和潜力为横纵轴，根据评估结果将人才区分为九类，不同的格子代表不同的"人才标签"，如图1-10所示。继任者人才地图主要是明确关键岗位的后备梯队储备情况；人才任用发展地图则清晰地标明了每一类群体、每一个人的未来内部任用和培养提升信息。

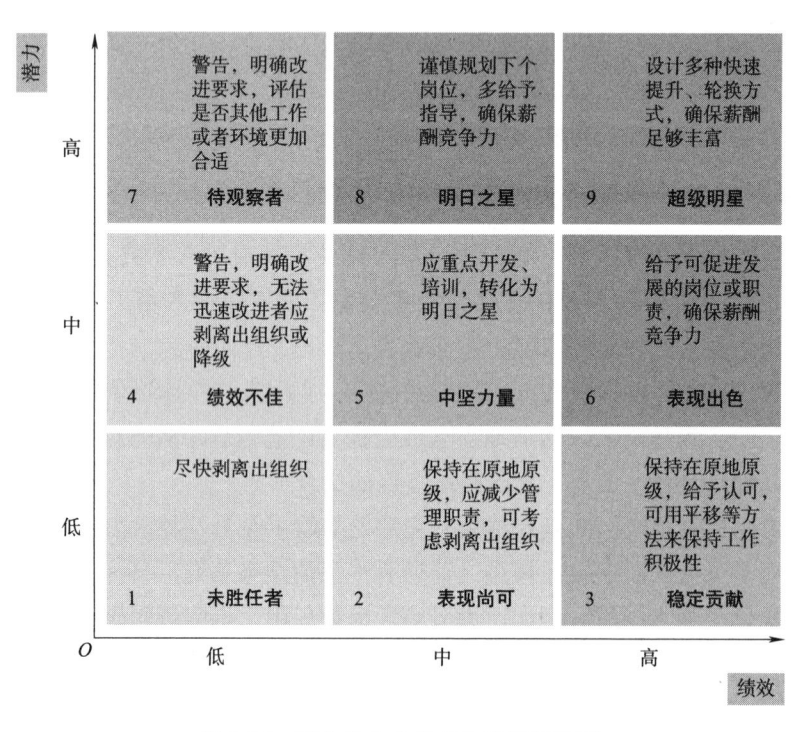

潜力	低	中	高
高	7 待观察者 警告，明确改进要求，评估是否其他工作或者环境更加合适	8 明日之星 谨慎规划下个岗位，多给予指导，确保薪酬竞争力	9 超级明星 设计多种快速提升、轮换方式，确保薪酬足够丰富
中	4 绩效不佳 警告，明确改进要求，无法迅速改进者应剥离出组织或降级	5 中坚力量 应重点开发、培训，转化为明日之星	6 表现出色 给予可促进发展的岗位或职责，确保薪酬竞争力
低	1 未胜任者 尽快剥离出组织	2 表现尚可 保持在原地原级，应减少管理职责，可考虑剥离出组织	3 稳定贡献 保持在原地原级，给予认可，可用平移等方法来保持工作积极性

图1-10 某企业人才盘点九宫格落位图

五、人才培养：打通内部人才供应

在人才盘点环节发现的数量缺口和能力不足的问题，从内部的视角看，就需要通过系统化的培养，输出合格胜任的人才，稳定且可持续地满足业务的用人需求。

在人才培养环节，需要厘清且明确以下几个方面的内容。

- 人才培养工作的锚点是人才标准。这是出发点也是目的地，只有培养出符合企业发展要求的人，才能说明工作成功。
- 人才培养选人很关键。俗话说"永远不可能叫醒一个装睡的人"。选人不仅要看到他身上的待提升项，还要观察和评估他的潜力，判断其是否是一个积极主动、追求进步与成功的人。
- 人才培养不等于企业培训。培训仅仅是人才培养提升的一个手段和工具，培养的手段有很多，虽有分类但其实无形，大到做项目负责人，小到安排一次会议，都是对人才的考察和培养。
- 人才培养要分类，不能一刀切。从在岗和继任的角度讲，每一个群体都需要赋能提升，不能漏掉某一类。从梯队层级的角度讲，高层的梯队在精准识别后，要匹配个性化和定制化的培养方案，要实现"一人一策"；对于中基层梯队，通常打包设计完整的培养项目进行群体化管理。从管理和专业的角度讲，专业类岗位更多地匹配训战结合类的专业提升内容，管理岗则更多地输入管理团队和任务类的内容和实践。
- 人才培养评估实现全链路的闭环。任何投入都要计算投入产出比，对人才培养的投入也不例外。常见的满意度调研并不能真正衡量价值产出，稳定合格的内部人才供给，人才创造了价值，才能说明培养真的有效。

六、人才任用与激励：实现人才发展价值兑换

从业务战略到组织能力，再到治理结构，从明确人才标准到厘清人才现状，做这些工作并不是要产出一份完美的"咨询报告"，而是要通过赋能培养提升，实现"正确的人做正确的事"。这里要说的就是人才的任用和激励，"正确的人"指的是通过测评、盘点和培养，产生了符合能力要求的员工群体；"做"指的是通过合理的机制安排和激励手段，促使员工始终保持稳定的产出；"正确的事"指的是支撑战略实现的内部营运关键举措。通过自上而下的人才发展全链条的层层分解，最终实现自下而上的层层支撑，人才的任用和激励恰恰是实现支撑的最后一环，也是检验前面诸多环节工作有效性的"试金石"。

人才任用的直接表现是通过策略调整，保持人才的活水，不同九宫格分类的人有不同的任用策略。人员任用手段方式要根据不同的人员灵活选用，大致上可以包括提拔、轮岗、扩大职责、调整岗位和优化汰换等。通过人才的评估和盘点能够提高人才激励工作的有效性，激励的手段千变万化、千人千面，常见的有非物质激励维度的成就激励、晋升晋级、多元化发展；物质激励维度的差别化调薪、激励不设限等。

通过以上分析不难看出，人才发展飞轮模型完整地展示了人才发展工作的全景图，清晰透彻地阐述了整体工作的内在逻辑关系。战略解码工作实现了业务工作的分解和支撑，与之对应匹配的人才工作也需要进行分解和支撑，人才发展飞轮模型中对应的管理活动就提供了强有力的手段和工具，这是一套严密、科学且闭环的系统，实现了内部人才源源不断的有效供给，真正助力组织能力形成并不断强化，最终支撑业务战略的达成。

第三节　企业不同发展阶段的人才发展重点

人才发展飞轮模型揭示了人才发展工作的全价值，不同发展阶段的企业对人才的管理要求不同，策略自然不同，即使是执行全过程，具体的落地内容也不是完全相同。企业生命周期理论创立者伊查克·爱迪思在研究辅导了上千家企业后出版了《企业生命周期》一书，书中把一个企业的发展比作一个像人和生物那样的生命体，将企业生命周期分为十个阶段：孕育期、婴儿期、学步期、青春期、壮年期、稳定期、贵族期、官僚化早期、官僚期和死亡，如图1-11所示。

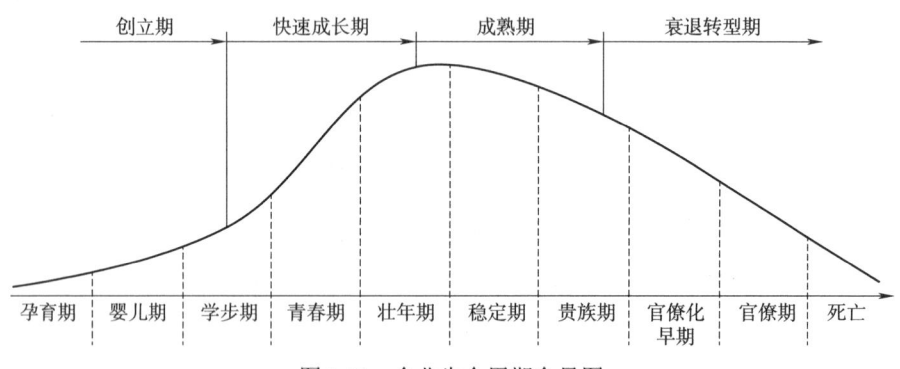

图1-11　企业生命周期全景图

爱迪思将企业的发展划分为四个阶段，根据聚类相似性归纳为四种发展状态，分别是创立期、快速成长期、成熟期和衰退转型期。一个企业或者内部业务发展阶段不同，对人才的需求不同，人才发展重点也应该有所侧重。

一、创立期

在创立期阶段，企业从无到有，面临能否"活下去"的困境，各类资源不足，人才需求规模较小但对质量要求颇高，这个阶段不具备也不应该花太多时间去搭建完整的工作流程。把握几个核心或许就可以事半功倍，人才标准在创始人的心中，按照自己的要求去寻访合适的关键人。任用上强调快速取得业绩成果，无太多的人才管理机制和流程。激励上更多地用发展愿景、事业成就和股票期权驱动。

二、快速成长期

在快速成长期阶段，企业已经在市场上站稳脚跟，业务模式跑通，业务蒸蒸日上，对人才的需求可能呈现几何式增长，各类管理机制逐步完善，组织形态日益正规化。和其他的机制建设一样，这个阶段是搭建完整科学的人才发展机制的好时机。业务快速增长更需要清晰的聚焦，人才标准要逐渐建立，才能把住第一关。通过人才评估和盘点，识别和定位哪些员工是推动企业发展的关键人才，大胆提拔任用，在快速发展中锻炼和培养，同时倾斜企业有限的激励资源。快速成长期阶段的人才发展工作逐步从散点走向系统、从粗放走向精细。

三、成熟期

在成熟期阶段，业务上呈现出分化的特点，传统业务无论规模还是销量都趋于成熟稳定，甚至有增长乏力的现象，企业必须寻找发展的第二曲线，找到新的业务增长点，为未来的发展和转型奠定基础。人才发展的各项工作机制健全，已经成为企业标准固化的管理动作，但也提出了更大的挑战。人才标准不仅要凝练过往的成功经验，同时还必须体现未来业务对人才的要求。人才评估识别上不仅要挖掘可以"守江山"的人，予以保留、培养和激励，更要从众多员工中找到那些能够去"打江山"的人。所以，要着重盘点员工的历史业绩、能力表现和未来潜力，将更有意愿、动机和开拓精神的人才匹配到新业务，设计创新激励机制。例如，互联网行业盛行的合伙人制度和股权激励计划、房地产行业普遍存在的项目跟投机制等，最大限度地激发人才活力，助力发展转型。

四、衰退转型期

在衰退转型期阶段，旧业务逐步萎缩，新业务蓬勃发展，整体的人才发展工作还是上一个阶段的延续，通过人才全周期管理支撑企业转型，机遇与风险并存，转型成功则进入一个新的状态，转型失败则相关工作将逐步萎缩。

综上分析，本书所呈现的内容重点围绕企业快速成长期和成熟期的人才发展工作展开讲解。

第四节 人才发展飞轮模型靠什么成功

想要人才发展活动取得成功，需要企业创造主观和客观的条件推动工作的执行落地，首要前提是企业要有清晰明确的战略目标，或者至少有战略方向，这是人才发展飞轮模型的决定性条件，是后续一切工作开展的纲领。通过对诸多条件的分析整理，总体上可以归纳为图1-12所示的成功公式。

人才发展飞轮模式的成功 ＝ 组织机制 × 组织的承诺

图1-12　人才发展飞轮模型成功公式图

一、组织机制完善是前提保障

组织机制包括两个维度："硬"的机构团队和"软"的制度流程。

（一）"硬"的机构团队

从机构团队方面讲，人才发展工作已经远远超出了传统人力资源模块的工作要求，工作结果需要更加精细化，因此，从业人员也要更加专业。人才胜任标准的搭建，绝非是企业少数管理者通过简单的"拍脑袋"可以确定的，这需要专门的方法和技术手段进行挖掘和提炼，对人才进行科学有效的评估。传统的面试和述职等方式已经不能满足结果要求，需要结合个性测评结果、行为事件访谈法（BEI），甚至引入人才评价发展中心技术进行综合判断；人才培养也不再是培训课程的交付，而是要把握员工能力提升的底层逻辑和外延要求，组合运用多个培养手段，系统化地设计和落地执行。以上工作的高质量执行落地，都需要成立专门的机构，匹配专业的团队。在这方面，很多标杆企业都成立了人才发展部、领导力发展中心，或者在原有培训部门的基础上增加上述专业职责，都是为了保证专业工作由专业团队承接执行。

（二）"软"的制度流程

从制度流程方面讲，有了专业化的机构团队，更重要的是要有相关的制度流程，从而使人才发展活动在组织整体层面固化且常态化。企业组织能力的分析也可以视为战略解码，需要成为年度的标准管理动作，可能短时间内整体组织能力不会有明显的变化，但实现能力的手段，即拆解的内部营运关键举措，很可能会随着业务的调整和管理重点的不同而有所变化，这对整个后续的人才管理动作都有直接影响，要及时更新。胜任力标准的建设要有标准的流程和管理要求，且要根据阶段性对人才要求的不同，进行定期回顾、更新优化。对人才的评估、盘点和高潜力人才的培养提升，更是一连串环环相扣的工作，需要标准化工具和一致要求的贯通，实现年度或者半年度循环反复迭代，不能没有计划，散点的非连续性的工作不仅不会产生效果，反而会增加管理成本。人才任用和激励更是需要精细严密的制度规范，才能确保公平公正且有效。

总之，人才发展飞轮模式成功的重要前提是，要有专业的机构团队、专业的工具方法和实现工作落地的制度流程，三者缺一不可。

二、组织的承诺是落地核心

组织的承诺包括两个维度：管理者的参与和员工的敬业氛围。

（一）管理者的参与

虽然本书不断强调人才群体对企业的重要价值，但不可否认，作为"指挥官"的各层级管理者依然是企业内上传下达、排兵布阵的核心角色，其对人才发展工作认同和参与程度的高低将直接决定未来工作的结果。一个无法获得管理层认可，并且在日常管理中得不到有效使用和贯彻的人才胜任力标准，注定无法作为后续人才管理活动的标尺。对人才的测评和评估，更不可能仅凭一个或几个测评工具，抑或者是HR组织周边访谈就能够获得可信度较高的结果。纵然有仅需要HR和企业高层参加的闭门人才盘点校准会，但其应用场景往往是涉及敏感信息或者选拔高层继任者等，针对更广泛的人才盘点校准，会上员工的直接上级、斜线上级和间接上级的充分讨论必不可少，并对员工的优势、待发展项和未来任用发展方式达成一致，进而减少后续的管理风险和管理摩擦。

以上种种活动，唯有管理者的高质量参与，才能真正保证落地执行的效果，"貌合神离"的应付甚至是不参与，所有的工作都可能沦为"无意义的表演"。

因此，HR需要设计众多不同的环节，提高管理者在人才发展工作上的参与程度。表1-6列出了实践中经常遇到的痛点及对应的解决思路，共分为11个痛点、22个解决思路，在后续的章节中将详细阐述表中的内容。

表1-6 人才发展工作管理者的常见痛点及解决思路

序号	活动环节	痛点概述	解决思路
1	组织能力	关键举措不清晰	1.召集管理层开展战略共识会，共创分解，并实现年度/半年度常态化 2.按季度跟踪回顾，引入奖惩，确保执行
2		业务彼此不协同	召开管理层业务及指标通晒会，明确协同方，任务共建，指标共背，业绩共享
3	人才标准	管理层不认可	1.前期通过深度会谈，了解管理层对胜任力的期望和要求，探寻其对优秀人才胜任的观点，同时明确结果及产出要求 2.组织汇报/共识会，邀请管理层参加，达成一致标准
4		管理层不宣传、不使用	1.组织人才活动，例如工作标杆案例分享、晋升赋能或者胜任力标准主题宣传，邀请管理者分享团队业绩标杆及背后体现的胜任要求 2.设计工作机制将人才标准的使用融入日常管理工作，例如针对人才标准行为的招聘面试题库提高结构化，以人才标准为纲的晋升、竞聘、360度考评等

续上表

序号	活动环节	痛点概述	解决思路
5	人才评估	评估参与性不足	1. 评估方案共识，无论是发展评估还是晋升评估，启动前将评估内容、方式、时间等整体安排予以同步并达成共识 2. 邀请管理者作为评估人，且其个人的评价权重较高
6	人才评估	评估结果认同感不强	1. 评估结果校准共识，通过多种测评评估工具获得的结果报告，与管理者共同校准，提高报告效度 2. 邀请反馈，邀请管理者自己或者与HR一起共同向被评估人进行发展反馈 3. 员工与管理者共同制订改善提升计划，同时务必跟进计划执行情况，执行结果与员工的提升结果再次反馈给管理者，让管理者看到成效
7	人才盘点	盘点结果难共识	1. HR组织召开人才盘点校准会，邀请员工的直接上级、斜线上级和间接上级参加，在会上充分讨论以达成共识 2. 设置盘点结果应用红线，在晋升、异动、竞聘、调薪等环节强制盘点结果的应用，促使管理者重视和使用
8	人才培养	管理者游离在项目之外	1. 充分调研，培养的人选、需求分析、内容选择等与管理者进行充分的调研，确认管理者的诉求 2. 设计教学活动并邀请管理者参加，常见的包括项目开闭营仪式管理者站台、担任课程讲师、发展导师、辅导教练等形式
9	人才培养	管理者对培养结果不关心	1. 设置与业务开展结合度高的实践活动，例如挑战性更高的业绩指标，绩效改善类的行动学习项目，将人才培养与业务推进相结合，提高管理者的重视程度 2. 培养过程的及时信息同步，通过邮件、总结或者专题汇报等方式，让管理者看到项目正常推进 3. 做好项目的评估并向管理者反馈，从参训学员的积极评价、学习内容的落地和最终目的的达成，向管理者展示实际效果
10	人才任用和激励	管理者将人才"据为己有"	设置强制性轮岗制度、淘汰制度，例如优秀人才轮岗和业绩不佳人员轮岗，常态化淘汰，保证人才的活水，实现组织对人才的调配
11	人才任用和激励	管理者不会、不能激励	1. 针对不会激励，给予赋能并匹配提供即拿即用的激励工具包，提高管理者实施激励的便利性 2. 针对不能激励，要匹配奖金池和机制，在常规晋升调整手段外，给予管理者制定特殊激励的空间

（二）员工的敬业氛围

根据敬业度研究模型，敬业度反映员工对企业投入智慧、感情和承诺的程度，最终通过乐于宣传、乐于留任和乐于努力表现出来，它体现了员工对企业的情感认同、稳定意愿和持续长久的努力投入。回到人才发展工作，企业内所有的策略最终都需要通过施加于员工，通过改变员工的状态才能得以实现。有敬业氛围，员工才会相信和认可业务策略并为之努力，员工认为企业的培养活动是真心为自己好，才能在企业需要时挺身而出并获得相应的回报。如果一家企业内的员工群体，特别是关键岗位员工群体，对企业的管理策略失去信任、整天想的是什么时候跳槽、表面不说抱怨但却暗流涌动、工作得过且过，这样的情况下，何谈自身在企业内的发展呢？这会导致人才发展工作的失败。

怎么做才能提升员工的敬业氛围水平呢？可以利用敬业度驱动模型进行有效改善，具体包括6个方面、24个主要驱动因素，如图1-13所示。

全面薪酬
➤ 薪酬
➤ 福利
➤ 认可

政策和操作
➤ 企业政策
➤ 绩效评估
➤ 多样化
➤ 沟通

人员
➤ 高层领导
➤ 管理团队
➤ 直接上级
➤ 同事
➤ 重视员工

工作
➤ 企业声誉
➤ 企业文化
➤ 客户导向
➤ 资源
➤ 成就感
➤ 工作流程
➤ 工作任务
➤ 创新
➤ 安全

生活质量
➤ 工作和生活的平衡

机遇
➤ 职业发展机会
➤ 培训与发展

敬业度驱动模型

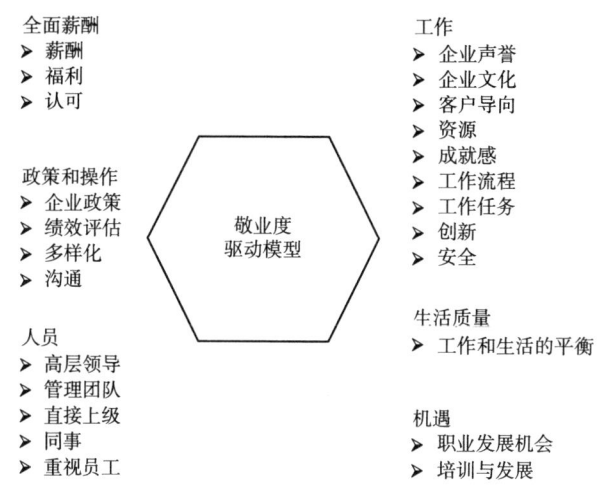

图1-13　敬业度驱动模型

敬业度驱动模型已经显示了详细的驱动要素，同时研究发现员工对这些因素的满意度和敬业度之间存在显著的正向相关性，将上述因素进行管理改善是在给员工创造良好的内部环境，促进员工满意度，从而形成更好的敬业度氛围。

第二章

人才目标:"三看四定"模型

　　人才发展战略始于业务战略,围绕组织能力进行具体规划,第一个环节就是要谋划清楚人才目标。本章详细讲解"三看四定"模型,系统链接战略、业务、组织和人,助力企业确定具体的人才目标。

第一节 人才"三看",明确现实需求

人才目标是基于企业战略的需要,对人才未来整体状况的理论布局和推演,核心包括人才类型、数量、质量和业务分布及配置节奏等内容。企业内的任何活动都是为了支持经营战略的实现,人才目标规划也不例外,需要时时刻刻感知业务的需要和变化,保持节奏一致,这才是合格的人才目标规划。

人才目标规划在应用层面如何实操落地呢?我们先来看一个企业的案例。

典型案例

京南地产集团的人才目标和人才策略

京南地产集团(化名)是一家年轻的公司,业务主要布局在环北京地区,成立初期凭借独特的区位优势、首都北京人口外溢的市场机会及精准的产品设计定位,迅速打开市场并逐步站稳脚跟。发展到2017年,成为营业收入规模接近200亿元的区域性地产集团,在竞争激烈的环京地产圈具有一席之地,整体利润率和人效极高。

但同样是2017年,为保持环京房地产市场的平稳健康发展,同时贯彻落实国家"房住不炒"的政策方针,环京的众多城市相继推出了限购政策。以距离北京高铁车程20分钟的河北省廊坊市为例,2017年6月推出限购政策,核心是本地户籍限购两套住房,非本地户籍在本区域纳税连续36个月,限购一套住房。限购政策的出台降低了市场的非理性热度,也对正常的市场预期有所影响,对京南地产集团的业务发展产生了巨大影响。

为此,京南地产集团的管理层通过分析和共同研讨,确定了2018—2019年的短期发展战略目标,即环京存量市场维持领先优势,积极开拓外埠市场,要力保投资、营销和项目交房,同时围绕三个必保的领域设定了关键的业务举措,见表2-1。

表2-1 京南地产集团战略目标和业务举措一览

战略方向	主要战场	关键举措——必赢之战
营销	限购使市场增量受限,存量市场营销持续领先	1. 整合营销策略和节奏,营销策划要拉齐,营销活动要同步,销售节奏要配合,改变过去各自为战的状态,实现资源集约化使用和行动一致性 2. A/B/C(化名)三个项目务必取得销售的突破,确保销售回款达成

续上表

战略方向	主要战场	关键举措——必赢之战
项目交房	进入集中交付期，交付零投诉、零舆情，确保口碑	1. D/E/F/G（化名）四个项目务必要在合同约定的期限内高标准交付 2. 从交付启动到舆情管理，建立完善的队伍和机制并确保其正常运转，实现对交房舆情的预防、发现、干预和控制
外埠投资	拓展生存空间，寻找新的增长点	项目投资当年取地，并且当年要实现销售及回款，提振发展信心

业务的阵形确定之后，再来看组织和人才方面的阵法，是否能真正助力必保领域之战的打赢。在组织方面，主要做了以下方面的调整：

第一，营销的整合，以往总部采取弱管控模式，基本扮演协调者和资源提供者的角色，各项目充分授权快速抢占市场，现在不但要实现营销组织体系的统一管理，而且总部的组织团队也必须发挥统领作用。

第二，项目按期交付，就要求工程建设的相关涉及方能够高效协同、快速决策、迅速推进。

第三，投资团队需要重新组建。围绕几个核心议题，京南地产集团的管理层对组织和人也进行了审视调整，如图2-1所示。

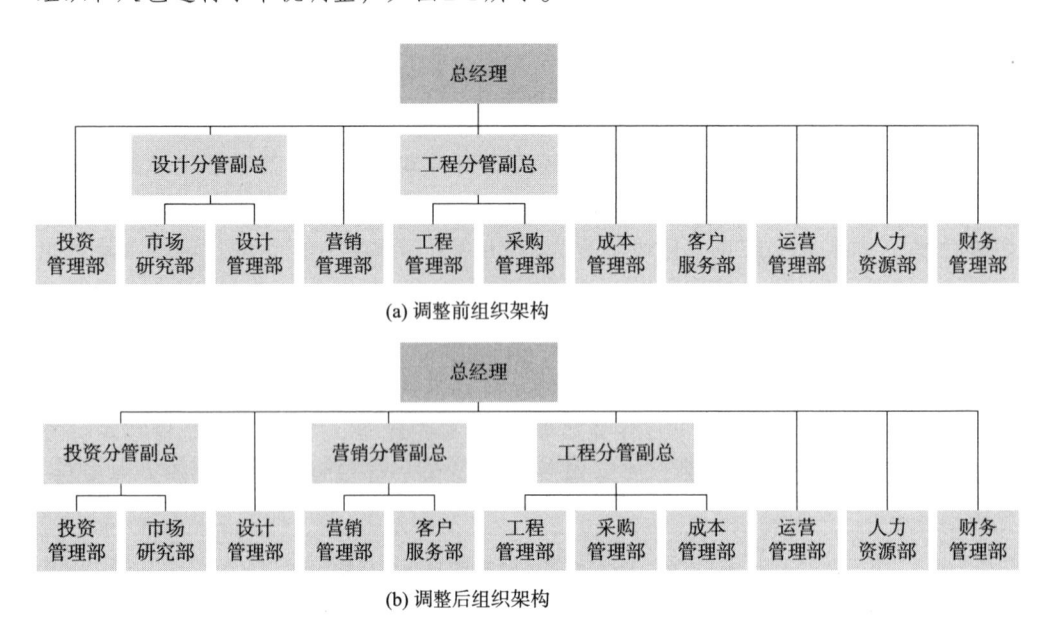

图 2-1 京南地产集团组织架构调整前后对照图

经过对组织架构的调整，实现了职能的系统整合。市场研究、客户研究、项目定位和拓展整合，提高了投资的效率。项目的招标采购、成本核算和工程建设三个职能整合，快速解决了项目建设过程中的卡点。设立营销分管副总，强化总部的统一管理职能，同时整合客户服务职能，促使客户服务团队从源头上接触客户和管理相关工作，且项目问题可以在两位分管副总层面有效拉通解决。

在人才管理层面，主要做了以下方面的调整和部署。

- 营销团队总体上提升人员量级。重新配置总部营销分管副总，调整优化下属策划团队和销售管控团队两位负责人，以及某个项目公司的营销负责人。以上配置紧急程度最高。
- 客户服务团队主要是增加人员配置。增加配置客户服务管理人员，按照要交付的重点项目数量，至少增加5名。以上人员在具体对应的项目交付前两个月配置到位即可。
- 投资团队主要是配置投资分管副总和投资管理部负责人两个关键角色，凭借其专业判断和资源优势，在项目拓展上短期取得突破。投资岗位的人选要确定其具备资源优势，入职后尽快落地项目。
- 除了以上明确列出的人员需求，新项目管理班子的人才储备也必须提上日程。在内部储备方面，进行人员盘点选拔，形成储备人才池，匹配合适的发展策略并有针对性的进行岗位提升，适当时机进行外派，确保外埠新项目开发建设的顺利进行。

通过上述人才目标策略的逐步落实，在全体员工的共同努力下，京南地产集团及时调整市场策略，环北京区域项目销售保持了持续领先。外埠项目落户南京市，新项目管理班子及时到位，在当年南京项目就贡献了业绩，总体上2018—2019年战略目标基本实现，业务平稳。

从这个案例中，可以梳理出来确定人才目标的"三看"模型，如图2-2所示。

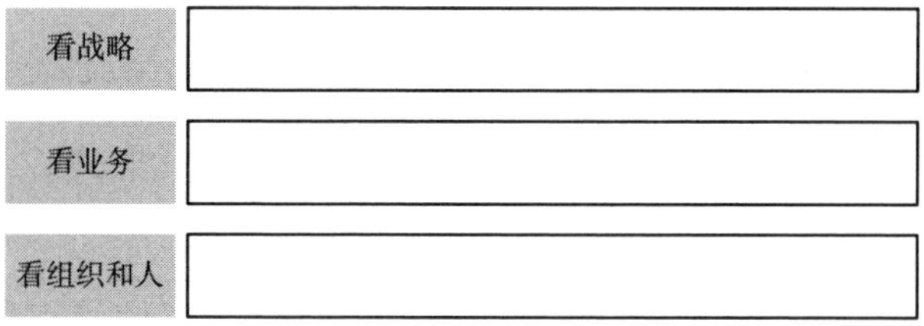

看战略	
看业务	
看组织和人	

图2-2 人才目标"三看"模型

一、看战略，确定关键战场

无论一个企业对战略的包装和宣传是什么样子，归根结底就是选择。根据市场分析、竞争对手分析、潜在的跨界可能性分析、自身资源禀赋和能力长短的分析等,最终确定做什么,为顾客提供什么产品或者服务,在哪里跟市场中的其他参与者竞争,可以是用户群体、地域、产品或者服务,某个行业价值链中的地位等。以上内容最终确定的就是企业经营的关键战场,决定了企业或者某个业务单元的发展方向,并取得最终的经营成果。

二、看业务,确定必赢之战

在确定了关键战场和发展方向后,首先要解决的任务就是如何落地,将战略蓝图变成业绩。按照平衡计分卡(BSC)理论,在想要达成的财务目标和市场目标确定之后,必须分析企业内部的优劣势,发挥长板,弥补不足,通过内部营运策略的优化升级,形成独特的竞争优势。这个过程要做的事情就是确定必赢之战,指的是实现战略目标过程中需要攻克的难题、硬仗以及必须占领的关键领域等,是实现目标的关键举措,例如攻克一个技术难关、发布一个新产品、构建一套新机制等。总之,只要有助于实现战略目标的关键内部举措都是必赢之战的候选项,是否成为必赢之战往往取决于其关键程度,业务方能够给出清晰的战略选择。

走到这一步,必赢之战会更加具体和可观,企业需要集中力量,针对关键问题进行解决和改善,最终在该领域取得优势,助力战略的实现。以上通过看战略和看业务梳理出来的关键战场和必赢之战可以用图2-3所示的战略屋进行清晰的呈现。其中,使命、愿景是企业一以贯之的经营逻辑、终极指引,工作目标表明了战略要取得的经营成果,落地保障机制则是实现必赢之战要投入的资源和对应的要求。

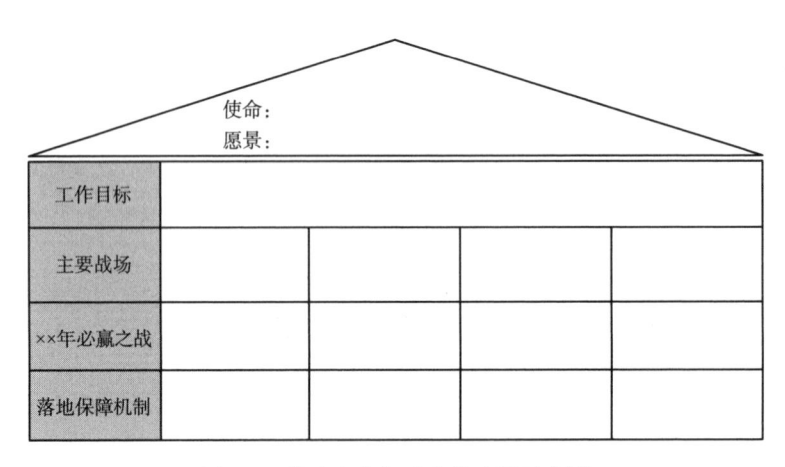

使命: 愿景:				
工作目标				
主要战场				
××年必赢之战				
落地保障机制				

图2-3 战略和业务重点战略屋示意图

京南地产集团的案例,清晰地展示了其年度的关键目标,以及基于目标拆解出来的战场和必赢之战,业务规划好之后,相关的落地保障机制也要进行梳理调整以满足新的要求,技术怎么更新布局、资金怎么调配使用、内部流程和管理如何优化迭代都是需要考虑的内容，从人才的角度，就是要梳理组织和人员。

三、看组织和人，发现关键人才缺口

通过看战略和看业务，明确了"事"的方向目标，而事需要有人做，人也需要在一定的流程规范中做事，那么接下来就要看组织和看人。一方面，是审视现在的组织形态对支撑的"事"而言，其资源配置和流程推进是否最优；另一方面，是审视现在组织架构中，关键岗位及岗位上的人才是否配置齐全，以及未来的调整方向和缺口在哪里。

利用组织架构图，既能够清晰地呈现组织架构形式，又能够呈现关键岗位名称及关键岗位下的人员配置情况，如图2-4所示。

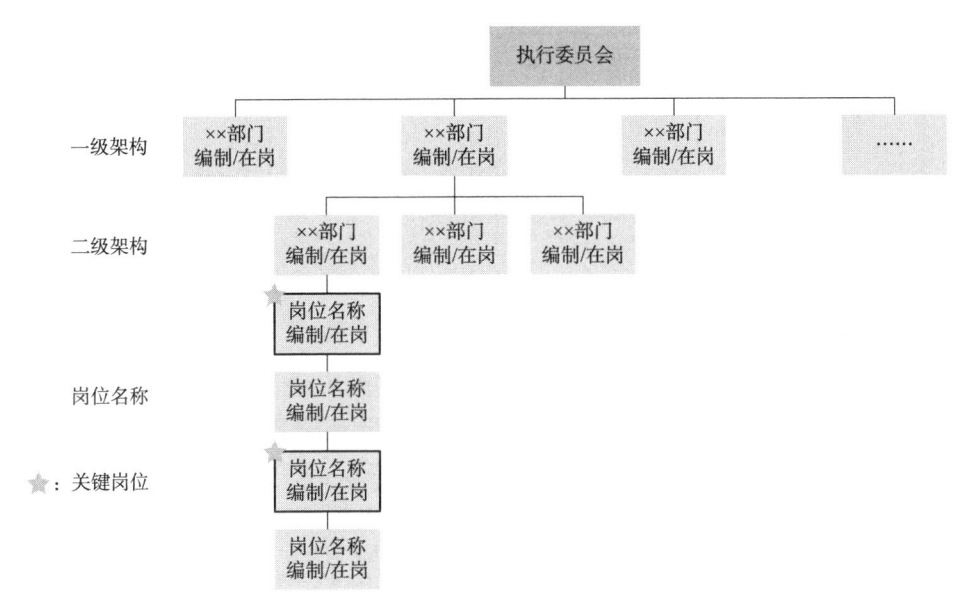

图2-4 组织架构及关键岗位示意图

根据"二八定律"，此处要强调看人的工作环节，并非梳理企业内部全部的人员状况，而是看关键人才或者核心人才。在看人的分析中，对关键岗位和关键岗位人员配置的分析，更需要管理者的经验和判断。对关键人才的定义，可参考前面提到的关键任务关联性和从业人员稀缺程度，通常都是企业内部的各层级管理者和掌握关键技能或资源的业务专家。关键人才要满足以下部分或者全部的特征。

- 对当下必赢之战的实现发挥决定性的作用。
- 对业务未来可持续发展具有重要的影响。
- 对企业组织能力的构建具有重大的正向促进作用。
- 个人业绩指标是否达成会直接影响企业业绩指标达成。

- 工作专业技术性较高且市场中同类人员较少。
- 个人能力发挥有助于企业形成有效的竞争壁垒。

以上看战略、看业务、看组织和人，这"三看"正是前面提到的组织能力和组织治理分析的结果呈现，通过这样系统模块化的逻辑分析，能够帮助业务管理者从业务"事"的维度过渡到"人"的维度，从而确定具体的人才需求。

第二节 人才"四定"，确定关键岗位人才

从战略澄清到业务规划梳理，再到关键岗位确认和差距分析，进一步明确了对人才的现实需求，人才目标的"四定"模型，如图2-5所示。具体内容见表2-2。

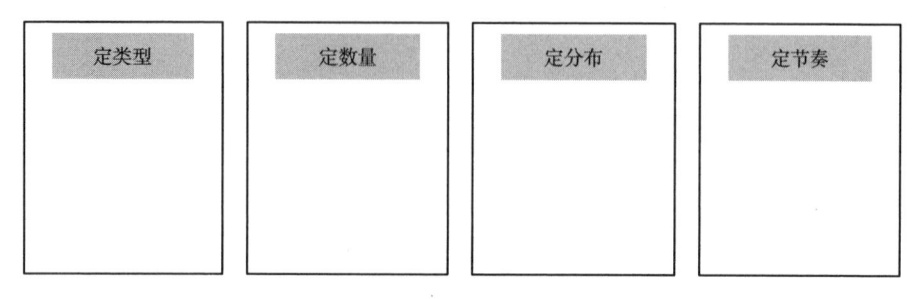

| 定类型 | 定数量 | 定分布 | 定节奏 |

图2-5 人才目标"四定"模型

表2-2 人才目标"四定"模型内容示意

序号	四定项	具体内容
1	定类型	达成业务目标，需要的关键人才类型，即业务全流程中发挥关键作用或者具备关键技术技能的岗位
2	定数量	一定周期内，所需要的关键人才的数量，通常是战略周期
3	定分布	关键人才的质量梯度分布和在企业中不同业务类型之间的分布
4	定节奏	配置到位的时间节奏

（一）定类型

从更加严谨科学的角度讲，内部关键人才类型的确认，应该通过岗位价值评估的方法，将得分更高的岗位确定为关键岗位。但是这样的方法耗时耗力、周期长、成本高，由于专业性极高，往往需要借助外部顾问才能得以实现，增加了实施和理解的难度。换一个角度思考，经过战略和业务分析审视组织和人，通过管理团队的群体性经验观察和内部形成的价值惯性判断，以及团队的讨论也能够确定关键人才类型，这样的方式不仅便捷高效，也更容易达成内部共识。因此，确定人才类型可以从战略出发，管理者基于业务的必赢之战，通过对关键流程和关键岗位的梳理，

顺其自然、水到渠成地确定关键人才类型。

（二）定数量

人才数量好理解，但怎么定数量呢？无外乎定量测算和定性判断，不同的行业、不同的人才类型适用于不同的确定方法。在定数量方面，需要考虑以下三种情况。

第一种情况，确定员工总数。在"四定"的环节，我们的工作是围绕关键人才展开的，定数量的核心也是确定关键岗位上人才的数量需求目标，但是员工总数也是不可绕开的重要前提，只有确定了员工总数，才能掌握员工数量的整体情况，进而明确未来人才数量目标的总基调。假设整体上业务规模没有明显变化，员工总数量则不会有大幅增长，在这样的背景下，关键人才的数量也不会有明显增长的趋势。因此，可能需要调整内部结构，对绩效不佳的员工进行淘汰。

确定员工总数的方法，通常用成本预算和劳动效率两个方法进行双管控，即在战略阶段确定了下一个财年业务规模，明确了业务的增长目标，通常使用"人力成本总增长率""人均成本"和"人均效能"三个指标来测算员工总数。其中，前两个指标好理解，就是成本预算控制的指标。最后一个"人均效能"中的"效能"反映的是劳动效率，指的是企业经营最终的标的物，任何一个企业经营的结果最终都要有一个指标来反映，可能是收入、利润、产值等，不同的企业、不同的发展阶段看的指标可能不同。以房地产行业为例，人均效能通常表现为人均销售额、人均回款额、人均开复工面积等指标，换作一般的制造业，人均效能可能是人均收入、人均利润、人均产值等指标。明确了业务总量目标，确保人均成本、效能指标大于等于当下的实际达成或者某一个目标值，就能够测算得出员工总数。

典型案例

京南地产集团人才目标数量测算

京南地产集团（化名），2018年销售签约总额达成285亿元，销售回款总额达成242亿元，实际员工总数为925人，按照人均签约和人均回款各占50%的权重，以及历史相关数据反向推算得出，人均签约目标为3 200万元，人均回款目标为2 520万元。2019年销售签约总额目标是326亿元，销售回款总额目标是260亿元，假设人均签约和人均回款的目标和权重保持不变，按照公式计算（326÷0.32）×0.5+（260÷0.252）×0.5，推算2019年员工总人数将计划是1 025人，人数净增长100人。假设此时根据利润测算人力成本总增长年度为1 320万元，人均成本为24万元/人/年，按照数据测算实际可增长的人数为55人。此时如果考虑人力成本总增长率的限制条件，同时企业内不同岗位、不同职级的薪酬水平不同，实际人数增长可能围绕100人上下浮动，需要进行总量灵活控制，见表2-3。

表2-3　京南地产集团基于劳动效率指标测算员工总数

年份/年	销售签约/亿元	销售回款额/亿元	人均签约/万元	人均回款/万元	员工总数/人
2018	285	242	3 200	2 520	925
2019	326	260	3 200	2 520	1 025

第二种情况，确定前台业务类岗位关键人才数量。要明确哪些岗位属于前台业务类，从范围上看，直接面向终端客户，为企业业绩目标的达成负直接责任的员工群体，通常情况下就是销售性质的员工。一定要说明的是，带有销售性质的员工不一定等同于销售员工，由于行业的千差万别，不同行业负责直接达成业绩目标的群体也不尽相同。例如传统制造行业可能是销售员工，也可能是渠道管控员工；在咨询行业可能是项目经理；在投资行业可能是投资经理等。因此，在定类型阶段要确保清晰明确，找到属于自身特点的前台业务类岗位。

在相对较短的一个时间周期，例如一年内，企业内外部环境保持相对稳定，就可以依据劳动效率的法则，按照前面确定员工总量时使用的量化指标来进行测算。不同的是，此时人均效能的目标值要比之前的要求高，因为是直接达成业绩目标的群体来承接目标总量，总体上测算的逻辑相同，不再赘述。

第三种情况，确定中台职能类岗位关键人才数量。这里面又分为两类：一类是可以用量化指标测算的中台员工，例如用人均负责的产品线来测算研发设计人员，用人均负责采购的品类来测算采购人员，用每人负责的工作模块或者管理面积来配置行政人员等，测算方式同上；另一类是不太能够用量化指标来测算，基本需要管理者进行主观判断，例如运营、研发、财务、法务等岗位。

这时候本着"谁管理谁熟悉"的原则，一方面，要依靠管理者的经验判断，因为只有他最清楚自己的团队需要多少人来承接工作确保达成；另一方面，可以用各类员工在总人数中的占比进行监控校准。同时结合历史数据看，企业内各类员工的数量占比会保持相对稳定的状态，不太可能出现为了完成一个特定的任务目标，某一类员工的数量大幅增长，但其他类员工数量几乎不增长的情况。因此，通过总量控制，管理者理性的判断，人员占比校准，辅以员工成本的封顶控制，也能确保中台职能类岗位关键人才数量测算的相对科学合理。

（三）定分布和定节奏

定分布和定节奏通常是同步进行的，定分布包括两个方面的内容：关键人才的质量梯度分布和不同部门之间的分布。为什么还要有质量梯度的区分呢？一方面，从限制看，企业需要人在恰当的时间点去完成工作，人员的到岗时间、人力成本、高质量人才寻访难度等因素的综合影响，使得企业在一定的时间周期内无法百分百获取到完全符合数量和质量要求的人；另一方面，从实际需求看，要考虑用人的经济性，不需要全部都是最好、最优的人才，在一定时期内，面对特定的任务处理场景，配置最合适的人才是正确做法。至于不同部门之间的分布，对于传统的企业而言，由于部门是按照职能进行划分，人员在定类型的阶段几乎就已经是确定了部分分布，但在互联网行业，同一个类型的岗位可能同时存在于不同的部门或者业务单元，例如常见的产品经理、产品运营、数据运营分析等岗位可能同时存在众多平行的部门内，此时定分布就非常重要，应伴随战略重点，确定人力资源的投放重点。

定节奏，顾名思义，就是确定岗位上的人员配置到岗的时间。与定分布考虑限制条件和实际使用需求一样，面对一个项目任务，工作并不是一下子全部铺开的，总是从一点切入逐步拓展到面，相对应岗位上人员的配置到岗时间也要与业务的开展节奏保持同频，达到"不紧张、不冗余"的最优状态。

分析完了人才"四定"，基于业务需要的人才目标也就跃然纸上，至于如何清晰明了地呈现结果则不必拘泥形式。如果内容较少则直接用文字表达内容即可，如果相对复杂则需要借助一张"人才目标四定表"更加直观地展现结果，见表2-4。

表2-4 人才目标四定表

关键岗位	对应职级	部门分布	以时间序列月周期呈现数量目标												
			1月	2月	3月	4月	5月	6月	7月	8月	9月	10月	11月	12月
项目经理	E2	智能产品部	3	3	3	5	5	5	6	6	6	6	6	6
	E4	数字科技部	2	2	2	2	2	3	3	3	4	4	4	4
产品经理	E3	消费品行业事业部	18	18	18	18	18	18	20	20	20	20	20	20
	E5	工业品行业事业部	15	15	15	15	16	16	16	16	16	18	18	18
……	……	……												

备注说明：所需岗位职级等级请从E2到E8，进行合理搭配。

通过以上层层分析，确定了人才目标后，还要特别强调这个过程技术和逻辑分析的基础。人才目标的规划需要技术工具，需要数学逻辑，来实现效能的提升，这是企业保证此规划结果科学合理的基础，特别是数量确定的环节，一定要反映劳动效率的提升，否则在激烈的市场竞争中，企业的经营就是"开倒车"（战略性的降低除外），这非常危险。但是，企业经营风云变幻，反映到人才目标规划的过程中，管理团队基于使命感和责任感的管理判断和决策就变得异常重要。当基于技术逻辑分析的人才目标结果不符合真实的业务发展需要时，需要管理者的真知灼见。反之，需要管理者服从和平衡。因此，人才目标的规划是数学逻辑问题，更是管理问题，是团队在管理过程中围绕如何达成战略目标，基于数据分析和对经营的洞见，对人才布局做出的谋划。

除了数学逻辑和管理问题的辩证统一，企业的人才目标规划也必须平衡当下和未来，尤其人才"四定"是围绕关键岗位上的人才开展，在条件允许的情况下，建议对关键人才不拘一格，保持常态化关注，随时广纳贤良，不能教条化地执行人才四定结果。关键人才对企业发展的重要性已经无须多言，企业要未雨绸缪，储备充足，同时避免行业优秀人才流入竞争对手企业，对自身带来更大的威胁，避免"人到用时方恨少"的窘境。

第三章

人才标准：胜任力与胜任力模型

完成了人才目标规划，厘清了关键人才的类型和数量要求，人才发展工作即将从宏观走向微观，将企业自上而下的种种规划和设计实际作用于员工群体，达到想要的成果，人才标准就是确保这个转化过程能够顺利有效进行的核心要素，起到承上启下的关键作用。

第一节　人才标准连接战略与人才发展活动

人才标准的价值，具体反映在两个维度：从业务端看，将企业的战略、业务及文化等方面的要求传递给员工并成为日常行为标尺；从员工端看，指导诸多人才发展活动，是员工个人成长发展的导向，可以说是"上接战略，下连人才发展活动"。具体如图3-1所示。

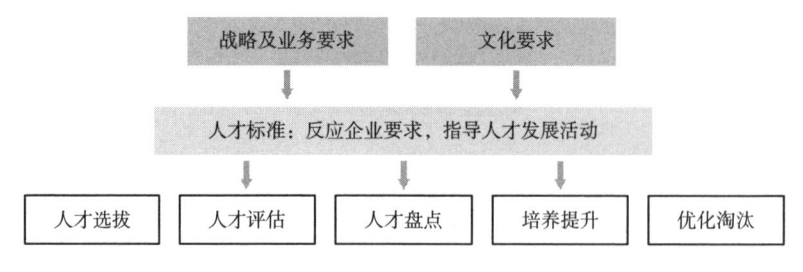

图 3-1　人才标准价值逻辑图

一、人才标准承接业务战略和文化要求

支撑战略的组织能力，一方面，依赖硬的技术、资本等条件形成的竞争优势；另一方面，则是员工群体软的能力支撑，这个支撑就需要清晰的人才标准。人才标准非常重要的两个输入来源分别是业务战略和企业文化，通过人才标准的桥梁，将业务需要、岗位及人才紧密联系在一起。前文提到的好时休闲零食案例清晰地展示了新业务对新组织能力的要求，员工能力标准也随之变化。

提到业务战略，迈克尔·波特于1980年在其出版的《竞争战略》一书中提出了三种卓有成效的竞争战略，分别是总成本领先战略、差别化战略和专一化战略，对企业的战略内核进行了高度概括。现实中，企业战略大概归纳为以下四种类型，见表3-1。

- 以产品为核心驱动，稳定或者线性发展的业务战略，常见于广大的制造型企业，依赖核心产品，大规模低成本，保持稳定发展。
- 以技术为核心驱动，实现跨越式发展的业务战略，常见于高新技术行业，凭借专业的技术，以及不断的技术突破，实现跨越式增长。
- 以创新为核心驱动，多样化的产品创新满足客户需求，常见于互联网行业，通过创新性的产品应用，解决用户痛点，带来业务发展。
- 以服务为核心驱动，构建差别化、极致化的服务取胜战略，常见于提供服务的行业，或者以产品为核心，服务作为重要竞争优势的企业。

表3-1 不同企业战略的组织能力和员工能力要求对照表

不同企业战略	组织能力要求	员工能力标准要求
产品驱动	质量控制、标准化流程并不断优化、精细的成本控制、高质量运营	精细管理、高效执行、协同一致
技术驱动	专业技术、基础研究、技术创新、客户管理与维护	技术领先、创新思维、钻研精神
创新驱动	市场分析与洞察、敏锐的客户导向、产品创新能力、品牌营销	商业洞察、市场导向、资源整合、产品创新
服务驱动	客户服务意识、成本控制、体验管理与优化、细节执行	客户导向、细节敏感、细致耐心、服务意识

需要说明的是，不同的战略和业务选择，有对应的员工能力要求，但这并不意味着只需要上述能力要求，也不代表战略相同的两家企业其员工能力要求就完全一致。战略是员工能力标准的重要考虑因素之一，但并不是唯一的决定因素，企业的发展历程、具体行业、竞争态势、创始人个性、管理团队状态、内部不同岗位的职责差别、企业文化等都是影响因素，其中，企业文化的影响尤为明显。

企业文化是企业在生产经营实践中逐步形成的，为整体团队所认同并遵守的价值观、经营理念和企业精神，以及在此基础上形成的行为规范的总称。企业文化是对员工诸多要求在意识层面的高度提炼，而人才标准是对员工要求在落地行为层面的具体呈现，可以说文化和人才标准是同一个内容要求在不同维度的表现。同时，企业文化具有无比强大的引导塑形作用，因此其对人才标准的影响也非常明显。

表3-2是某控股集团公司的企业文化，以及演化出来对员工能力的要求。

表3-2 企业文化词条与员工能力标准要求对照表

序号	文化词条	员工能力要求	序号	文化词条	员工能力要求
1	追求卓越	进取、匠心、坚韧	4	团队协作	交圈、同心、共担
2	创新驱动	求新、反思、突破	5	关爱员工	尊重、激励、发展
3	简单互信	正直、坦率、信任	6	关注用户	理解、洞察、感受

上述企业文化内涵均被转换为具体的员工能力行为标准。以"追求卓越"为例，进一步解释为"进取、匠心、坚韧"。其中，"进取"意为员工工作中挑战高难度任务并实现自我超越，"匠心"意为要对产品和服务的品质与细节有高要求，"坚韧"意为面对困难时保持积极的心态不放弃。通过这样的演化，企业文化可以有效地渗透到人才标准。

总结一下，行业中普遍存在的企业文化词条对应可拆解的人才标准要求描述项，见表3-3。

表3-3　企业文化词条与人才标准要求描述项对应关系一览表

序号	企业文化词条	人才标准要求描述项
1	正直	正直坦诚、自信果敢
2	诚信	团队信任、信守承诺、建立人际网络
3	拼搏	目标意识、精力充沛、不屈不挠、追求卓越、敬业投入
4	担当	结果导向、积极主动、责任担当、自律负责
5	协作	横向协作、团队合作、组织协调
6	创新	开放主动、创新变革、敏锐洞察
7	共赢	整合资源、信任包容、管理冲突、建立影响

企业文化对人才标准的影响，更多的是那些深层次的、短时间内难以改变的素质项。阿里巴巴在招聘环节设置"闻味官"，就是要从文化和团队配合的角度，从根本上找到符合阿里巴巴文化价值观、志同道合的人。

二、人才标准牵引人才发展活动

无论一家企业是否存在清晰完整的人才标准，这些标准事实上都客观存在，并对诸多的人力资源活动发挥着实实在在的指导作用。先来看一个例子，这是一个招聘网站上非常普遍的某招聘岗位的介绍。

典型案例

某公司销售经理岗位招聘信息

1. 职位描述
- 负责开拓区域商户，完成责任区域的业绩目标，维护与商户的客情关系。
- 负责团队规划和目标制定，管理并带领团队完成渠道搭建和拓展工作。
- 负责团队日常工作管理，提升团队的主观能动性，并能够有效带领团队完成工作目标。
- 协助城市经理有效使用市场拓展资源。

2. 职位要求
- 具备3年以上行业销售拓展相关经验，具备1年以上管理经验、社区电商经验者优先。
- 具备很强的地面推广能力、优秀的谈判能力和沟通协调能力。
- 良好的销售技巧，吃苦耐劳，抗压能力强。
- 拥有高自驱力，执行力强，具备宏观思维能力，可负责整个团队的业务开展。

- 善于总结和发现问题，具有良好的逻辑思维能力。

这则招聘信息，大致可以提炼出该公司对销售经理岗位的人才标准要求有以下几点。

- 需要具备必要的销售知识技能，特别是销售管理、渠道管理、社区电商管理和商户客情管理的知识。
- 团队管理要求，团队规划、目标设定，提升团队的战斗力。
- 谈判能力、沟通协调能力和逻辑思维能力。
- 还有一些基本的素质要求，例如吃苦耐劳、抗压能力、自驱力、执行力等。

实际上，越来越多的企业已经意识到人才标准的重要性，逐渐从过往模糊、分散地存在于每个个体管理者脑海中的状态，逐渐转变为提炼并制定本企业清晰一致、共同认可的人才标准。人才标准在人才招聘选拔、人才评估、人才盘点、人才培养、员工个人成长、优化淘汰这几个管理活动中，发挥导向性的重要作用，见表3-4。

表3-4 人才标准在人才发展活动中的作用一览表

序号	人才活动	人才标准的作用表现
1	人才招聘选拔	拉齐考察项，提高人才筛选的精准性和成功率，避免经验主义
2	人才评估	标准一致，提高评价结果的有效性和一致性，避免个别管理者的主观主义
3	人才盘点	能力和业绩双考核，更全面考察人才，弥补单一业绩导向考核的片面性
4	人才培养	依据人才标准，诊断待提升项并匹配针对性的提升对策，培养动作更加有的放矢，不再"大水漫灌"
5	员工个人成长	对照人才标准自我分析，个人发展的目标路径更加清晰明了，扫除自我提升路上的目标障碍和迷茫感
6	优化淘汰	配合业绩考核结果，实现更高效的人岗匹配，识别出能力和业绩双差的"铁锈"员工，果断优化，避免长时间的过程摇摆

第二节 胜任力模型介绍及构成要素

人才标准的载体有多种形式，其中胜任力最具有代表性。每一次社会经济的发展进步，都促进了对人才标准研究的进一步深化。时至今日，胜任力模型已经被广泛应用到企业的人才管理中，发挥越来越重要的作用，追本溯源需要了解胜任力模型的建立过程，对胜任力模型有全面的认知。

一、胜任力模型的演化过程

人才标准的研究及演化不是脱离具体的生产活动要求而孤立存在的，结合经济社会的发展，人才标准基本可以划分为三个阶段，如图3-2所示。

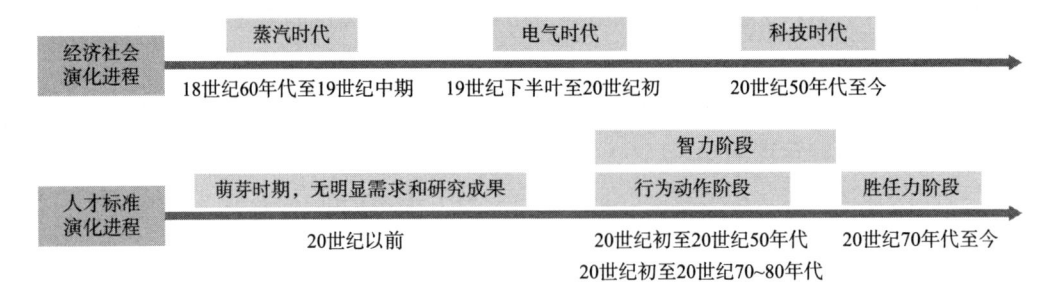

经济社会演化进程	蒸汽时代	电气时代	科技时代
	18世纪60年代至19世纪中期	19世纪下半叶至20世纪初	20世纪50年代至今

人才标准演化进程	萌芽时期，无明显需求和研究成果	智力阶段 / 行为动作阶段	胜任力阶段
	20世纪以前	20世纪初至20世纪50年代 / 20世纪初至20世纪70~80年代	20世纪70年代至今

图3-2 人才标准演化时间轴

蒸汽时代，工厂替代人工是一个循序渐进的过程，在这一时期对人才标准的研究和关注较少。

进入电气时代后，企业逐渐实现更大规模化的生产，工厂林立，竞争逐渐加剧。与此同时，大批的职业化工人已经分布在各行各业，成为重要的生产要素。此时摆在企业家们面前的一个普遍的现实性问题——如何挑选识别更高效的劳动工人？比较有代表性的两类观点，分别是心理学家将这一问题归因于个体智力水平的差异；以费雷德里克·温斯洛·泰勒为代表的管理学家通过实践研究，认为优秀工人与较差工人之间的差异在于他们完成工作的动作和方法不同，并建议使用"时间—动作"标准定义工作标准，提高生产效率。泰勒通过在伯利恒钢铁公司著名的"铁锹实验"和"搬运生铁块实验"，所进行的"时间—动作研究"界定了工人的劳动标准，在那个年代就确定了人的标准，后被称为"管理胜任力运动"。

进入科技时代，知识型员工的重要性日益凸显，过往用智力和工作效率等要素定义人才标准，并依此进行筛选，在预测工作绩效方面也显得越来越无力，不断受到人们的质疑。1973年，麦克利兰在《美国心理学家》杂志上发表了文章《测量胜任力而非智力》，自此胜任力这一概念被正式提出来，并进入学术和实践研究领域。

根据麦克利兰的观点，胜任力是一个统合概念，是指："个体潜在的、深层次特征，它可以是动机、特质、自我形象、态度或价值观，或者是某领域的知识、认知和行为技能，这些个人特征能够将某一岗位上表现优异者与表现一般者区分开来。"他通过"冰山模型"将胜任力概念中涉及的个体特征划分为表面的"冰山以上部分"和深藏的"冰山以下部分"，如图3-3所示。"冰山以上部分"包括知识和技能，容易观察测量和发展；"冰山以下部分"包括社会角色、自我认知、特质和动机，更隐蔽且深层次。

在企业中，任何一个岗位对员工的胜任力要求都基本不可能是单一，而同时某个个体要在岗位上取得卓越绩效表现也需要具备多种胜任力，这样对胜任力模型的需求也就应运而生了。

二、胜任力模型的构成要素

一套完整的胜任力模型，应该包括模型结构、词条名称、词条定义、词条维度和行为描述，下面通过一个具体的模型事例，对上述几个构成要素进行解释说明，如图3-4所示。

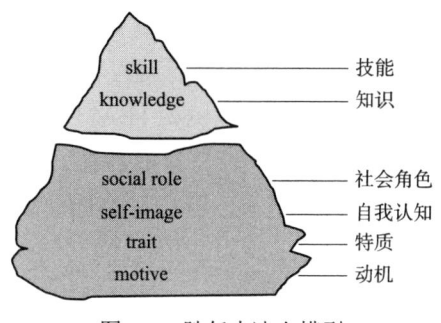

图3-3 胜任力冰山模型

图3-4 某知名汽车集团领导力TEAM模型

（一）模型结构

模型结构不仅清晰地呈现了胜任力模型的全貌，同时用直观、结构化的图形，将复杂的内容，用简单且有逻辑的形式全景呈现，使其更加易懂易记，有利于宣传推广。包括以下几个关键要点。

- 内容完整。能够通过模型看到胜任力的全貌。
- 结构化表达。模型结构通常都有一定的内在逻辑，便于理解，例如上述模型，用了四个"者"的角色，就是一种典型的要素结构。现在比较流行的管理者的胜任力模型通过管理自我、管理他人、管理业务、管理关系展开，也是一种基于管理者场景的结构化表达。

- 图形直观化。例如TEAM模型，使用了两个同心圆加横纵轴的图形设计，分为五个象限来呈现内容，外侧是能力要求，内核是素质要求，清晰直观。
- 名称易记。例如TEAM模型，不仅跟英文单词team同音，同时领导力模型也是跟团队管理有相似之处，方便记忆，便于推广。再如宝洁公司的5E领导力模型，分别是高瞻远瞩（envision）、取得共识（engage）、鼓舞士气（energize）、授人以渔（enable）和完美执行（execute），分别取能力项英文首字母组成，也是同样的道理。

（二）词条名称

如果模型结构是"骨架"，词条名称就是"血肉"，它是胜任力模型的核心，包括以下几个关键要点。

- 高度概括，词意明确。词条是对胜任力内容的高度凝练总结，同时通俗易懂，不产生歧义。例如"团队发展者"这一词条，能够从字面上判断这项能力组合是要求领导者如何更好地管理和成就团队。
- 数量限制。词条数量通常控制在3~7项，上述TEAM模型数量为4个，华为的领导力模型中词条是3个，分别是发展客户能力、发展组织能力、发展个人能力。太多容易分散不聚焦，"既要、又要、还要"往往适得其反，如果太少又不能涵盖重点内容，5个左右的词条既能恰到好处包括核心内容，又符合普通人的记忆规律。
- 短语呈现，整齐划一。一般要求2~6个字数，且词条间保持一致，便于记忆传播。

（三）词条定义

词条定义是对胜任力词条内涵和外延的详细解释。以TEAM模型中的"团队发展者"和"战略执行者"为例。

- 团队发展者，是指需要带领团队实现业务目标，有效建设团队并发挥团队的力量，以及培养和发展下属，才能更好地完成业务目标。
- 战略执行者，是指要发挥承上启下的作用，要实现承上和启下的目标，具备良好的专业能力。

（四）词条维度

词条维度是对词条名称的二次拆解，其本质也是胜任力词条，词条名称是高度概括，要实现更好的理解和落地，通常需要对名称进行二次拆解和分层解释，目的是更加完整、具体和清晰地将胜任力词条的内涵呈现出来。例如"业务推动者"的二级维度是协调合作、接纳理解和沟通能力，意思是要做好业务推动，需在这三个维度内下功夫。

包括以下几个关键要点。

- 彼此意义上独立，逻辑上关联完整。各二级维度意思上彼此区分，没有重叠和交叉，通常又有一定的逻辑关联，组合起来反映词条要表达的完整意思。例如上述TEAM模型中，要实现高效的战略参与，个体需要对外部环境有感知洞察，同时将感知的信息跟企业业务相结合，形成业务规划，在众多的规划中能够高质量决策。
- 数量通常在2~3个，基本是四字或者六字短语，原因同上。

（五）行为描述

行为描述是指胜任力词条所指向的若干种典型行为，胜任力词条与行为描述是配套对应的关系，某个胜任力项，要靠外显的个体行为进行观察及评价，也需要通过对行为的实践来提升胜任力，没有匹配行为特征的胜任力词条，在实践上很难落地。

行为描述还涉及行为等级，这跟企业内特定岗位，不同职级对应不同的胜任力要求同理。以管理者为例，一般企业内的管理层级有3~4个层级，对应不同层级的管理者处理的任务场景不同，胜任力要求也不尽相同。一方面，从词条释义上不同描述体现；另一方面，通过行为等级体现。以"协调合作"为例，见表3-5。

表3-5 胜任力词条"协调合作"不同等级行为描述示例

协调合作	经理层：协同推进工作是核心要求	总监层：搭建协同氛围是核心要求
词条定义	从企业整体利益出发，在工作中拉齐目标和价值产出，换位思考，相互补位，承担责任，促进目标达成	以实现最终目标为目的，确保信息互通，鼓励表达，坦诚开放，接受并赞扬他人观点，整合促成结论
行为等级描述	1. 在协作中坚持组织目标第一位，非本位主义，必要时牺牲个人或小团体利益 2. 能够换位思考，同理性强，不一致时，主动调整，为流程系统方提供便利，推动工作进行 3. 主动分享经验或提供可能的支持，帮助协作方成功 4. 主动担责，大胆承诺，为协作共赢尽最大的努力	1. 确保所有人能够获知最新的信息，鼓励分享与表达 2. 主动询问每个人的观点，并给予回应 3. 如他人的看法与自己的相冲突，也能倾听并客观综合考虑 4. 协作中，整合和提炼不同利益方的观点和想法，促进聚焦并达成一致

以上即是一套完整的胜任力模型包含的内容，便于大家从全貌上认识和了解胜任力模型，建模的方法、技术和流程将在下一个章节详细阐述。

第三节　四类胜任力模型

企业推行胜任力模型，反映了企业对人才知识、技能、特质和动机的整体要求。与此同时，企业内部也有不同类别的人群和多样化的场景，胜任力的使用要跟人群和场景相结合。总体上分为四种类型，见表3-6。

表3-6　胜任力模型四种类型对照表

应用对象	模型名称	核心内容
管理者	领导力模型	不同层级的管理者，在业务规划、发展团队、落地执行等方面的能力要求
专业岗位员工	专业岗位任职资格标准模型	专业岗位员工在核心贡献、专业能力和成果达成方面的可视化要求
全体员工	全员通用素质模型	全体员工都应该遵守的共同行为模式，是普适性的基础要求
高潜力员工	潜力模型	用于识别和筛选高潜力的员工，重点在于未来的成长性

一、领导力模型

领导力模型是最常见也是最重要的胜任力模型之一。通常一家企业引入胜任力模型都会聚焦在领导力模型。领导力模型是指，管理者在岗位上带领团队取得高业绩成果所需要表现出的行为特征组合。一般情况下，一家企业的管理层级通常有3~5级，针对不同的层级，领导力模型也会有两种表现：一种是胜任力词条一致，定义和行为表现进行了分级阐述；另一种是胜任力词条会根据层级不同呈现出部分的差异性。

二、专业岗位任职资格标准模型

从定义上看，在专业岗位上产出高绩效所需要的行为特征组合即是专业岗位任职资格模型。基于任职资格的应用场景，在实践上有两个特征：第一，通常是按照岗位类别或者专业序列大类设计任职资格模型，不会细分到业务的具体岗位，即使是具体到某个岗位，例如产品经理，也是众多的业务条线共用一个产品经理的任职资格模型；第二，考虑到考核评价的场景，除了专业能力，还包括层级特征、专业核心贡献等内容，便于对照员工情况给予评价判断。

表3-7是某知名互联网企业，供应链运营序列初级专家的任职资格模型。

表3-7 某企业供应链运营序列初级专家的任职资格模型

任职资格要求		对应职级等级：P7
层级特征	角色定位	问题解决专家
	层级特征描述	1. 能对部门内相关领域业务进行整体统筹，善于拓展和调动行业内资源，对复杂战场攻坚克难 2. 具备对市场趋势的预判能力，能前瞻性和创新性地思考业务突破方案，对业务创新有独立思考 3. 能输出覆盖理论体系和实践经验的专业课程，能指导横向业务部门及行业合作伙伴相关领域规划工作
核心贡献（需要完全独立完成的任务）		1. 供应链运营策略统筹：全面梳理搭建供应链运营指标体系并制定部门的运营改善策略，输出全连接解决方案，确保运营结果 2. 供应链上下游协同：发掘供应链链条上的问题的核心和根本，实现多方共赢
核心经历		1. 具有行业知名供应链企业的从业履历，工作经验8年以上，过往核心经历有业绩产出 2. 针对企业的运营情况提供清晰的策略建议，并聚焦业务改善方向 3. 深度参与企业重点项目2~3个并引领1~2个重点项目，且有可量化的实际产出
核心专业技能	产品及系统	层级3：供应链系统产品规划，匹配系统规划的业务架构搭建
	库存管理及供应链相关知识	层级3：运用供应链行业相关知识，预判运营环节中异常问题或发现优化机会点，并提出预防方案或优化方案
	数据分析及洞察	层级3：建立全链路的指标监控体系，推动供应链全链路的数据可视化及解决方案
	沟通谈判	层级3：具备极强的沟通谈判能力，促进协同方资源投入及高效协同，实现多方共赢
	供应链运营策略	层级2：识别行业的机会点和痛点，输出符合行业发展的供应链运营策略
	项目管理	层级2：具备中级项目管理技能
	供应链创新	层级2：规划设计供应链创新方向，并指定落地策略
	内外部组织赋能	层级2：具备跨部门及外部组织赋能技能
	专业沉淀	层级1：输出品类或关键环节的成本、效率，以及体验优化方法论和落地框架
	战略解码及规划	层级1：承接上级业务经营目标，解码并制定供应链策略
	行业影响力	层级1：代表所在部门对外输出供应链运营的方法论或标杆案例
核心能力		1. 认知能力、学习能力和创新能力 2. 问题解决、影响推动能力
基础素质		1. 符合公司的价值观要求 2. 有眼界，视野广阔，有见识和高度 3. 敢于挑战自我，永不满足、追求卓越，不断进行自我突破 4. 有使命感，有强烈的事业心，对公司业务充满激情和信心，全心全意、长期投入

三、全员通用素质模型

企业内全体员工都必须具备的能力素质要求，是企业员工所共有的价值观念或独特的行为模式。通用模型通常有以下显著的特征：第一，跟创始人的个人风格有较大关系；第二，跟企业文化价值观关系密切；第三，是过往企业内部成功的经验总结提炼。例如龙湖集团全员通用素质模型称为"操心员工"模型，不仅定义了核心能力项，还匹配了关键的正面行为和负面行为，落地性更佳。

由于篇幅限制，仅呈现素质项要求和定义，见表3-8。

表3-8　龙湖集团"操心员工"模型

素质要求项	素质定义描述
尽职敬业	热爱劳动，恪尽职守，能从劳动中找到尊严、快乐、职业自豪感；工作标准持续改进；勇于承担责任；以积极心态克服困难、应对压力；注重工作方向、方法和效率；所有工作行为以企业利益为出发点；把个人成长与岗位责任紧密结合；对自己的长远发展负责
结果导向及创造性执行	始终把握工作的方向和目的；以结果作为衡量标准；制订完善行动计划；识别、调动和充分利用有效资源实现目标；平衡时间、成本、质量之间关系；综合运用常识和数据；超越既有模式、经验及边界条件，创造更优化手段和方法，取得超出期望的结果
学习能力	保持开放心态及好奇心；敏锐感知变化和挑战；快速并持续不断地获取知识、经验并将其转化为技能、观念、行为习惯；从实践中及时总结成功的经验和失败的教训，并使之固化为规律性认识，学以致用
团队协作	与关联人员建立并运用共同目标及协作规则；理解并承认个体差异；理性看待自身能力，欣赏团队成员的优点，优势互补形成团队合力；相互信任，既坚持原则又善于妥协；创造或积极融入合作、坦诚、双赢的工作氛围
有效沟通	准确简洁地理解或表达观点、需要、兴趣和态度；创造坦诚、直接的沟通氛围；努力达成多赢的沟通效果；选择正确的沟通对象和方式方法；通过沟通来影响和改变事物的格局，向着目标实现的方向发展
客户导向	准确定义客户；以客户意识确立内外部关系；预测、分析客户直接和潜在需求；利用公司资源合理地满足客户；建立和发展与客户间良好的、相互关心的、持续的、多赢的关系；成就客户，最终成就企业

四、潜力模型

在员工评价场景中，经常遇到的一个情形是管理者对不同的人会有"做当下的工作还行，但发展后劲儿不行"和"当下业绩能力欠佳，但潜力不错"两种截然不同的评价。我们已经知道胜任力模型是胜任岗位的特征组合，那么潜力又该如何界定呢？

国内外知名咨询机构对潜力的描述，见表3-9。

表3-9 典型咨询机构潜力模型总览表

机构名称	核心内容	重点指向
智睿咨询（DDI）	1. 领导力前景：领导倾向，激发员工潜能，可靠性和自信 2. 个人发展导向：乐于接受反馈，愿意接受建设性批评 3. 复杂事物掌控力：多任务处理，适应性，预见性，对未知事物的掌控力 4.. 平衡价值与成果：文化适配性，追求结果的热情	动机、自省学习、适应、行动、个性特质
光辉国际	学习敏锐度，包括五个维度： 1. 自我认知：自我认知和提升，了解优势和弱点，消除盲点，利用优势 2. 人际敏锐度：因人而异回应与合作，反应灵敏，解决冲突 3. 变革敏锐度：开拓精神，引入新思维、新观点，容忍不确定性，直面变革阻力 4. 结果敏锐度：追求高绩效，充满激情，影响推动，利用资源 5. 心智敏锐度：善于思考，处理复杂问题，博览群书，求知探新	自我认知、人际关系、创新、成就动机、学习思考
亿康先达	1. 动机：以强烈的责任感和热情度去追求目标 2. 好奇心：新体验、新知识、新反馈，开放学习和改进 3. 洞察力：收集并理解信息 4. 人情练达：善于沟通，说服他人，建立人际联系 5. 韧性：逆境受挫不言放弃，追求目标不懈努力	动机、学习、人际、个人特质
凯洛格咨询集团	1. 思维潜力：好奇心，洞察力，思维敏捷，快速反应，精细分析推理，创新思维 2. 人际潜力：换位思考，开放接纳，影响说服，自我意识，成熟稳重 3. 内驱潜力：追求成就、权力和亲和	学习、分析、人际、成就动机

从以上分析不难看出，行业内对潜力的定义不尽相同，但也有明显的共通之处，那就是潜力实际上更多地关注冰山下的个性、特质和动机，尤其强调的三个要素是成就动机、学习创新和人际敏感。

因此，胜任力应是包含潜力的，只不过在应用的时候侧重点有所不同。胜任力更多地强调员工针对当下岗位的匹配程度，是否能产生高绩效，而潜力更多地关注未来，这个"未来"又包含两个方面。

- 可塑性，即当下岗位尚未展现高胜任，潜力对人能力的塑造和提升，通过这些潜力特征组合，可以促使员工在未来胜任当下岗位，实现人和岗的匹配。
- 成长性，即未来某个更高岗位的可达成度，这些潜力特征是员工持续成长背后的驱动要素。

正所谓"兵马未动，粮草先行"，潜力模型促使企业关注未来，关注人才的准备度和成长性，才能更好地基于战略布局人才。

无论是胜任力模型还是任职资格标准，均指向的是完成特定岗位任务目标和个体需要具备的特征要求组合，都是人才标准的一种体现形式，但在具体的企业实践上，两者又各有自身的侧重点和引用差异，见表3-10。

表3-10 任职资格标准与胜任力模型的差异

对比要素	任职资格标准	胜任力模型
所含内容	几乎涵盖了胜任岗位的全部要素：学历、专业、年限、核心贡献、专业经验、知识与技能、能力要求、素质特质等	主要是深层次的能力、素质、特质要求
应用对象	专业技能类员工	中高层管理岗
应用场景	偏向考核和认定，输出通常是更关注结果	聚焦在评估和评价，更加关注员工能力是否适配、如何提升
适用企业	中大型企业，岗位众多，岗位、序列体系比较完备 其他中小型企业，员工少、岗位少，投入产出比较低	在任何企业中，胜任力都可作为一种反映人才标准本质的管理工具

总之，围绕任职资格标准和胜任力模型，绝对化的讨论孰好孰坏、孰优孰劣意义不大，两者均是人才标准的外在体现，只有明确目的，区分应用对象和场景，契合企业自身特点和需求，从而引导员工的发展并持续创造价值，实现人才不断涌现，企业持续发展。

第四章

胜任力建模：全流程完整解析

建模常见的两类情况是搭建领导力模型或者全员素质模型，有时全员素质模型也会聚焦到某单个岗位类的胜任力模型，下面介绍的模型搭建方法将重点围绕这两类情况在企业内部的建模过程，读者可以对其他对象建模方法举一反三。

建模三个阶段，即建模前期准备阶段、模型设计加工阶段、模型校准出具阶段，如图4-1所示。

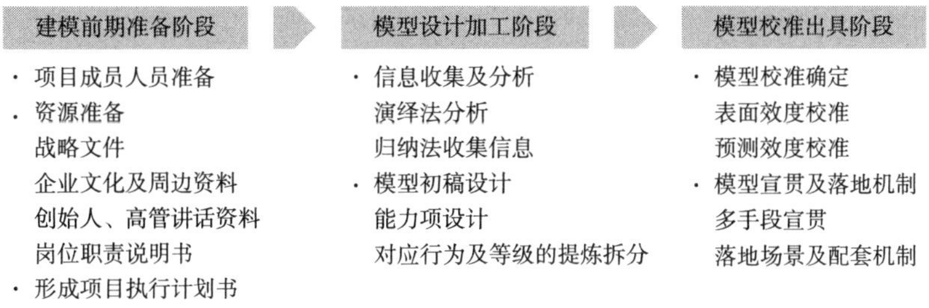

建模前期准备阶段
- 项目成员人员准备
- 资源准备
  战略文件
  企业文化及周边资料
  创始人、高管讲话资料
  岗位职责说明书
- 形成项目执行计划书

模型设计加工阶段
- 信息收集及分析
  演绎法分析
  归纳法收集信息
- 模型初稿设计
  能力项设计
  对应行为及等级的提炼拆分

模型校准出具阶段
- 模型校准确定
  表面效度校准
  预测效度校准
- 模型宣贯及落地机制
  多手段宣贯
  落地场景及配套机制

图4-1 胜任力建模流程全景图

第一节　完成项目准备

胜任力建模是一个长周期、费力且耗时的工作，严密且充足的项目准备必不可少，项目组人员如何分工协同、各阶段工作安排和完成节点等均需要提前做好计划，总体上核心三件事是：组建项目小组、收集相关资料、形成整体计划书。

一、组建项目小组

组建小组，团队成员分工协作，多线路工作同步交叉推进，才能够使建模工作效率最大化。

项目小组的成员构成要合理搭配。小组组长通常是企业内有一定地位的管理者，能够决策并协调资源。成员可由人力资源侧和业务侧共同组成，前者主要负责调研、访谈、分析设计等工作，后者主要是协助组织、扫除障碍并提供必要的业务信息输入等。小组成员数量根据工作量确定，通常5~7人即可，便于协调组织。

项目小组的工作机制需要提前设计好。主要包含以下几点。

第一次赋能，主要是公布项目启动，介绍背景，成员彼此熟悉，明确分工和职责，以及一些前期简单的准备，例如收集资料，核心目的是小组形成。

第二次赋能，主要是核心调研、访谈、分析等工作启动前的一次交底赋能，交底的内容包括但不限于本次用到的方法论、核心工具使用方法、标准拉齐、工作节奏安排、特殊情况处理等内容，核心目的是使小组成员对技术方法和工作要求都熟知。

日常周期性的例会制度用于跟踪工作进度，解决工作问题的常态化保障机制。

二、收集相关资料

收集同行业、公司、岗位、企业文化、竞争对手等资料，无论是企业内部建模还是外部邀请机构建模，这一步都非常重要。建模实际上是探寻企业关键成功要素的过程。对行业越了解，对企业过往的历史和文化沉淀越了解，对建模的岗位工作内容和要求越了解，才能最大限度确保建模的方向正确。其中，有效的途径就是收集大量的文档资料（表4-1），这对后续项目的成功至关重要。

表4-1　胜任力建模资料收集清单

资料类别	明细内容
企业战略类	1.企业介绍：发展历程、重大里程碑事件、产品介绍等 2.战略规划：历年战略总结和工作计划 3.经营资料：经营理念、核心竞争力、组织能力表述

续上表

资料类别	明细内容
企业文化类	1.文化资料：使命、愿景、核心价值观、有代表性的事件文化提炼总结 2.高管讲话：创始人、核心高管在不同场合的讲话稿 3.员工行为规范：员工手册，标杆员工表彰材料
企业岗位类	1.岗位介绍资料：岗位职责说明，相关的工作制度 2.岗位考核资料：考核指标、重点工作计划等
行业对标类	通过咨询机构、公开市场资料、交流学习、访谈离职人员等手段，获取行业、标杆企业关于战略、文化、岗位要求，甚至是胜任力模型要求的相关资料

三、形成整体计划书

整体计划书是指对整体工作事项、人员分工、时间节奏和各阶段成果产出做出整体预估安排，明细见表4-2。通常在小组成员第二次赋能时正式公布执行。一个常规的胜任力建模时间都会超过3个月，关键的工作成果要确保在指定的时间节点前达成，并在过程中实时监控。若遇到人手资源不足或者业务紧急情况对建模工作造成影响，项目小组成员要及时向负责人沟通，负责人向管理层汇报并动态调整。

表4-2 胜任力建模项目执行计划明细表

关键阶段	工作内容及核心产出	责任主体	时间节点示例（实际可穿插）
建模准备阶段	1.项目成员确定第一次成立会议	项目负责人	3月1日
	2.战略、岗位、文化等资料收集	张××	3月5日
	3.核心工具方法论设计定型	李××	3月6日
	4.项目成员第二次技术交底会议	项目负责人	3月8日
	5.绩优访谈和调研对象（或研讨会对象）确定，访谈/研讨会时间节奏安排	王××	3月5日
分析加工阶段	6.工作启动：实施访谈、调研、研讨会	赵××、沈××、刘××、赵××等	3月18日
	7.战略、岗位、文化等资料的分析整理，提炼关键词	刘××、张××等	3月10日
	8.访谈、调研、研讨会信息结果的分析整理，提炼关键词	孙××、李××等	3月30日
	9.关键行为提炼	于××、王××、李××等	4月10日
	10.外部标杆企业对照分析（如需要）	刘××	4月13日
	11.胜任力模型设计并内部讨论定型	项目负责人	4月15日
	12.胜任力模型初稿阶段性同步汇报	项目负责人	4月20日

续上表

关键阶段	工作内容及核心产出	责任主体	时间节点示例（实际可穿插）
模型校准出具	13.根据管理层意见进行修改调整	张××	4月25日
	14.邀请专家、管理者、绩优群体进行讨论校准	李××、赵××等	4月30日
	15.绩优、绩差对比测试校验	孙××、李××等	5月10日
	16.胜任力模型终稿汇报及确定	项目负责人	5月15日
	17.模型宣贯执行	人力部门/项目负责人	5月20日
	18.设计模型落地执行手册，推动模型在内部管理场景上的落地	人力部门	6月30日

第二节　信息收集方法：资料分析法

建模的核心阶段，决定工作的成败。对信息的收集、分析和提炼，用到的方法众多，总体上可概括为演绎法和归纳法两种类型，如图4-2所示。

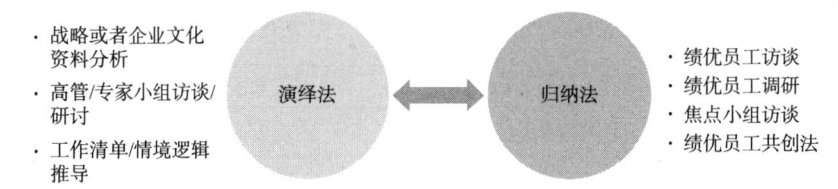

演绎法
- 战略或者企业文化资料分析
- 高管/专家小组访谈/研讨
- 工作清单/情境逻辑推导

归纳法
- 绩优员工访谈
- 绩优员工调研
- 焦点小组访谈
- 绩优员工共创法

图 4-2　胜任力建模方法

战略或者企业文化资料分析法，从名称上可以直观判断出，从收集到的各类文献资料中提炼分析胜任力词条均适用于此方法，下面来看几个示例。

从企业文化中提炼胜任力，以下是一家集团企业的文化价值观。

典型案例

某集团企业文化价值观

1. 企业文化观

某集团是一个学习的公司，勤于思考的公司，不断创新的公司。

2. 企业发展理念

企业的生存空间在于整个世界；

企业的生命力在于适应市场；

企业管理的精髓在于不断挖掘潜力；

企业必须真诚地为社会提供优良的服务，促使资本增值，造福人类社会。

3. 企业文化精神

执行：忠实地执行，正确地执行，创造性地执行。

合作：人之间的合作，组织之间的合作，企业与全球的合作。

创新：创新是广义的、不间断的，创新应当是科学的，创新以效益最大化为原则。

从这段企业文化的描述中，可以很清晰地提炼出如下胜任力词条，这些都反映了对人才的要求。

- 学习创新。文化描述中提到学习、思考、创新、创造、适应。
- 执行推动。忠实、正确、创造性地执行即是体现。
- 团队协作。特别强调合作精神。
- 追求卓越。文化内容中提到不断挖掘潜力，不间断创新，竭诚服务。

从企业战略文件中提炼胜任力，以下是一段来自某企业业务规划的节选文字。

典型案例

某集团公司2011—2015年五年期发展战略规划

1. 企业使命

推动我国基础建设事业卓越发展，服务股东、员工和社会。

2. 发展愿景

致力于成为国内外基础建设领域的一流企业。

3. 整体发展战略

以建筑产业价值链为主线，以基建建设为核心主业，实现产品结构转型，由粗放型增长向集约型增长转变，逐步推进精益管理，实现企业效益提升，把集团公司建设成为产品结构合理、组织结构优化、管控模式领先、人才结构匹配，具有较大规模和较强盈利能力的新型工程总承包企业。

4. 总体发展目标

集团公司的总体发展目标是：2011—2015年累计实现营销额××亿元、营业收入××亿元以上、净利润××亿元以上，净利润率××%，在岗员工人均收入年递增幅度逐步提升且不低于××%。公司规模实力、公司盈利能力、公司信用评价、员工收入增长率等指标，进入行业第一方阵行列。

5. 主要经济指标目标、投融资指标目标等（略）

6. 业务组合及发展思路

集团各项业务应形成以下六大板块。

①公路建设业务主要包括：新（改、扩）建公路业务。

发展思路：作为集团公司营业收入及净利润的主要来源，持续发挥稳定规模、充当领头羊的作用，向其他业务板块提供"管理""人才""技术"等输出。为了改变结构单一、规避产品结构过度集中的风险，适度控制国内公路工程建设业务规模，以承揽国家重点公路建设项目为主，努力形成公路市场专业化优势，扩大高端市场份额，逐年提高路内工程业务板块的经营质量，提高项目质量和获利水平。

②路外工程建设业务，具体内容省略。

③国际业务主要包括：境外公路工程建设、市政工程建设、房地产开发、矿产资源开发等业务。

发展思路：大幅度提高海外经营比重，培养国际经营管理人才队伍，完善国际业务项目评估体系，加强风险防范，提高跨国经营水平，立足既有工程所在国，以非洲、东南亚市场为主要经营区域，充分利用当地人才资源，逐步实现境外机构本土化。

④勘察设计和咨询业务，具体内容省略。

⑤建设投资业务，具体内容省略。

⑥其他业务，具体内容省略。

7. 人力资源建设指导思想

拓宽人才引进渠道，优化人力资源配置，建立有利于各类人才成长的职业化发展通道，保证人力资源结构与集团公司产品结构匹配，优化薪酬结构，提高员工收入水平，充分利用社会人才资源，加快协作队伍管理体系建设，发展和谐的劳动关系。

①"具有高素质的、具有较强创新能力、应变能力、公关能力、组织能力及多元化文化素养"经营管理人才动态保持××人左右。

②拥有"熟悉国际商务、国际工程项目管理及具有一定外语水平"的经营管理和技术人才××人以上，满足国际业务发展的需要。

8. 技术创新和科技研发指导思想

坚持"技术创新引领企业发展，为企业创造经济效益"的核心，加大科研开发投入，加快技术创新步伐，完善技术创新体系，推进技术创新和科技开发组织机制及管理机制建设，关注重点技术领域，在关键技术方面有所突破，持续推进创新人才队伍建设和科技成果转化与推广应用。

以上内容有删减，同时其他方面的业务目标和相关的关键举措，考虑篇幅限制，省略不再展示。

企业战略规划文件通常是业务导向，直接反映人才要求的内容相对较少，需要做一定的解读和分析，同时要求相对较高，基本是对领导层，甚至是高层领导的胜任要求。

- 追求卓越。在材料中，处处都能看到这样的要求，例如推进事业的卓越发展，成为优秀的企业，模式要领先，做第一方阵、领头羊等。
- 系统全局或协同增效。推理出来的胜任项，一方面，国内外的业务要全面健康发展；另一方面，六大业务板块都需要协同发展，且能看到是相关领域的多元化，势必带来局部和整体、主业和多元化产业之间的矛盾和统一，需要领导层具有全局视野，实现组织协同。
- 创新思维。无论是增长方式的转型、产品结构的丰富化，还是国际业务的本土化，都需要创新和变化，在人力资源规划和技术创新规划中均提到要重视创新，投入资源创新。

除此之外，可以收集的资料还有很多，例如创始人的讲话稿，特别是在重大成功/失败事件或是年度会议上的发言内容，通常都在传递创始人对事物的看法，这些都是宝贵的内容，可以指引建模的方向。还有岗位职责说明书，有时候不仅便于我们理解工作任务，甚至明确了部分能力要求，可以直接统计分析。

总之，从文档资料中提炼胜任力词条的技巧大同小异，不再展开一一呈现。此方法快捷高效，但有两个注意事项，建议和其他方法结合使用。其一，不够全面完整，毕竟这些资料的使用场景不是对人才的要求；其二，无法从中提炼到行为表现，不同的词条在不同的语境下可能会有不同的含义，因此需要行为表现来可视化，通过这样提炼和分析得出了词条很难细化再提炼出行为表现，更无法分级呈现。

第三节　信息收集方法：访谈法

根据访谈对象的不同，又细分为绩优员工访谈法，就是常说的行为事件访谈法（BEI）和高管访谈法。

一、行为事件访谈法

建模中自下而上收集绩优行为的经典方法。它是收集访谈对象在代表性成功/失败事件中的具体行为和心理活动的详细信息，进而发现那些能够导致人员绩效差异的关键行为特征。

在胜任力建模场景中应用行为事件访谈法收集案例信息，要提前做好以下三方面工作。

- 绩优标准确定。确定建模岗位高绩效的标准要求是什么，据此判断哪些人是绩优人群。
- 访谈对象及其数量。访谈对象就是建模岗位上的绩优任职人员，数量参考绩优在岗人数的多少取一定的比例，通常人数控制在5~20人。
- 访谈问题提纲及访谈记录表。编写访谈提纲可以说是关键的准备，可以使访谈有条理，结构化的顺利开展，防止遗漏重要信息。

图4-3展示了BEI访谈流程图。

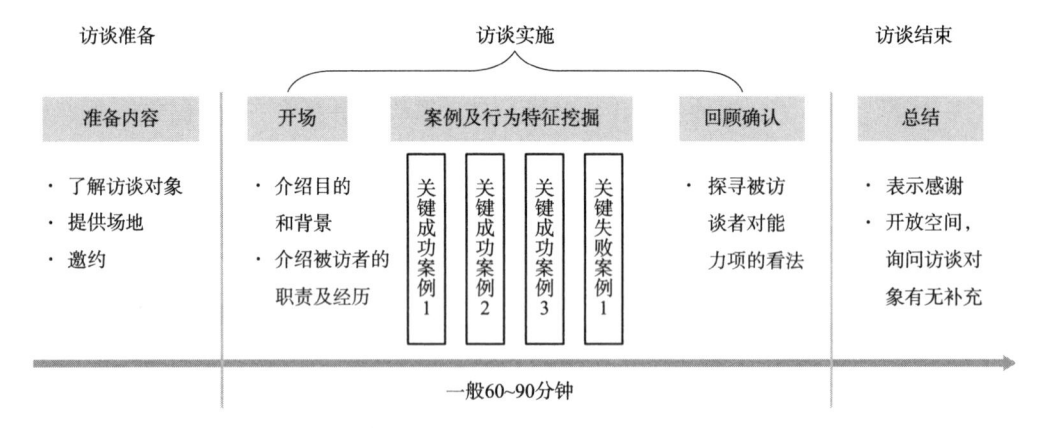

图 4-3　BEI访谈流程图

①核心环节一：访谈开场。主要是自我角色介绍，访谈目的、流程和时间的介绍，同时了解访谈对象的核心职责和工作经历，目的是促使访谈对象放松，逐渐进入状态。可参考的问题如下。

- 简单介绍访谈目的，了解访谈对象在过去的工作中做得比较成功/失败的事情，为××岗位能力素质建模提供输入，大概需要60分钟。
- 简单介绍什么是胜任力模型，模型可以为访谈对象带来的益处，表达公司的投入关注。
- 询问访谈对象对当下的访谈，胜任力建模是否有疑问，并正向引导回答。
- 引导进入，按时间顺序大致介绍加入公司以来的工作经历，每段经历的起始和结束时间，所在部门、岗位名称，所负责的主要工作内容，重点是聚焦建模岗位。
- 了解访谈对象在这个岗位（建模岗位）上工作了多久？主要职责有哪几项？重要性和时间分配如何？分别用什么指标衡量各个模块的工作成果？
- 如果用满分10分表示做这项工作游刃有余，现在给自己打几分呢？了解访谈对象当下的工作状态。

②核心环节二：案例及行为特征挖掘。主要是请访谈对象回忆并谈谈在建模岗

位上，过去一段时间最有成就感和最受挫的案例故事，成功的案例讲2~3个，失败的案例基本上讲1个即可。这个过程需要访谈对象详尽、完整地描述整个案例的具体情景和自己采取的行为措施，结构化收集案例信息最好的方法是STAR陈述法，它是由情境（situation）、任务（task）、行动（action）和结果（result）四项首字母的缩写组成的。其本质上是勾勒出一个清晰、有条理的陈述逻辑，帮助访谈对象完整地呈现故事案例，不会遗漏关键内容，见表4-3。

表4-3 STAR案例陈述法详细解释

陈述模块	目的及作用	示例
情境：事情在什么情况下发生	了解案例的背景，当时可能存在的问题，判断事情的难易程度	2012—2018年，公司各个业务条线飞速发展，各自建设/租用了众多服务器，后来多个业务陆续关停并转型，但服务器资源未有效整合，闲置、使用不平衡、维护成本等问题日益突出，从效率角度需要整合，同时降低成本
任务：需要完成怎样的任务	了解需要达成的成果产出，便于最后对比，判断行动的有效性	作为服务器资源整合的项目负责人，必须在3个月内实现服务器降量20%以上
行动：具体怎么考虑，又采取了什么行动	了解详细的执行过程，从中总结和提炼绩优行为特征	接到任务目标后，主要采用以下行动举措。 1.与上级在高层会议上充分沟通，明确宣布想法且必须配合完成 2.找到了各个部门的干系人，了解实际的情况 3.做详细的测算，不是一味地同比例降低，而是规定一个下限，结合各个条线的具体情况，制定个性化目标，将降量和提效结合起来 …………
结果：最后结果怎样，学习收获是什么	结果对照	经过3个月的努力，整体达成了25%，不仅实现了目标，还跟兄弟部门建立了良好的信任，总结下来，主要有三点……

掌握并熟练运用STAR法则，可以有效地提高案例收集的质量。在这个环节，可参考的问题如下。

- 对访谈对象进行夸赞请他聊一聊最近1~2年内在这个岗位上，完成的很有成就感的几个事件。先从第一个开始，同样的问题逻辑也可以询问失败故事。过程中也可以灵活调整为：受到上级重点表扬/批评的事件。
- 为方便记忆可以给这个故事起个名字，当时为什么要做这样的事情呢？在这件事情上的角色和任务是什么呢？最后的结果怎么样呢？
- 当时面临的比较大的几个挑战/困惑是什么呢？具体发生了什么？感受是什么？采取了哪些认为有效的措施和办法克服了困难呢？
- 为了完成任务，当时还采取了哪些行动呢？觉得这背后是哪些能力素质帮助其取得了成功，可以举个例子吗？

- 在整个事件中，比较大的几个关键转折点（推动变化点）是什么呢？做了什么助力事情的转折推动呢？
- 在这个事件中有哪些总结和收获呢？

③核心环节三：回顾确认。这个环节有时候常常被忽视，但非常重要，一方面通过回顾总结，让访谈对象再次确认、澄清和总结，是一个从发散到收敛的过程，总结自己成功的"三板斧"，有时候过程中讲的内容会跟自己的总结有偏差，这也是前后对应检核的过程；另一方面也是检核访谈人总结提炼的能力项是否准确，避免主观理解带来的偏差。可参考的问题如下。

- 请访谈对象总结一下，这个岗位胜任绩优，需要具备的能力/素质有哪些呢？为什么重要呢？或者总结一下过往取得的业绩，在过程中最有效的执行动作有哪些呢？
- 对一个岗位上的新人，有哪些做好本职工作的建议呢？结合自己的成功经验从个人应该怎么做的角度展开讲讲。
- 在工作中，有没有比较佩服的人，欣赏他的点在什么地方呢？或者从他身上学到了什么呢？

整体BEI访谈结束之后，收集到大量的案例材料，需要从中提炼胜任力词条并梳理行为特征，专业术语叫编码分析，该方法严密且复杂，对访谈资料质量、编码人员能力、数据标准都有极高的要求，作为企业内的建模人员掌握起来难度较大。其实一个敏捷、简单且有效的方法是，在分析访谈资料阶段，将原始访谈内容，按照行动举措进行拆分，然后从中分析提炼胜任力词条及特征表现即可，具体的词频统计、分级表现、指标合并等工作可在后续单独确定，见表4-4。

表4-4 BEI访谈记录胜任力词条提炼表

序号	访谈内容记录	胜任力词条	行为特征描述
1	当时新业务条线刚刚成立不久，已经积累了一定的客户数量，但是相应的管理机制，例如预订流程、合同管理、结算等均不够完善，老板的需求不明确，就根据自己的理解，本着优化提效的初衷，通过不断地设计雏形，反复找老板沟通，一点一点地修改，逐步完善并建立起来	主动积极	面临工作中的不确定性，能够从自身的情况出发，不断尝试，寻找解决问题的方法
2	这个过程中还面临着另一个问题，垂直赛道中"玩家"不多，彼此都在摸索，相同点和借鉴点很少。不过宽度上有类似的互联网行业，给了我们启发。我们就从宽度上去对标，定位用户，再加上自己的创新迭代，不断验证自己的想法，不断反思，最终得到可落地的方案	创新能力	解决问题不局限于本领域，能拓展摸索，对比借鉴，创造性地解决问题

在对访谈记录拆解分析之后，得到了大量的胜任力词条，要对这些素材筛选和

整理，进行最终的词频分析，词频分析的方式根据访谈对象类别的不同而不同。

如果访谈对象全部是绩优人员，可以减少访谈量，词频分析采用绝对型词频统计，即提到某个胜任力词条的人数占访谈对象的总数。访谈对象假设是10人，其中6人提到了"创新能力"，那么"创新能力"绝对词频率为60%。统计各个胜任力词条的词频率，然后从高到低排序，一般意义上以60%为分割点，低于这个比例的不纳入胜任力模型。

如果访谈对象是采用绩优组和绩普组对照访谈，词频分析可采用相对型词频统计，即某个胜任力词条在绩优组的绝对词频率减去相同词条在绩普组的绝对词频率。例如主动积极，绩优组词频率50%，绩普组为20%，"主动积极"相对词频率为30%。一般意义上以30%为分割点，超过这个比例，表明某个胜任力词条具有较高的区分度。细心的读者会发现，在使用相对词频分析的情况下，要以绩优组绝对词频统计为辅助，因为某个胜任力词条首先要在绩优人员身上有体现。

下面以一线班组长胜任力词条词频分析为例（表4-5），假设访谈对象仅为绩优组，除认知能力，其他词条词频率均超过60%，入选胜任力模型。假设对照访谈，相对词频率超过30%的高效执行、客诉处理、绩效面谈及辅导、抗压情绪管理和团队激励入选，认知能力虽然也超过30%，但在绩优员工身上无明显体现，因此舍去。

表4-5　一线班组长岗位胜任力词条词频统计示例表

词条名称	绩优组绝对词频率	绩普组绝对词频率	相对词频率
高效执行能力	80%	45%	35%
客诉处理能力	77%	40%	37%
现场管理能力	70%	50%	20%
绩效面谈及辅导能力	68%	30%	38%
抗压及情绪管理能力	66%	35%	31%
员工培养能力	65%	40%	25%
团队激励能力	65%	30%	35%
认知能力	50%	18%	32%

二、高管访谈法

高管访谈法与行为事件访谈法有着本质的区别，后者是一种自下而上的萃取沉淀，从众多人身上找到共性的绩优行为特征，而高管访谈正好相反，它是从高层的视角，来探寻企业层面对员工的胜任要求。

实施高管访谈，因人数相对较少建议相关的高管全覆盖，在开场环节同样需要向高管访谈对象介绍目的、背景等信息，最大的差异在于访谈提纲，设计高管访谈的提纲，需要遵循图4-4的核心逻辑。

业务目标 ⇨ 业务核心能力 ⇨ 员工面临的场景挑战 ⇨ 对他们的期望要求

图4-4 高管访谈逻辑图

站在高管的角度，首要任务是达成目标，取得成果，其次在这个维度下再拆解具体任务，完成这些任务的员工可能会遇到什么困难和挑战，继而最后推导出能力素质要求。由此可见，高管访谈是一个自上而下、目标导向、以终为始的拆解过程，这明显区别于行为事件访谈法自下而上、萃取提炼的总结过程。基于以上逻辑，可参考的问题提纲，见表4-6。

表4-6 高管访谈问题提纲

访谈环节	参考提问列表
业务目标	1.××业务/××岗位，未来1~2年，要达成的任务目标是什么 2.基于公司的战略布局方向，认为××业务/岗位的战略重点是什么
业务核心能力	1.接下来会在哪些具体的方面进行调整和变革，聚焦哪几个关键工作领域 2.达成战略任务目标，××业务/岗位需要采取的核心举措有哪些 3.期待××业务/岗位具备哪些核心竞争能力
员工面临的场景挑战	1.取得业务成果，管理层/员工优势是哪些，短板又有哪些表现 2.管理层/员工普遍存在的问题是什么，请举例子 3.如果他们成功，关键的成功的能力要素是什么？失败又因为什么
对他们的期望要求	1.在实现战略目标的过程中，对管理层/员工的能力要求或者期望是什么 2.为了迎接挑战，当下××群体急需提升的能力项有哪些 3.在挑选/提拔××群体时，最看重的能力项/素质项是什么

针对高管访谈记录的整理、提炼和分析，跟普通的访谈记录分析无明显区别，方法同样适用，此处不再赘述。

三、访谈技巧

一个高质量的访谈，两大要素缺一不可：访谈提纲和访谈技巧。提纲保证了探寻内容的结构化，避免遗漏，而技巧则决定了是否能在访谈对象身上挖掘到更多更有价值的信息。技巧的掌握和修炼并非一朝一夕之功，需要根据访谈对象和情景的不同灵活调整，掌握以下几个关键点能够帮助读者快速提升访谈技巧。

（一）全过程氛围营造

特别是在开场破冰和访谈过程。针对开场，可以尽量选择熟悉的人去访谈，可以天然降低戒备心，访谈环境可以做一下非常简单的布置，例如选择不被打扰的安静环境、倒一杯水等；要向访谈对象充分的说明来意，访谈过程中的一些事项，如某些细节会打断追问，在自己介绍完以后务必询问访谈对象是否有疑问，这个时候也是解释疑虑的机会。此外，还可以通过一些轻松的开场聊天来建立轻松的氛围，例如天气情况，通过微信"朋友圈"了解对方的爱好，或者提前了解到的特长、特殊的经历等，这些都可以成为打开话匣子的切入口。

访谈过程的氛围营造要做到两个关键词：尊重和倾听。访谈是一种人与人之间的信息交互，尊重访谈对象的重要性不言而喻。可以通过专注的目光，温和的言语态度，传递微笑，实时点头回应，给予对方真诚的赞美等外在的表现表达尊重。更重要的是，访谈者的心态要平和，放弃自己心中的预设，尤其是当访谈对象的观点与自己想法相悖时不能争辩，甚至反驳，访谈是挖掘信息不是辩论。倾听一词，拆开来看，"倾"有用尽的意思，"听"是用耳朵接受声音。这就要求在访谈中，访谈人要以饱满的感情全情投入，不可以心不在焉，左顾右盼，与此同时，要耐心听完访谈对象的话，不可随意插话打断，将自己的疑问进行记录，同时总结对方言语的重点，在不断的交流中解答心中的疑虑。

（二）多开放少封闭，避免问题的倾向性

封闭式问题通常是判断题和选择题，而开放式问题更像是问答题，这种问题需要访谈对象思考和说明，不像封闭式问题那样，一般用一两个词就可以回答。封闭式问题通常具有一定的答案范围倾向性，常使用"是不是""对不对""要不要""有没有"等词汇进行提问，而回答往往也是由"是"或"否"构成的简单答案。这类问题多的访谈过程极易出现两种情况：双方的"尬聊"和访谈对象的"疑似辩解"，破坏访谈氛围。而开放式问题更像是一种探寻、一种引导，不带有感情色彩的剖析，常使用"为什么""有哪些""如何""是什么"等进行发问，让回答者就有关问题给予详细的说明。多用开放式的问题有助于激发访谈对象的思考和谈话热情，更容易澄清事物的本质。

下面举个例子来对比体会一下。

典型案例

封闭式问题主导访谈举例

访谈人："你认为××事件是你最成功的工作业绩案例，是吗？"

访谈对象："是的。"

访谈人："你及时找到了问题的干系人并加以影响，是整个事件成功的关键吗？"

访谈对象："不是或者不全是，还有自己一直以来不断地跟踪和来自总部投资

部门强大的助推。"

访谈人："你是否赞同××观点呢？"

访谈对象："不赞同。因为××方面的考虑。"

开放式问题主导访谈举例

访谈人："请谈一谈入职之后，你做过的比较成功的业绩案例有哪些呢？哪一个是分量最重、最成功的呢？"

访谈对象："入职之后，还是做了一些事情，成绩比较大的是××、××、××几件事，其中第二个最复杂、最难，花的时间也最多。"

访谈人："我们先来聊一聊这个最难的，这件事情最后取得的成果，现在总结一下，觉得是过程中做对了哪些决策推动了成功呢？"

访谈对象："这件事情因为非常典型，专门组织大家进行了复盘，最后总结，主要是这几个关键点……"

访谈人："不过也有不同的声音，有人说××这个观点，你是怎么看待这个观点的？"

访谈对象："这个观点其实是没有抓住这件事情的本质，当时的情况是……来不及过多思量，只能先行动起来，边干边探索，不能一直等下去。"

对比非常明显，封闭式问题带来的更多是"空气突然安静"，双方似乎是在上演一场"功守道"，而开放式问题更多是在营造一种沉浸式的氛围，双方聚焦在问题的探讨和背后本质的挖掘上。要做好开放式问题提问，除了在提纲设计上，一个重要的注意事项是，尽量不要替对方下结论，让对方总结结论。

（三）追问行为细节，澄清疑惑

访谈者追问及澄清程度的深浅，在很大程度上决定了挖掘信息质量的高低、访谈提纲设计、氛围的营造，这些内容更大的作用是为整个访谈奠定良好的基础。要取得好的访谈结果，过程中需要访谈者对细节内容不断追问挖掘。

示例一：总结一下我的管理经验，其中很重要的一条就是要把团队管理好，给大家传递信心，越是在困难的情况下，越需要这样做，才能凝聚团队，克服困难，取得成功。

示例二：在开拓大客户的工作中，经常遇到的情况是客户对我们的态度是不耐烦，对产品挑三拣四，这时候最考验销售经理的心理素质，越是在这种情况下，我们的态度越重要，态度表达了我们的价值观。

示例三：遇到复杂的问题，应该先做到问题拆解，把大问题拆解成若干个小问题，逐个击破。

示例四：团队中的下属形形色色，每个人的情况都不同，要针对不同的人的情况采用不同的管理方法。

以上四个示例，表面上看都提到了重要的信息，例如团队管理、端正态度、问题拆解、灵活管理这几个内容。但是深入思考就会发现，似乎又"言之无物"，并没有传递可借鉴的、实践性的、行为化的和更有价值的信息。这些往往是关键信息，是访谈对象区别于他人的行为特征，也是建模中需要掌握的关键信息，才能在访谈记录提炼环节加以总结概括。

针对以上示例，可以进一步追问以下问题。

- 能感受到是你宝贵经验的总结，我对这方面很感兴趣，可以详细谈一谈吗？
- 在困境中的团队管理，回忆总结一下你都采取了哪些行之有效的措施？
- 有没有遇到过客户态度蛮横的典型例子呢？当时你的做法是什么呢？
- 拆解问题确实非常重要，请举个例子说明你在拆解问题时具体做了什么？
- 请谈一谈你遇到的几个有典型问题的员工的情况，采取了哪些方法来处理呢？

（四）掌控干预，跑偏及时拉回

实施访谈，很难遇到完美的访谈过程，遇到最多的往往是沉默不语或者滔滔不绝两种情况。上文提到的技巧能够帮助我们打破沉默，推动访谈的进程，而动态的干预可以避免访谈"漫无边际"地聊下去。

由于访谈时间通常在90分钟左右，遇到话匣子、发散式陈述、抱怨等访谈对象跑偏的情况，要及时婉转地拉回到访谈的主题，需要强调的是，直接打断谈话只能在不得已的情况下紧急使用。更加迂回且对访谈氛围破坏最小的操作方式是：首先承认并理解访谈对象所表达的内容，进而再转到正常的访谈轨迹。例如以下方式。

- 你刚才谈论了好几件事情，既有××，又有××，我们一件一件聊透，先说说第一件事情，当时的情况……
- 你提到的部门间的矛盾，也是协作中常常出现的问题，遇到这样的事情确实让人生气，不过似乎不是我们今天讨论的重点，还是继续聊聊一个好员工的能力画像。
- 其实，我对你前面提到的××情况有兴趣，刚才已经说了一部分，我还是有疑惑，请你再进一步解答，刚才提到……

（五）提问过程中的起承转合，衔接自然

我们需要在问题与问题之间做到较好的衔接，避免给访谈对象一种"照本宣科"机械式的感觉，使整个过程更加丝滑自然。有两个要领可以使用：一是适时适度的称赞；二是适时的总结转折。这些看似"多余的废话"，不仅能够增强访谈对象的自信，建立彼此良好的关系，还是用于过渡的良好润滑剂，帮助访谈者关闭上一个话题，同时开启下一个话题。

可参考的句式如下。

- 刚才谈的几点内容，我感觉非常受用，对其他人也有借鉴意义，让我进一步了解了你的工作，接下来我们聊一聊另一件事情。
- 你在这么短的时间完成了如此艰巨的任务真是不容易，可不可以再举个例子呢？
- 刚才花了一些时间了解你最近的工作经历，现在重点聊一聊工作中最大的成就，过程中是否有一些挑战，是如何克服的。
- 今天的时间也差不多了，聊的内容都特别有价值，现在请你总结一下，要做好这个工作，哪些能力素质是关键呢？

第四节　信息收集方法：研讨共创法

如果说访谈法耗时耗力，收集到的内容较多，还需要二次聚焦确认，那么采用研讨共创会的方法则可以避免以上问题，更加便捷高效地提取胜任项并达成共识。研讨共创法是一种借鉴行动学习的理念，基于引导技术，由专业的引导师带领相关人员在较短的时间内，通常是1~2天，集合参与人的智慧，完成胜任力模型的构建并达成共识。

一场成功的胜任力模型研讨共创会，需要在开始前完成"三定规划"，即定人群、定资料和定流程，其他例如会议通知、场地布置等通用常规的准备不再赘述，如图4-5所示。

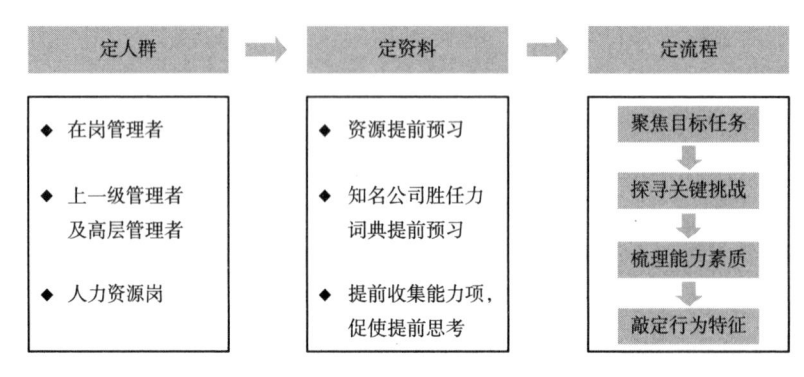

定人群	定资料	定流程
◆ 在岗管理者 ◆ 上一级管理者及高层管理者 ◆ 人力资源岗	◆ 资源提前预习 ◆ 知名公司胜任力词典提前预习 ◆ 提前收集能力项，促使提前思考	聚焦目标任务 ↓ 探寻关键挑战 ↓ 梳理能力素质 ↓ 敲定行为特征

图4-5　胜任力建模研讨共识会"三定规划"图

①定人群的要求。不同类型的研讨会对参加人的要求不同，例如侧重演绎分析主要是高层专家参加，侧重总结归纳主要邀请在岗人员参加。但研讨会通常是各类人群共同参与，群策群力达成共识，因此大致要遵守"333"原则：岗位上的绩优代表占1/3，岗位上级及高管占1/3，人力资源部门人员和外部专家（协作部门人

员）占1/3，总人数控制在35人左右，三类人群打散均匀划分为3~4组。

②定资料的要求。如果企业内有相关的人才标准及其应用的沉淀，那么此部分内容可相对简单。如果是第一次引入，则需要参会人提前熟悉资料。资料的内容主要围绕胜任力模型的概念和应用、行业内外标杆公司的胜任力模型，有时候也可以请参会人提前就建模岗位提炼自己认为的胜任力模型，提前思考准备，会议高效输入。

在定资料的环节，如果能有行业内标杆咨询公司建模所使用的各类胜任力卡片做支撑，将使研讨会的召开事半功倍。这类卡片不仅涵盖了常见的能力词条，还包括典型的行为特征表现，可以联系咨询公司合作建模，或者通过行业专家等渠道取得此类卡片。

③定流程的要求。流程结构是共创研讨会是否成功的核心关键，要取得层层拆解、抽丝剥茧、豁然开朗的效果。要遵循基本的逻辑：从目标出发，以终为始，聚焦岗位的任务场景。例如管理岗，可以围绕管理战略、管理任务、管理团队、管理关系和管理自我五个维度展开；如果是专业岗位，则围绕其任务场景展开即可。之后再探寻岗位履职过程中可能存在的挑战或者痛点，进一步梳理岗位任职者解决问题所需要具备的能力素质要求，最终取得行为特征。

进行建模研讨共创会，除了提前"三定"以外，在会议进行中，会用到诸多引导技术，例如团队共创、团队列名法、头脑风暴法、世界咖啡、收敛决策模型等。这些技术的灵活组合应用不仅需要提前根据研讨结构完成匹配设计，还需要有一名经验丰富的促动师，确保研讨会顺利进行，最终取得良好的结果。关于引导技术，不在此处详细介绍。

胜任力建模研讨共创会详细执行步骤及注意事项，见表4-7。

表4-7 胜任力建模研讨共创会流程步骤

研讨会环节	详细步骤	引导技术	具体做法内容及注意事项
开场	1. 开场——暖场破冰活动	—	"短平快"的破冰小活动，时间控制在10~15分钟，需要全员参与，且全身动起来，目的是打开参与者的状态，快速带入，打破沉默，为后续活动奠定基础
建模导入	2. 高层讲话，简单陈述胜任力建模的背景和目的 3. 引导师简要介绍胜任力模型的概念和作用，胜任力模型对参与人带来的价值，介绍研讨会的流程及方法，产出结果的澄清等	—	高层讲话表示重视和期望，同时高层可作为观察员加入会议，对参与人也是一种监督和鼓励 引导师导入基础概念，澄清方法论，答疑解惑，进入正题做最后的准备

续上表

研讨会环节	详细步骤	引导技术	具体做法内容及注意事项
聚焦目标任务	4.××岗位核心的工作目标结果是什么，用什么来衡量 5.××岗位核心的工作场景/任务有哪些	头脑风暴法 卡片式头脑风暴法	关于目标和衡量结果，如果公司有成型的资料，可以现场呈现作为指引，各小组快速讨论，并进行呈现，快速聚焦 共识任务场景，各小组书写、讨论并呈现，引导师合并同类项进行呈现，全体成员利用点投法确定关键任务场景
探寻关键挑战	6.为了更好地完成这些任务，可能遇到的困难、实际挑战有哪些	卡片式头脑风暴法	依然采用书写式头脑风暴法，具体如下 1.小组每人半张A4纸，每人先写一个挑战，横着写，写作范式"如何+（场景）+动词+宾语"，例如如何（高压业务量下）鼓舞小组士气 2.每人写完一条之后，按照顺时针旋转，在轮换到的纸上继续书写下一条，重复可不写，没有思路可不写，然后传递给下一个人，传递1轮或者2轮结束（每人1.5分钟） 3.组长带领在A1大白纸上共识小组的成果，马克笔书写，每个人都要发言，勾选自己A4纸上的内容是否完全呈现 4.各个小组分享，每组10分钟，合并同类项，全体成员每人×票，进行投票，单个痛点挑战不超过3票，最终聚焦前×个
梳理能力素质	7.每个小组认领若干个挑战，要应对的挑战/痛点，管理者应该具备哪些能力或者素质呢 备注说明如下： ①挑战根据上一步的数量，各个小组均匀领取 ②能力或素质要尽可能具体，尽量不要出现类似"问题解决能力""团队管理能力"，太过笼统	团队列名法 团队共创法	1.每人独立（不交流）思考并写下你认为"能力/素质"要求是什么，一卡一观点，每人至少贡献3条，卡片横着写，用马克笔，A4纸的1/4大小，务必具体无歧义，不要笼统，例如计划拆解能力，耗时15~20分钟 2.小组整体移步研讨墙，小组长带领所有成员依次轮流分享，小组对内容进行澄清，按照能力项竖列粘贴，剔除重复，全部上墙，耗时45分钟 3.每列提炼中心词，四字或者六字短语，张贴在每列的最上方，同时全体审阅内容和分组，是否有疑问或者不妥需要澄清，耗时45分钟 4.投票产生一致认同的胜任能力和素质要求
行为特征聚焦	8.每个小组认领若干个能力素质项，思考某个人如果胜任这个能力项，他在日常工作中会有哪些匹配达标的行为特征的体现	卡片式头脑风暴法 世界咖啡法	使用卡片式头脑风暴法小组内部提炼和聚焦行为特征，之后使用世界咖啡法（创造集体智慧的会谈方法）进一步激发和补充 1.每组留下讲授人和记录人，进行澄清和记录 2.其他小组成员，按照顺时针在小组间进行轮换，每组的讲授人需要向轮换来的小组成员介绍自己的内容和背后的思考，新的小组成员进行提问、交流、补充，记录人进行记录，每组10~15分钟 3.依次进行，直到本组成员回到本组，讲授人和记录人将收集到的新信息小组内分享，最终进行补充校准，形成最后结果 4.各个小组分享自己能力素质项对应的达标行为特征，每组10分钟

续上表

研讨会环节	详细步骤	引导技术	具体做法内容及注意事项
最终校准共识	9.最终呈现并达成初步共识	—	一方面将所有研讨取得的成果进行最终的整体呈现，现场进行最终的校准；另一方面组织方要提前准备几个模型的样式，可以很快进行内容的嵌套，以便会上就呈现形式达成初步共识

第五节 焦点小组访谈和问卷调研

除了以上常用的方法之外，有时候为了提高访谈的效率或者短时间内收集大量的信息，焦点小组访谈法和问卷调研正好可以满足这样的需求。

一、焦点小组访谈法

焦点小组，也称小组访谈（focus group），是社会科学研究中常用的质性研究方法。一般由一个经过研究训练的调查主持人，采用半结构方式，即预先设定部分访谈问题的方式，与一组被访谈者同时交流，从而收集需要的信息。

同属于访谈法，其与行为事件访谈法相比，优点是成本低且效率高，实施行为事件访谈法，通常是一对一进行，耗时90分钟甚至更长，耗时费力。而实施焦点小组访谈，单次参与人数通常在5人左右，能够扩大样本量，同时小组成员间思想的交流碰撞，有可能激发新的内容。缺点也同样存在，在公开的环境中，小组成员可能考虑个体安全而选择回避某些内容，也可能受到意见领袖或者少数服从多数情况的影响，使得访谈内容缺乏深层挖掘就快速确定。

因此，成功实施焦点小组访谈，不仅要提前准备好访谈大纲和会议流程，还需要有一名经验丰富，能够很好控场并有效引导的主持人。对主持人的要求虽然没有工作坊引导师的要求高，但同样需要给予参与人安全感，激发参与人的谈话意愿并控制好整体流程的节奏。

实施焦点小组访谈，在确定访谈对象、邀约、访谈提纲、能力行为提炼等方面与行为事件访谈法无太大差别。仅从形式上看：一是从一对一变成了一对多，通常在5人左右；二是访谈人变成了主持人。表4-8是一个可供参考的实施流程。

表4-8 焦点小组访谈实施流程

访谈环节	核心事项
开场介绍，拉齐信息，消除疑虑	1.主持人自我介绍 2.访谈背景和目的介绍，打消访谈对象的疑虑，正向引导，给予动力 3.也可以增加一些提前的交流答疑，进一步拉齐双方的认知

续上表

访谈环节	核心事项
岗位工作场景聚焦	1.岗位的主要考核目标是什么,核心工作任务职责是什么 2.工作中面临的主要困难/挑战是什么
核心能力素质讨论	1.胜任岗位需要哪些能力素质?岗位上的绩优人员和绩普人员的区别有哪些?可以从技能、能力、素质、工作态度等方面列举 2.举一些实际的例子,绩优和绩普人员的执行过程有什么不同
总结结束	对内容进行总结、确认和必要的补充

二、问卷调研法

问卷调研相比以上方法,是最便捷、效率最高的方法,可实现最大范围的覆盖。缺点是单向信息收集,可靠程度最低,但在快速建模或者岗位人员比较分散、量大的情况下,使用此方法会便利、快速地收集大量信息,同时信息的标准化程度高,便于统计分析,提高建模的效率。

问卷调研法有两种使用方式:一是给出预设答案列表,邀请选择;二是无预设答案,邀请填写,两种方式混合使用也可以。此处只阐述最关键的问卷内容设计,对于被调研人选择、问卷分发收集、问卷结果分析等内容,读者可以参照上文的其他方法自行学习,见表4-9。

表4-9 调研问卷内容设计表

调研维度	调研问题
工作任务了解	全年度核心工作任务有哪些(尽可能详细具体,可按照全年时间段,或者工作模块展开)
工作职责梳理	本岗位的工作目标职责是什么(在所梳理的工作任务基础上提炼岗位职责,从具体工作任务上概括工作职责)
胜任力和行为特征提炼	胜任本岗位的关键胜任能力和对应的行为表现(在梳理工作任务和职责的基础上,提炼总结本岗位的核心关键能力,可提供几个方向,例如哪些专业技能、通用能力、个人特质等方面,要求胜任能力项填写不少于5条,每条对应的行为特征不少于3条)
个人优势呈现	认为自己胜任该岗位,个人的优势项主要在哪里(填写不少于3条)
困难克服	工作中,最常遇到的挑战和困难有哪些,如何克服(不少于3个困难场景)

方式一的核心是将小范围演绎预设的胜任力词条进行罗列,邀请被调研人在众多选项中按照一定的数量要求进行重要性迫选。例如罗列13个相关能力项,根据重要程度或者关键程度选择其中6项,有时候还会要求对这6项进行排序,同样,能力项对应的行为特征也可以采取上述方式进行。

第四章　胜任力建模：全流程完整解析

细心的读者可能会发现，这些预设的内容量很大，不仅需要罗列众多的能力项和对应的达标行为特征，还需要保证具有针对性，并不是天马行空地乱写，而是需要采用科学的方法，比如调研前根据少量关键访谈、岗位职责梳理、邀请关键人提前输入等综合方式收集调研的选项内容。这样的方式，还可以用来对搭建的胜任力模型初稿进行更大范围的校准验证。

方式二是邀请被调研人进行填写一系列的问题，运用这样的方式，虽然达不到访谈的深入度，但在覆盖范围和调研量上具备优势，可以快速收集大量的信息。通常问卷的设计遵循三个逐渐递进的部分：从表面工作任务入手，聚焦能力项和行为表现，最后了解一下特殊情况下的问题处理方式。

如果考虑全部是填写内容导致费力度太高，可以通过上级或者关键绩优员工先行输入部分内容，形成预设答案，然后再开放填写。这样既可以快速收集大量的信息，同时预设的内容也是对涉及人员的一种提前灌输，为后续模型的落地推广提前"吹吹风"。

第六节　胜任力模型设计

对胜任力模型的设计要做好模型结构设计、词条命名规范、胜任词条定义和行为特征分级，如图4-6所示。

模型结构设计 ＋ 词条命名规范 ＋ 胜任词条定义 ＋ 行为特征分级

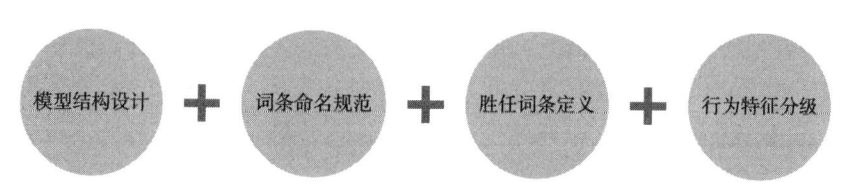

图4-6　胜任力模型设计四要素

模型的呈现结构务必清晰简洁、一目了然，要用经过专门设计的结构化图形进行展示传播，图4-7、图4-8分别是华润集团有限公司（简称华润集团）和中粮集团有限公司（简称中粮集团）的领导力模型，大家可以从中获得灵感。

两家公司的模型都有鲜明的个性特征。华润集团的模型类似一个"众"字，且是向上的状态，不仅体现领导者要发挥团队的合力取得业绩，还从一个侧面反映了事业蒸蒸日上，代表华润人勇于面对挑战，积极

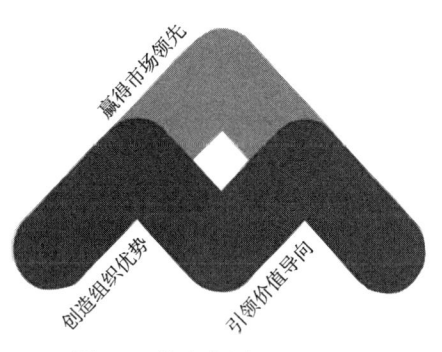

图4-7　华润集团领导力模型

创新的思维。中粮集团的模型与品牌logo中的三片叶子相呼应，也体现了中粮集团的行业属性。因此，任何一个胜任力模型不仅要结构清晰、简单明了、易于记忆，同时最好是能够向员工传递某种寓意，这样的模型才更有生命力。

(a) 中粮集团领导力模型　　　　(b) 中粮集团logo

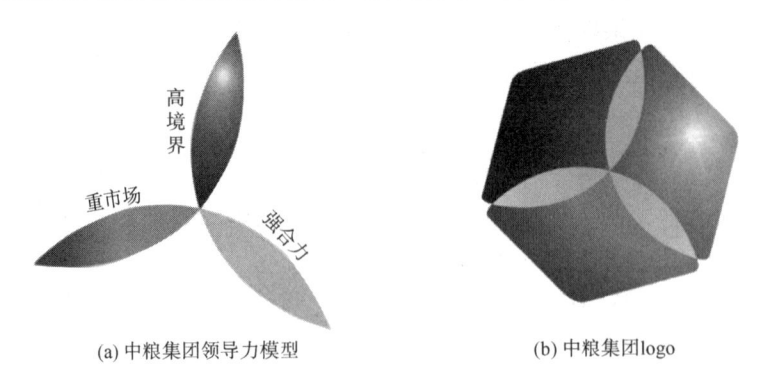

图 4-8　中粮集团领导力模型和 logo

关于胜任力词条的命名规范，前文中提到一般要求4±2字数，且词条间保持一致统一，便于记忆传播。通常会有以下几种命名规律。

- 动词+名词范式：例如拆解计划、善于沟通、关注细节、领导团队等。
- 名词+动词范式：例如问题识别、风险防控、资源整合、团队协作等。
- ××+能力范式：例如学习能力、创新能力、组织能力、沟通能力等。
- 其他不规则范式：例如事业心、全局观、建立伙伴关系、塑造组织能力、跨部门合作等。

从中不难看出除了一些特殊的能力项表述外，基本都是采用"动词名词"这样的组合，不仅仅是因为读起来朗朗上口，还从一个侧面体现了胜任力本质上是由一系列动作组合而成，是动态动作而不是静止状态。

关于胜任力词条的定义，清晰明了地定义即可，要坚持一个原则，即词条的字面意思理解要跟定义内容保持基本的一致，避免理解上的歧义。例如"业绩达成"，字面意思可理解为实现岗位业绩，但其实际的定义是实现业绩的过程和方式，是否百分百不折不扣地执行，是否提前排布计划，过程控制取得成果。

最后详细谈一下行为特征和特征分级，行为特征在很大程度上决定了胜任力模型是否能够有效落地应用。无论对胜任力词条如何清晰的定义总归是抽象的，行为特征却是可观察的，对人有具体指导作用的，它不仅是周边人员评价某个人是否具备某项胜任能力的客观可视化的依据，同时能够指引在岗人员做到哪些规定动作才能逐步提升某项胜任能力。因此，与胜任力词条匹配的行为特征，是组织内对某一岗位上的人员做好工作提出的具体胜任要求。

针对行为特征的分级，有两种适用情况：不区分等级和划分等级。

先来谈一下不区分等级的情况，通常出现在全员通用的素质模型上。这种情况下，胜任力要求对全员统一，大家都必须做到某个程度，从模型对员工的要求上来说不允许出现低于这个胜任要求的情况，因此与之匹配的是特定的关键行为明细，不再区分等级，见表4-10。

表4-10　胜任力关键行为对应表

胜任力要求	关键行为特征要求（不区分行为等级）
追求卓越	1. 设定高标准的目标 2. 计划、监控并有效实施 3. 不断主动优化 4. 考虑危机和风险
清晰思考	1. 捕捉模糊、复杂事物的实质 2. 用简单的语言描述复杂的事物 3. 区分多任务的轻重缓急 4. 全局、长远地解决问题

划分行为特征等级的情况更常见，即不同行为描述间有明显的程度递进。因为无论是专业岗位模型还是领导力模型，这些岗位本身在企业内部都是有相应的职级高低划分，不同层级的人员胜任要求不同，自然需要划分等级加以区分。

一般情况下，行为特征等级分为3~4级较为合理，符合行为本身的逻辑递进程度，太多和太少都容易人为夸大或者缩小行为间的差异，同时从层级上看一个组织，基本分为基层、中层、中高层、高层这样的层级区别。

应该从哪些维度对行为特征进行分级描述呢？掌握几个关键词：意愿、强度、范围、人员、频次、影响和时间等，在进行描述或归类时灵活组合使用。

- 意愿：是指个人是从被动到主动，从无意识到有意识等。
- 强度：是指做某件事情的困难或者复杂程度，从低到高，从易到难，从常规到复杂。
- 范围：是指做某件事情所涉及的范围大小，由小到大，由窄到宽。
- 人员：是指从自己一个人做，递进到联动其他群体一起做。
- 频次：是指事情做的次数逐次增加，从偶尔零星到日常常态化，从少到多。
- 影响：是指事情产生的结果，影响的程度和深度由浅入深。
- 时间：是指事情持续的时间长短跟频次有类似的地方，频次主要围绕数量的多少，此处主要强调持久性，同一件事情是否一直持续在做。

问题解决的行为特征围绕发现问题、分析问题和解决问题展开，四个等级描述具有明显的逻辑递进关系，见表4-11。

- 意识意愿递进：从例行的遇到问题解决问题，到主动识别，再到探究潜在风险，个人的主观能动性越来越高。

- 问题难度递进：从例行常规问题到复杂问题，最终到非程序、非规范化的重大问题。
- 人员范围递进：从个人解决问题，到与他人合作解决，再到联动众人一起群策群力解决问题。
- 解决技巧递进：从按程序解决，到举一反三，再到讲求技巧，最终平衡当下和未来。

表4-11 问题解决胜任力行为特征分级描述

等级编号	关键行为特征分级描述举例
L1	1. 根据经验能够发现工作中的常规问题，并分析查找原因 2. 运用既定常规的手段、方法和工具，合理程序解决问题
L2	1. 敏锐地发现并界定问题，分析问题背后的深层次原因 2. 提出解决问题的各种措施和途径，并从中选择适当的解决办法 3. 识别分析问题共性，举一反三处理类似情况
L3	1. 面对复杂问题，具备系统思维，运用系统的方法解析问题，拆解问题，探寻本质 2. 充分收集并分析相关的资料和信息，主动与他人交流共创，选择最理想的决策方案 3. 能够洞悉涉及的利益和风险，善于讲求方式方法和处理技巧
L4	1. 问题的挖掘和分析，能够从"已知"预见推测到"未知"，解决当下问题，识别潜在问题 2. 对于复杂、非程序、非规范化问题，在无先例可循的情况下，联动干系人，周密分析，准确判断，做出可能的最优决策 3. 解决问题过程中，充分考虑对当下和未来的影响，平衡兼顾

掌握了行为特征分级描述的本质，就可以对前期收集到的众多行为描述进行归类，整理和修正，对同一个胜任力词条不同水平要求进行清晰、可视化的定义描述。

至此，通过不同方式的组合收集的众多建模信息，经过提炼分析，总结胜任力词条，根据职级要求不同匹配对应的行为特征表现，就形成了胜任力模型的初稿，接下来就是对初稿进行校准检验，出具最终模型。

第七节 胜任力模型校准出具

受限于样本资料的丰富程度，模型构建者专业水平的高低，对岗位业务工作理解的深浅等原因，搭建的模型初稿可能存在偏差，为了使模型更科学精准，使其真正反映岗位的能力要求，在鉴别、评价和筛选等使用场景下更有效，需要对其进行评估校准。

一、模型校准检验

模型校准检验主要是提高模型的内容效度和预测效度，提高模型的内容效度，验证模型的预测效度。

内容效度是指一个量表实际测到的内容与所要测量的内容之间的吻合程度，是量表质量的重要体现，这就要求胜任力模型所呈现的能力素质项是与工作要求强相关的，如果关联度弱，就会将员工引向别处，南辕北辙。预测效度是指胜任力模型是能够甄别预测高绩效和低绩效，必须是从事该项工作绩优员工所展现出来的。

校准模型以提高内容效度，一般采用两轮校准：首轮绩优员工问卷调研，第二轮专家研讨修正。

绩优员工问卷调研，是将设计完成的胜任力模型初稿，形成意见征询的问卷，发送至更广泛的绩优员工进行确认和必要的更新，理论上凡是符合样本要求的绩优员工均可以覆盖。进一步确认他们对能力素质模型的看法，不仅检验提炼的内容是否具备更广泛的认同，同时检验文字描述是否是岗位业务语言，此外还可以让员工感受到尊重重视，起到预宣贯作用，可谓"一举三得"。

表4-12是一个调研问卷示例，提取基层管理者在团队管理维度的内容进行呈现。通常按重要程度划分打分标准为1~10分，1分表示非常不重要，10分表示非常重要。简单划分四个区间进行提示：1~2分表示可以舍去，3~4分表示一般，5~6分表示重要，7~8分表示比较重要，9分及以上表示非常重要，同时保留开放渠道，如有调整意见可以补充。

表4-12　胜任力模型校准意见调查表（节选）

填表说明：
表格列出了在前期大量调研分析的基础上，归纳提炼的基层管理者胜任力要求和定义，以及对应的日常行为表现要求，现向你征询意见
请认真阅读内容，根据你的成功经验，就成为你这一层优秀胜任管理者需要具备的能力素质要求的重要程度进行打分评定。同时，如认为内容有更好的描述，请反馈具体建议
请在1~10分区间内打分，1分表示非常不重要，10分表示非常重要。简单划分四个区间进行提示，1~2分表示可以舍去，3~4分表示一般，5~6分表示重要，7~8分表示比较重要，9分及以上表示非常重要
行为特征表现释义：这些行为反映胜任力内涵，日常可观察，它不仅是周边人员评价某个人是否具备某项胜任能力的客观可视化的依据，还能够指引在岗人员做到哪些规定动作才能逐步提升某项胜任能力

校准胜任力	校准内容	重要性打分	填写对内容的调整意见
绩效面谈及辅导能力	胜任力词条1——绩效面谈及辅导能力：了解和掌握团队成员的业绩达成情况，给予团队正向积极的反馈，同时剖析问题背后的原因，并制订提升计划，对员工进行针对性的辅导，帮助提升业绩		

续上表

校准胜任力	校准内容		重要性打分	填写对内容的调整意见
绩效面谈及辅导能力	行为特征表现①	多渠道掌握员工的绩效表现，特别是了解下属员工个人技能的掌握情况		
	行为特征表现②	针对组员的绩效情况，经常性的真诚反馈交流，取得员工的信任和认可		
	行为特征表现③	因人而异地辅导他人技能、能力和发展，帮助他人取得成功		
	行为特征表现④	识别定位尾端员工，分析原因，给予知识、技能输入，一对一辅导/模拟演练，重点帮扶提升		
	其他补充建议			

通过问卷收集的数据，我们就能得到目前设计的所有胜任力词条的重要性得分排序，行为特征的重要性得分排序，同时也会得到一些对内容具体的完善补充意见，对得分较低的内容进行重新评估，是否删除或者整合调整，借此优化胜任力模型的结构和内容。

第二轮是专家研讨修正会议，这个修正会议已经带有"半汇报"的性质，通常是邀请岗位上的关键绩优人员、直接上级主管、间接上级主管、横向主管、人力资源的同事等，进行头脑风暴讨论，最终判断胜任力模型中体现的内容是否真正反映了某个岗位取得成功所必须具备的知识技能和能力素质，进行内容的最终修订。

为了保证取得更好的效果，需要提前将胜任力模型的初稿内容发送至专家们，请他们务必提前阅读并记录意见，以便会议高效进行。会议现场通常分组讨论和展示，专家研讨会大致的流程如下。

- 会议开场导入，阐明目标，介绍模型产生的过程，对模型初稿进行详细陈述，包括胜任力词条、定义、行为特征描述等。
- 逐项进行分组讨论，每组呈现建议内容并集体讨论达成一致，分别逐项讨论：胜任力词条是否需要补充、调整或者删除；词条内容定义是否准确合理；行为分级描述是否准确且符合实际情况，避免描述过高或者过低，或级别归类不合理；最后讨论模型外在呈现的形式是否美观大方，便于传播记忆。
- 讨论过程中可以酌情使用引导技术，但不宜过多，一般普通的头脑风暴即可。

通过以上两轮内容的校准，获得了比较精准的胜任力模型，内容效度较高，一般情况下就可以确认定稿了。但模型是否对员工具有甄别效用，即使用该模型是否能够有效区分绩优和绩普员工，从而指导后续的各项人才管理活动，这时候就需要验证模型的预测效度。

检验通过采用"AB测试"的方法，即分别选取绩优和绩普的员工，获取一定的样本量，进行上级和同级的问卷评价，最终分析评价结果、检验模型。核心的操作点有两个：问卷设计和结果分析。

关于问卷设计，此时将模型中的行为特征表现直接转化为问卷评价的问题即可，因为评价是对可观察的行为进行评价，采用"李克特量表"的5点打分法即可完成问卷的设计，之后发送给试测员工的上级和同级同事进行打分评价即可。具体的操作与360度考评法操作相似，后面具体分析。问卷示例见表4-13。

表4-13 胜任力模型检验问卷示例

测试试题 （即胜任力词条对应的行为特征）	5分 （经常展现）	4分 （多数展现）	3分 （有时展现）	2分 （偶尔展现）	1分 （几乎无）
能够透过现象看本质，抓住问题的核心和根本					
有目的地学习，明确学习需求，主动寻求学习机会，并在应用中总结沉淀、形成方法					
多任务/多项目的落地执行，聚焦工作重点、分工明确					
过程衡量进度，把控关键节点，确保目标实现					

关于结果分析，主要从相关性和差异性两个维度进行分析。相关性，即高绩效员工群体得分要高，说明绩优与胜任力维度相关；差异性，即高绩效员工群体得分要显著高于普通绩效员工群体得分，两者要体现分数差异。如果高、中、差绩效员工群体的评价得分能够呈现逐渐下降的趋势，说明差异性更加显著。如果相关性高且差异性显著，则说明胜任力模型的甄别预测性较好。反之，则需要进一步分析原因，可能是问卷设置有问题，或者绩效结果受到其他临时意外因素的影响并呈现非常态化的绩效结果，或者是不同管理者对胜任力打分的标准出现认知上的不一致，需尽快查明原因，修正调研结果，或者返回审视模型的建立过程是否存在瑕疵，进一步修正模型。

如果一切顺利通过校准和检验，说明模型内容较为精准，经过汇报后可确定胜任力模型。关于模型汇报、确定的过程，一般是向企业决策者进行汇报，包括但不限于建模使用的方法和工具，可呈现收集信息数据的过程，模型的核心内容及校验的数据结果等。总之，要充分说明方法科学、过程严密、内容精准、验证有效。

二、模型宣讲宣贯

胜任力模型搭建完毕后，最终要让全员知晓、理解并认同。理解和认同需要一个长期过程，确保知晓是第一步，重点是从"人"和"器"两个维度进行。

人的维度，重点做好"两讲一做"。讲的形式是会议或者培训，做的形式是员工自我评价。

第一"讲"是让企业决策者讲，或者是让人力资源部门讲，专门组会或者在重量级的会上进行宣讲，向企业内部传递"老板认可且重视"的明确信号。

第二"讲"是让各层级的管理者讲。有句俗语"县官不如现管"，各层级管理者宣讲不仅有助于员工对模型本身的理解和认可，更直接向团队表达模型的重要性。

最后一个"做"，是让员工通过对模型的学习理解，进行一次自我评价，找到自己的待发展项，并跟上级进行交流沟通，制定自己的提升发展策略，员工去实践，模型才能更加深入人心。

器的维度，在形式上多种多样，总体上围绕"一动一静"展开。动的形式，可以采用视频或者动画的形式，线下进行传播。静的形式，可以通过海报、折页、邮件、手册及周边产品等形式进行更广泛的"沉浸式传播"，实现信息的广泛覆盖和持续性的提醒，从而确保员工对胜任力模型的全面知晓。其中，胜任力模型宣导手册是非常重要的形式，手册里包括但不限于以下内容：模型构建背景及过程、模型的框架及全部内容、针对模型能力项的发展提升建议，以及具体的发展手段。这个手册包含了模型的完整内容，不仅包括胜任力词条定义，还包括不同职级对应的行为特征表现，使得管理者和员工可以时常翻阅查看，提供发展手段建议，指导员工应该如何发展自己的能力，具有实践价值。

当然，宣贯手段远不止"两讲一做"和"一动一静"的方式，还可以采用答题比赛、案例宣传等形式。

第五章

人才评估：人才能力全面掌握

基于战略和组织能力要求，绩优人员萃取形成的人才标准，是企业对人才的要求，有了这个标准"模子"，就需要将员工的能力水平与标准进行对照，寻找差距。由于人能力的复杂性和多变性，需要借助多样化工具手段，对人才进行更为全面准确的诊断评估，寻找差距，促使人才合格，从而推动业务落地、战略达成。

第一节　为什么要做人才评估

清晰准确的人才评估结果是指导人才管理活动的重要依据，其重要性不言而喻，需要从宏观、中观和微观三个视角，深入理解人才评估的重要性、必要性和合理性，建立对人才评估活动全面科学的认知。

一、人才评估的重要性

企业内部做人才评估的目的是什么？有人说，是为了区分谁合格谁不合格，能者上，庸者下；还有人说，是为了查找差距，促进能力提升。答案有很多，归根结底是企业战略发展和组织能力塑造的需要。

前文已经详细阐述，企业战略确定之后，下一步就要考虑组织能力、人才战略、人才能力等要素与之相匹配，支撑战略达成。组织能力容易定义但不容易形成，其中关键性的基础是人才战略和人才能力，统一来看就是高质量人才的供给。人才供给无非外部供给和内部供给。从外部供给看，需要精准的人才评估，练就企业选人的"火眼金睛"，去伪存真，招聘到合适的人选。从内部供给看，也需要通过人才评估，判断人才质量，识别优势、发挥优势，发现不足、弥补不足。促进企业整体人才能力的持续优化和提升，构建并强化组织能力，都离不开科学系统的评估方法，始终确保人才供给围绕战略和组织能力的主线不跑偏。

二、人才评估的必要性

从管理者的管理场景上看大致分为管人和理事，围绕人的管理，基本的逻辑就是选、用、育、留四个方面管理。通俗的解释，就是需要管理者明确回答以下四个问题：

①谁合格，谁不合格？
②用谁，不用谁？
③重点培养谁？
④谁走，谁留？

以上四个问题，具体到管理者的用人场景，主要涉及人才布局、人才选配、人才任用、人才培养、梯队建设、人才激励、人才淘汰与保留等。管人既是艺术又是科学，需要管理者敏锐的观察，基于经验的直觉，洞悉人性，根据不同场景权变考虑，但更离不开科学。人才评估是管理者做好人才管理工作的重要基础和出发点，离开了这个基础，回答上面的四个问题就会变得困难。没有科学的人才评估，招聘选人就像是看面相和眼缘，主观判断风险很大，用人和培养人或许就变成了"拆盲盒"，不知道带来的是惊喜还是惊吓，最终导致"看走眼"，而关键人才的选拔任用一旦"看走眼"，给企业和管理者带来的损失将难以估量。因此，人才评估势必要成为管理者的必修课，为管理者在人才管理各个活动中提供决策依据的评估结果，最大限度地降低决策风险，助力管理者选好、用好、培养好、激励好人才。

三、人才评估的合理性

聚焦到每一个独立的个体，人是多样性、稳定性和分化性的结合体，这就决定了对人的全面评估具备合理性。先说多样性，正如自然界生物千差万别，人类的个性、能力、素质也是丰富多样的，即使是双胞胎，在成长过程中也会受到周围环境的影响，在外形和性格方面存在区别。再说稳定性，人在成年之后，在一定的时期内，或者在没有外部明显刺激的情况下，人的个性、价值观等会保持相对稳定，"四十不惑、五十知天命"从群体的层面给了一些说明。回到个体层面，一个人活跃还是沉默，喜欢独处还是热闹，喜欢支配还是服从，在一定时期不会有明显的变化。分化性讲的是发展的不均衡性，即每个人不可能什么都强，也不可能什么都弱，根据先天遗传和后天塑造，必定是某些方面强，某些方面弱。例如天生活泼好动的人可能社交能力强，数理推理弱。

理解了人的多重复杂性，并非千篇一律，这些不同又会影响个体在工作中的行为表现，从而展现出不同的胜任能力。因此，需要对个体进行筛选评估，找到最合适的人，如果是千篇一律，或者随时变化，也就失去了评价的意义。

第二节　人才评估三维度及对应方法

理解了人才评估的逻辑基础，下一个问题是人才评估到底评估什么内容呢？

"以成败论英雄"和"结果导向"长期以来是重要的社会导向，没有好的结果企业经营也无法维系，因此，有人会说："应该以业绩成果的好坏来定义个体能力的高低"，也有人会说："结果很重要，但享受过程同样精彩"，个体的能力和拼搏同样应该得到重视。此外，社会上还流传一句俗语："三岁看小，七岁看老"，预示

3~7岁孩子的脾气秉性对成年后个性和事业有重大影响，因此，要关注从小对性格的塑造，个性对一个人的影响不能忽视，要纳入人才评估的范畴。

以上的说法都对，但又不全对。人们常说："播种一种思想，收获一种行为；播种一种行为，收获一种习惯；播种一种习惯，收获一种性格；播种一种性格，收获一种人生"，这样的说法与冰山素质模型的原理高度一致。影响个体最深层次的要素是动机和个性特质，这种影响长期且相对稳定，进而在个体身上体现出自我价值观和行为倾向，这两种要素会根据环境的变化展现出一定的适应性，从而构成人的能力和素质，最后人们身上附着的知识、技能和经历则基本是与环境互动的产物，是一些外显的个人成果。由此可见个体的动机、个性、行为和结果综合起来看才能够比较完整的描绘一个人，同时彼此之间存在密切的关联关系，不可割裂开来，否则就变成了盲人摸象。

一、人才评估三维度

先来看一个实际案例，图5-1是某公司中层管理岗的人才评估档案。

这份档案报告反映的评估信息比较多，大致可以归结为三类。
- 个性潜力评估：使用了专业的个性测评问卷，并进行了个人与群体的对比。
- 行为能力评估：使用了常见的360度考评法评估能力表现。
- 业绩效能评估：岗位胜任度，绩效标签。

人才评估，字面上看既包括"评"也包括"估"，评是评价，估是估计，既包括对过往既定事实的评价，也包括对未来可能性的预测。因此，对人才的评估应该是立体的、多维的和全面的，分别包括个性潜力评估、行为能力评估和业绩效能评估。业绩效能代表结果和过去，更加显现容易识别，但有结果不代表一定有能力；行为能力代表当下解决问题能力的高低，有能力不一定有结果；个性潜力反映的则是一个人未来的潜力，有潜力也不代表一定能发展出能力。

可以看到，个性、行为和结果之间也存在递进影响关系，一个人具备什么样的个性特质，往往会驱动产生与之相对应的行为，而行为的落地则通常会带来结果。因此，对人才的评估要兼顾过去、现在和未来，全面立体，如图5-2所示。

二、人才评估方法及其组合

在实操中要运用多种评估方法评价多个维度，对人才全面描述。如果评估有所侧重，也可以采用针对性的方法提高效率。针对不同的维度，可能使用的评估方法，见表5-1。

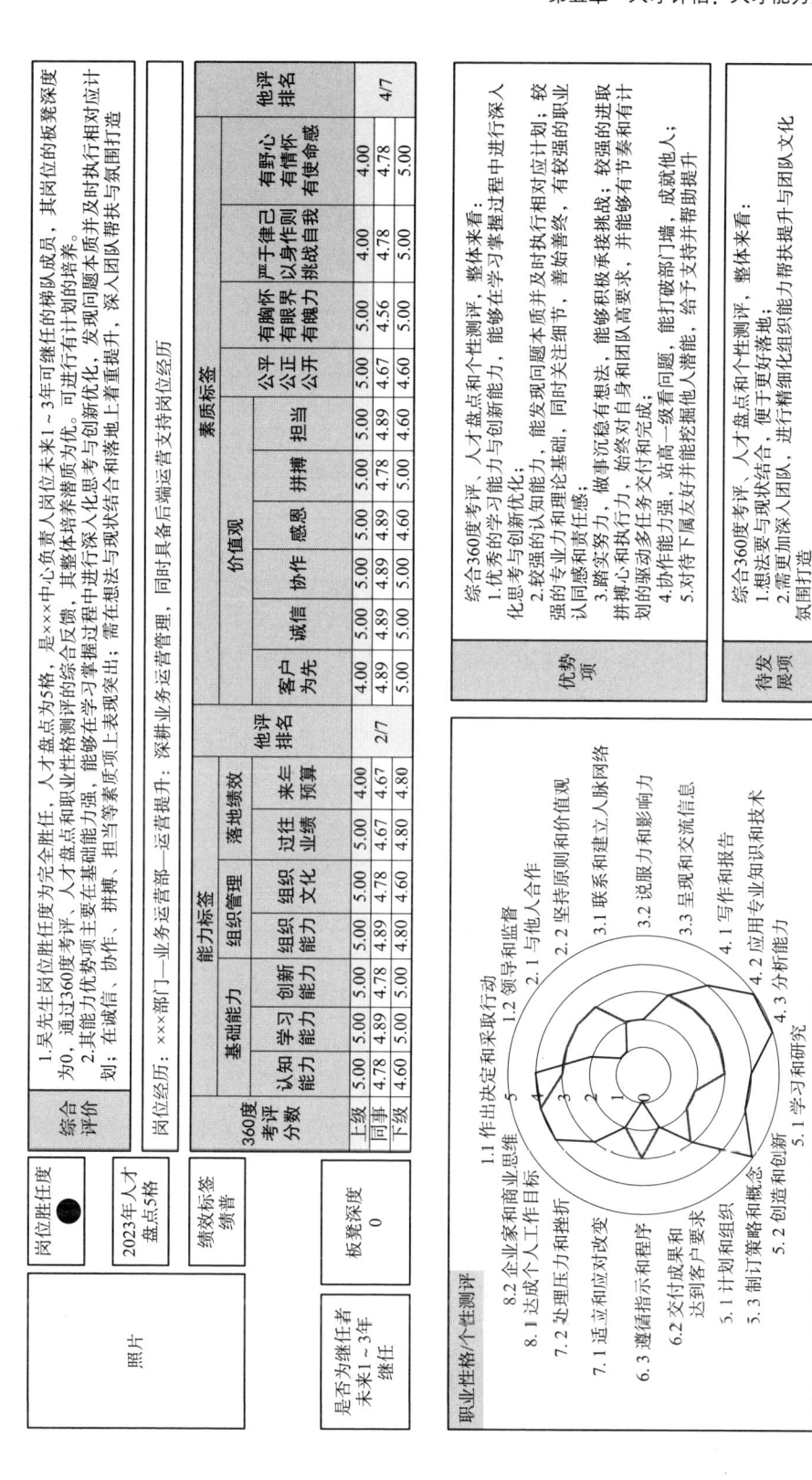

第五章 人才评估：人才能力全面掌握

照片	岗位胜任度	●
	是否为继任者	未来1～3年继任
	2023年人才盘点5格	
	绩效标签	
	板凳深度	0

综合评价：
1. 吴先生岗位胜任度为完全胜任，人才盘点为5格，是×××中心负责人岗位未来1～3年可继任的梯队成员，其岗位的板凳深度为0，通过360度考评、人才盘点和职业性格测评的综合反馈，其整体培养素质为优，可进行有计划的培养。
2. 其能力优势项主要在基础能力和胜任能力方面，能够在学习掌握过程中进行深入优化，发现问题并及时执行相对应计划；在诚信、协作、拼搏、担当等素质项上表现突出；需在想法与现状结合后端运营支持岗位经历。

岗位经历：×××部门—业务运营部—运营提升：深耕业务运营管理，担当支持岗位经历

能力标签

360度考评分数	基础能力		组织管理		落地业绩		他评排名
	认知能力	学习能力	创新能力	组织能力	组织文化	过往业绩	来自预算	
上级	5.00	5.00	5.00	5.00	5.00	5.00	4.00	
同事	4.78	4.89	4.78	4.89	4.78	4.67	4.67	2/7
下级	4.60	5.00	5.00	4.80	4.60	4.80	4.80	

素质标签

	价值观				素质标签			他评排名
	客户为先	诚信	协作	感恩	拼搏	担当	公平公正公开	有胸怀有眼界有魄力	严于律己以身作则挑战自我	有野心有情怀有使命感	
	4.00	5.00	5.00	5.00	5.00	5.00	5.00	5.00	4.00	4.00	
	4.89	4.89	4.89	4.89	4.78	4.89	4.67	4.56	4.78	4.78	4/7
	5.00	5.00	5.00	4.60	5.00	4.60	4.60	5.00	5.00	5.00	

优势项：
综合360度考评、人才盘点和个性测评，整体来看：
1. 优秀的学习能力与创新能力，能够在学习过程中进行深入优化思考与创新优化。
2. 较强的专业认知能力和理论基础，能发现问题并及时执行相对应计划，同时关注细节，善始善终，有较强的职业认同感和责任感。
3. 踏实努力，做事沉稳有想法，能够积极承接挑战，较强的进取拼搏和执行力，始终对自身和团队高要求，并能够有节奏有计划的驱动多任务交付和完成。
4. 协作能力强，能打破部门墙，成就他人。
5. 对待下属友好并能挖掘他人潜能，站在一级看人，给予支持帮助提升。

待发展项：
综合360度考评、人才盘点与现实结合，便于更好落地。
1. 想法要与现实结合，便于更好落地。
2. 需更加深入团队，进行精细化组织能力帮扶提升与团队文化氛围打造。

职业性格/个性测评

1.1 作出决定和采取行动
1.2 领导和监督
2.1 与他人合作
2.2 坚持原则和价值观
3.1 联系人脉和建立人脉网络
3.2 说服力和影响力
3.3 呈现和报告
4.1 写作和报告
4.2 应用专业知识和技术
4.3 分析能力
5.1 学习和研究
5.2 创造和创新
5.3 制订策略和概念
6.1 计划和组织
6.2 交付成果和达到客户要求
6.3 遵循指示和程序
7.1 适应压力和应对改变
7.2 处理压力和挫折
8.1 达成个人工作目标
8.2 企业家和商业思维

图 5-1 某公司中层管理岗人才评估档案

```
潜力              能力              结果
个性潜力评估  →  行为能力评估  →  业绩效能评估
```

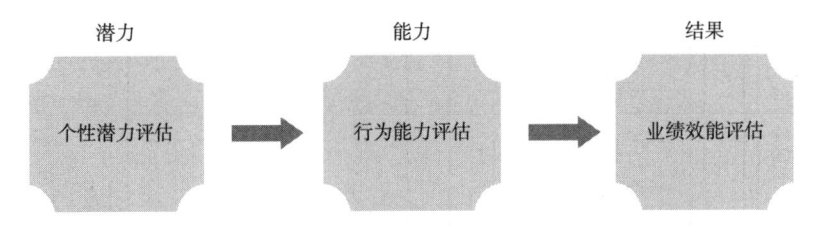

图 5-2　人才评估内容全景图

表 5-1　人才评估工具方法一览表

评估维度	常用评估工具方法
个性潜力	动机测评、职业兴趣测评、职业性格测评（OPQ 测评）、全面个性指标测评（CPI 测评）、北森管理个性测评、一般个性测评（例如九型人格等）、潜力测评
行为能力	专业技能考试、360 度考评、能力测试、管理风格测评、BEI 访谈评价、情景模拟、评价中心技术
业绩效能	业绩合同书结果、组织氛围调研、组织健康度调研、盖洛普 Q12 调研、述职与述能评价、上级业绩评价

人才评估可用的工具方法多种多样，不同的方法投入度不同，获得的结果全面性和精准度不同，因此企业在决定使用何种方式时，要综合考虑成本、时间和效果，选择最合适的，实现用最优的成本（时间也是一种成本）投入，获得最合适的评估结果。图 5-3 是基于"成本—效能"二维矩阵，整理出的各种方法的对比图，并非绝对，仅作为使用参考指南。

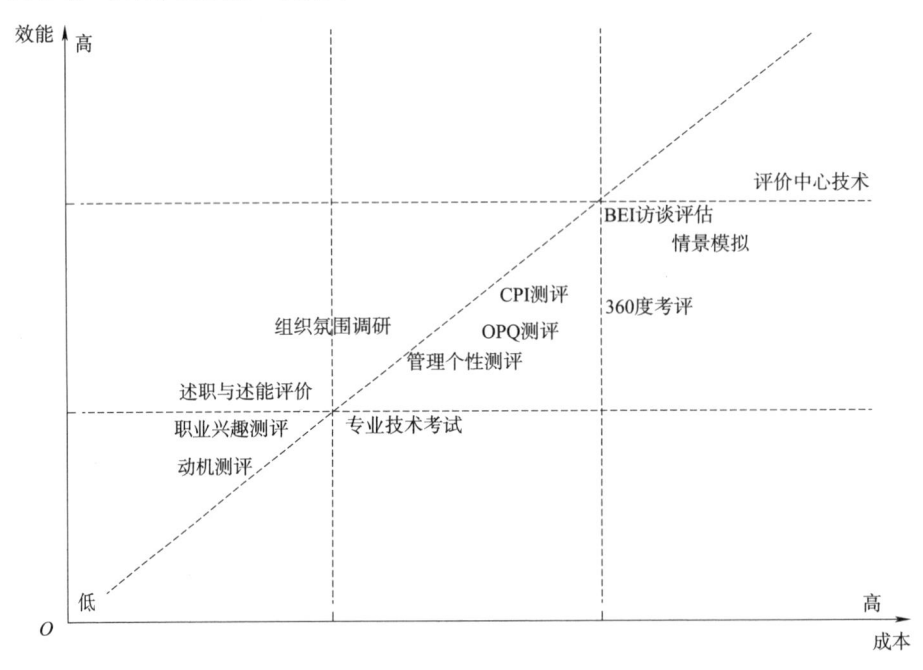

图 5-3　不同人才评估工具方法成本—效能对比图

由此可见，成本的投入多少与工具效能的高低基本是正向相关关系，投入越高，获得的评估结果越可靠。同时需注意，一方面，不区分场景和对象"一刀切"的使用，显然不是明智的做法，不同岗位、不同层级的人员，需要具备的能力和潜力无须完全相同，需要匹配不同的评估方法；另一方面，企业的时间、费用、人员等资源都是有限的，需要根据群体的不同，综合考虑获取结果的经济性和精准性。一般情况下，对某个群体进行评估的投入度和精准度高低，与该群体的重要程度正相关，关键岗位上的人员群体需要重投入，反之则去繁就简。

根据笔者个人经验，整理了不同评价对象建议使用的评价方法组合，详见表5-2。

表5-2 不同人才评估工具使用组合表

评估维度	基层员工	关键骨干员工	中高层管理岗	高潜梯队	校招管培生
个性潜力	职业兴趣测评 一般个性测评	CPI测评 OPQ测评	CPI测评 OPQ测评 管理个性测评	CPI测评 OPQ测评 潜力测评 动机测评	CPI测评 OPQ测评 潜力测评
行为能力	专业技能考试	360度考评	360度考评 BEI访谈评估 管理风格测评 管理技能测评	情景模拟 评价中心	评价中心
业绩效能	个体业绩考核 上级业绩评价	个体业绩考核 述职评价	团队业绩 组织氛围调研 述职与述能评价	个人/团队业绩 团队业绩	—

针对基层员工，评估的应用重点是人岗匹配和业绩达成，同时过程中需要不断提升其专业能力。因此，基本不需要投入太多额外的评估手段，正常的管理手段即可满足。

针对关键骨干员工，需要不断提升自我认知，激发成长动能，因此需要借助专业的个性测评工具和360度考评，不断挖掘自身独特的内在优势和潜能，同时给予及时的反馈沟通和工作挑战，加速成长。

针对中高层管理岗和高潜梯队，其能力和潜力水平的高低，在一定程度上决定了业务和团队的"天花板"，因此建议评估细致精准。针对中高层管理岗，要围绕冰山模型进行全面的评估，立体关注领导特质、领导行为和领导效能，判断个体短板提升的可能性，对于不适合、无能力、效能差的管理者要及时进行调整。有时候，不胜任的管理者业绩不一定差，或许是外部环境优势，或者是有几个得力的干将，但其管理团队的效能差，成长性不高，容易限制团队发展。针对高潜梯队，要真正识别评估，去伪存真。首先，看动机，正所谓"不想当将军的士兵不是好士兵"；其次，判断准备度，通过情景模拟进行考核；最后，看效能结果，是金子也不能一直不发光。

针对校招管培生，重点看成长潜力，通过个性测评和潜力测评进行综合评估。

人才评估结果就像汽车的仪表盘，反映汽车的运行状态，同时个体在成长，环境在变化，这种反映还由于人和环境的复杂性和发展性而存在系统性的不足。人才是好是坏，需要管理者进行综合决策。评估结果最大限度地提供了决策依据信息，因此，不可盲目地照单全收，也不能把跟自己判断不一致的内容全盘否定，管理者看待结果要维持辩证统一，理性参考。

第三节　述职与述能评估

述职与述能评估方法最早在联想集团得到实践应用，现在已经基本成为一种常用的业绩能力综合评价方式，基本的操作模式是：员工对某个周期内的业绩和能力进行个人陈述，其直接上级，与上级相关平行的其他上级，有时候还包括间接上级听述，然后通过提问交流，最终对其行为表现做出优劣势的评价。这种方式的核心是对工作结果和问题解决相关能力的评价，操作难度不高，投入适中，得到的结果可靠程度为中等。

述职与述能评估主要包括三个方面的操作内容：内容维度、提问交流、打分评价。

一、内容维度

述职与述能报告主要包括以下内容，全面呈现自身在管理业务、管理团队和管理自我方面的效能。

- 个人取得的业绩回顾，完成了哪些有挑战和影响的任务，带来了哪些具体的成果或者价值，要清晰明确。
- 个人在团队管理和人才发展方面，采取了哪些具体的行动措施，取得了哪些成果。
- 有哪些失败的经历或者不足之处，原因何在，未来将如何重点改进。
- 业务规划和团队发展规划。
- 基于能力模型的优劣势自评，重点分析自己的薄弱项和能力提升项。
- 结合典型事例，阐述自己在某个阶段能力的变化，包括能力薄弱项和提升项。

二、提问交流

述职与述能会上，参会评委基于陈述内容，围绕胜任力的标准，聚焦关键成功事件和遗憾事件，主要运用行为事件访谈法进行提问，通过挖掘行为，探寻背后的认知，多问几个为什么，多了解员工是怎么想的。

三、打分评价

通常会设置权重，直接上级权重最高，斜线上级权重次之，间接上级等其他人员的权重最低，有的时候也会引入陈述人的互评，占一定的权重比例，最终进行综合排名。打分的标准主要依照该岗位职级对应的胜任力模型，确保评价尺度的一致性，必要的情况需要对评委提前进行赋能解释，尽量降低偏差。

表 5-3 是一个可参考的打分评价表。

表 5-3 述职与述能打分评价表（节选）

评估维度	权重	评价标准	评分（1~10 分）
认知能力	25%	擅于洞察事物的本质，概括总结复杂的现象，快速抓住核心要义 关键行为包括以下内容 1. 发现不同事物之间的共性规律 2. 通过根本原因分析，了解事物的本质 3. 看清复杂现象的背后逻辑，总结提炼中心思想和内容	
组织能力	25%	能用人所长、发挥优势，关注员工成长，根据成员能力特点进行针对性培养、给予发展反馈；合理授权，建立高效团队 关键行为包括以下内容 1. 客观评估成员的特点、优劣势及发展领域，用人所长，发挥优势 2. 根据成员的特点进行针对性培养，给予发展反馈 3. 合理授权，必要时提供支持和指导	
组织文化	25%	践行组织期望的行为，使他人接受组织的愿景与价值观；营造积极向上的团队氛围 关键行为包括以下内容 1. 准确传达公司的使命和愿景 2. 在价值观层面对团队严格要求 3. 善于给他人带来意义感和价值感	
过往业绩	25%	发扬敢闯、敢干、敢试、敢为的精神，多线程并行执行任务，列出执行的优先级，确保在规定时间内，高效、高质量地完成任务 关键行为包括以下内容 1. 确定任务执行的优先级 2. 系统化执行多种类型任务 3. 按时、按要求地高质量完成所有任务	

第四节 组织健康度评估

咨询巨头麦肯锡公司对组织健康度（OHI）的定义为："组织上下同心追寻共同目标、遵循目标执行、持续创新和不断适应市场变动，并具备快于竞争对手的变革能力。"麦肯锡在持续十多年对1500多家企业持续调研后发现，健康组织生成的股东总回报是不健康组织的3倍以上，组织健康与绩效是密切相关的。

一、组织健康度得分反映管理效能

组织健康度之所以可以反映管理者的管理效能，是因为管理者身为企业的管理群体，决定了战略的制定，并向员工群体布置工作目标。员工感受的团队文化氛围，在很大程度上取决于管理者的态度和管理行为。如果一家企业以诚信为价值观要求，管理者却频繁推卸责任给下属，恐怕诚信的文化将形同虚设。管理者实际制定企业的管理规则、机制和流程，并利用这些规则实现对业务和团队的管理。因此，组织健康度评估的是组织，然而实际上指向的是管理者的管理效能。

组织健康度的调研维度，目前市场上各家咨询公司的问卷不尽相同，但基本都围绕战略、氛围、人才、机制等内容展开，图5-4是国内某知名咨询公司的研究模型。

使命方向
- 共同愿景
- 战略目标
- 员工参与

组织氛围
- 组织温度
- 领导风格
- 敬业度、满意度

战略　氛围
人才　机制

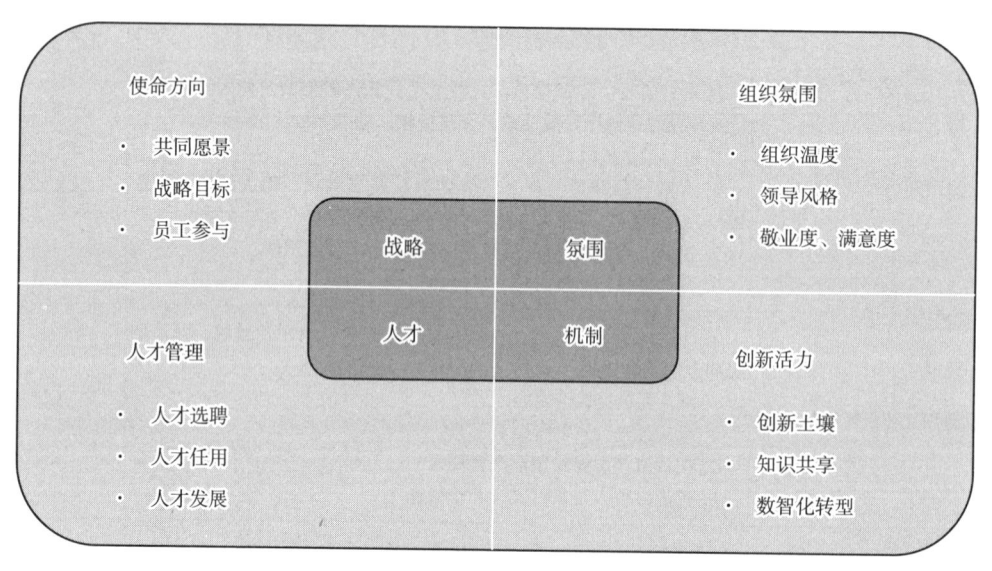

人才管理
- 人才选聘
- 人才任用
- 人才发展

创新活力
- 创新土壤
- 知识共享
- 数智化转型

图5-4　某知名咨询公司组织健康度诊断模型

从模型中不难看出，一个组织如果出现问题，原因通常不止一个，而且往往相互关联，必须从不同的视角切入，才能看清楚问题的本质，从而发现每个关联部分的内在关系，而这些维度都与管理者的决策和管理行为息息相关。以创新为例，组织内部是否制定了创新的工作机制，管理者在团队管理中是否允许员工试错、包容失败，管理者是否带领团队不断追求创新、解决问题，这些都依赖于管理者。可以说管理者群体日常工作中做的每一项决定、每一个管理动作，日积月累，可能促进组织运转良好，也可能导致这样或者那样的问题。

二、问卷设计

组织健康度评估一般采用全员问卷调研的形式开展，可以借助自研或者第三方调研平台进行问卷的分发、回收和分析，操作的费力度不高，但涉及面比较广，需做好相关的解释和宣贯工作，匿名调研，打消员工的顾虑，从而尽可能收集到客观真实的信息。

需要提醒的是，不同的企业所属行业不同、文化不同、管理模式不同、发展阶段不同，调研的方向和具体问题的内容表述都需要考虑其适宜性。调研不能照搬参考问卷的内容，面面俱到，有些内容是不适合的。例如"数字化转型"虽然是趋势，但不代表自己的企业就立刻要达到高水平的状态，这是一个渐进的过程。围绕主题，匹配得当，这是对实践的提示。

表5-4提供一个组织健康度的调研问卷示例，读者可以根据自己企业的需要，调整问题和问法。一般采用5点打分法，5分代表非常同意，4分代表同意，3分代表一般，2分代表不同意，1分代表非常不同意。如果计算占比，则只取5分和4分的样本占总体样本的比例，如果计算得分则取所有样本得分的算数平均值。

表5-4 组织健康度调研问卷示例

调研维度	二级维度	问题示例	评分（1~5分）
使命方向	使命愿景	公司高管（各级经营单位一把手及总部职能中心负责人）为公司的未来提出了清晰的发展方向	
		我了解公司制定的清晰的战略和愿景	
		公司的使命和目标使我觉得自己的工作非常重要	
	工作目标	管理团队对业务策略的探讨是坦诚和直言不讳的	
		我的上级清晰地传达了我的个人绩效目标在组织目标中的位置与价值	
		我的工作重点与部门工作重点密切相关	
组织氛围及支持	氛围营造	我的直接上级注重团队文化建设，营造了积极融洽的团队氛围	
		我所在的部门具备了坚定、明确的团队精神和良好士气	
	上级支持	工作中遇到困难或阻力时，直接上级会主动和我一起解决问题	
		直接上级能够为我提供必要的支持，帮助我达成工作目标	

续上表

调研维度	二级维度	问题示例	评分（1~5分）
织氛围及支持	运营支持	公司现有的技术、流程、平台、系统能够帮助我提高工作效率	
		我能够获得必要的资源，如人员、工具、技术、信息等，以便有效地完成工作	
	安全	公司采取多种安全措施，为员工创造安全的工作环境	
		公司重视员工的健康状况，并采取多种措施保障员工健康（体检、工区防疫等）	
人才管理	人才吸引保留	公司能吸引到我们所需的人才以实现经营发展目标	
		公司能留住我们所需的人才以实现经营发展目标	
	发展机会	公司能够公开、公平地将职业发展机会提供给所有员工	
		我有机会通过轮岗（包括跨组织、跨职能、跨序列等）来获得职业发展	
		公司提供机会让我更好地挖掘自己的潜能	
	人才培养	公司提供条件（组织线上线下培训、提供学习资料等）支持员工专业能力的提升与发展	
		过去一年里，我在工作中有机会学习使能力不断提升	
机制文化	评价机制	直接上级对我的绩效评价是比较客观公正的	
		我相信自己的收入和工作表现及业绩是挂钩的	
	创新机制	我所在的工作团队成员关注外部市场，常常探讨新技术方法	
		我所在的部门具有不断追求创新的动力和意愿	
		公司鼓励员工尝试新工作和新方法，并有一定的容错空间	
	文化价值观	公司拥有清晰一致的价值观和明确的行为规范	
		我所了解的绝大部分同事都能在工作中坚持公司的价值观	
	沟通机制	我所在的部门内部的沟通是充分的、坦诚的	
		直接上级能够用一种开放透明的方式和我沟通	
	协同机制	公司跨业务、跨区域、跨职能之间的协同机制清晰，让我能快速开展工作	
		同事们会相互分享工作经验和业务知识	

三、结果分析并制订改善计划

一般通过匿名调研回收的原始数据，需要经过细致的分析，挖掘背后的原因，制订相应的改善计划，结果驱动管理提升。

结果分析一般从总体分析、交叉分析、对比分析、环比同比分析等维度展开。

- 总体分析，维度得分进行排序，查看前5名的正向促进因素，关注倒数的负向影响因素。
- 总体分析的二级展开，例如按照题型、部门等展开。
- 交叉及对比分析，即按照员工分类、工龄、学历、职能序列、年龄、绩效等标签，分析差异和趋势。
- 环比同比分析，任何一个分析维度都可以再下探，按照时间维度分析变化趋势。

结果分析是调研工作本身的终点，却是改善提升的起点，调研发现问题，改善解决问题。企业的管理团队务必重视，通过业务和人力资源联动，群策群力研讨，改善项目立项并落地执行，实现组织健康度调研提升的闭环管理。

第五节 360度考评法

360度考评法，是评价员工素质和行为能力的利器。360度，顾名思义，就是邀请员工"上下左右"的工作关系者对其进行能力和素质的评价，评价的逻辑和内容是员工表现出来的可被观察的具体行为，与对应岗位职级胜任力要求所应该达到的标准水平之间的契合度。360度考评全方位收集评价信息，多方相互印证，更利于客观真实评价员工的工作表现。评估报告也像是"一面镜子"，使员工看到别人眼中的自己，包括优势项、待提升项和发展建议，帮助提升自我认知，才能更好地成长。《财富》杂志曾经做过一项调研，排名全球前1000的大公司中，超过90%的公司应用了360度考评反馈，在我国越来越多的大公司把360度考评用于人力资源管理和开发，已经逐渐发展成为一种重要的管理手段。

360度考评结果主要应用于能力素质评估和促进个体发展提升，帮助管理者丰富对下属的认知了解，优化团队角色搭配，为团队发展提供参考，但不能绝对化使用，更不可应用于绩效、晋升、加薪等场景。主要是因为三个原因：其一，评价的内容是当下岗位所展现的能力素质，不是任务目标和业绩成果，更不针对未来待晋升岗位，也不含岗位重要性的评价；其二，评价方多元化，每个人对评价标准的理解不完全一致，导致结果存在一定偏差；其三，也容易受到一些例外临时因素的影响，例如近因效应，刚刚有一次良好的合作，或者吵了一架，刻板印象的影响，等等。

360度考评一般采用问卷调研的形式开展，具有范围广、成本低、效率高的优势，如果企业没有自己的系统，可以租用市面上比较成熟的调研系统，例如问卷网或者问卷星360度考评系统。要实施一次成功的360度考评，需要在宣传启动、人群选择、问卷设计等环节做好计划安排，毕竟这是一场公司几乎全部员工都会参加

的人员评价活动，也具备一定程度的保密性和敏感性，任何环节的疏忽都将影响结果的有效性和客观性。完整的360度考评包括八个流程步骤，如图5-5所示。

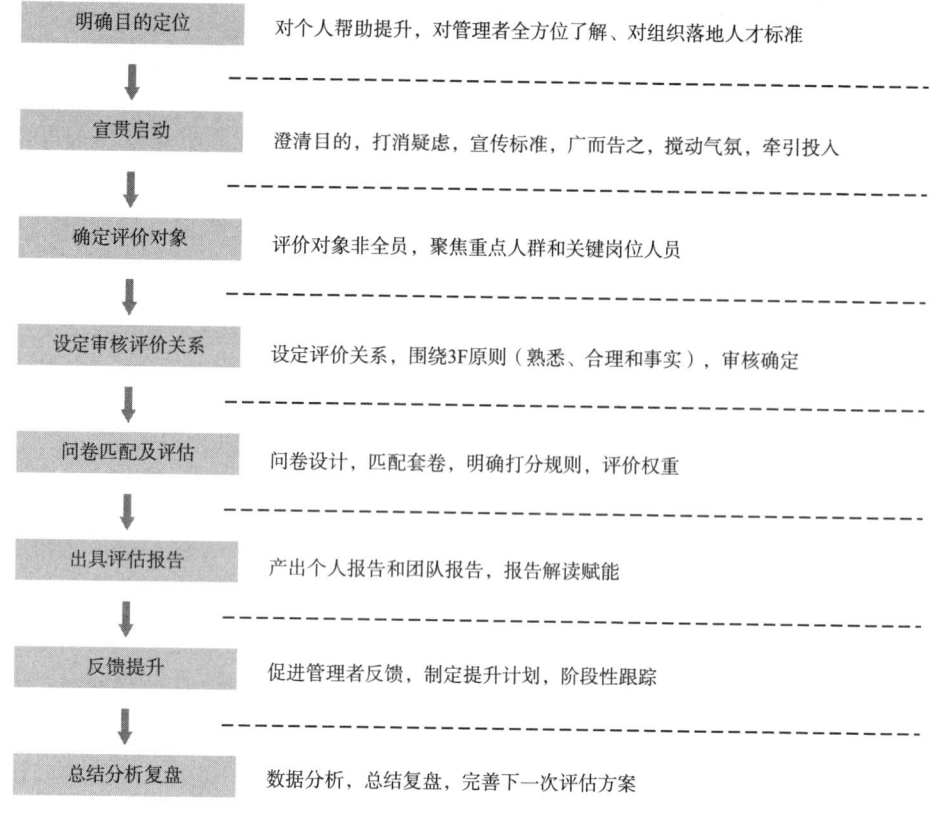

明确目的定位	对个人帮助提升，对管理者全方位了解、对组织落地人才标准
宣贯启动	澄清目的，打消疑虑，宣传标准，广而告之，搅动气氛，牵引投入
确定评价对象	评价对象非全员，聚焦重点人群和关键岗位人员
设定审核评价关系	设定评价关系，围绕3F原则（熟悉、合理和事实），审核确定
问卷匹配及评估	问卷设计，匹配套卷，明确打分规则，评价权重
出具评估报告	产出个人报告和团队报告，报告解读赋能
反馈提升	促进管理者反馈，制定提升计划，阶段性跟踪
总结分析复盘	数据分析，总结复盘，完善下一次评估方案

图5-5　360度考评实施流程图

一、明确目的定位

目的需要首选明确，提纲挈领，需要牢记360度考评的使用场景，帮助管理者和个人，了解自我和团队，更好地提升发展，不恰当的期望和使用评估结果会带来矛盾和误解，甚至不可挽回的损失。

二、宣贯启动

宣贯启动包括两个方面：技术性启动和全员启动。技术性启动主要针对实施执行团队，通常是人力资源内部，进行方案赋能和工作启动，明确在各个阶段的工作重点、操作细节和时间节点。全员启动，主要是针对全体员工进行全方位深入的宣贯，方式多种多样，海报、邮件、直播、视频、管理者会议组合使用。宣贯的目的，一方面是向员工传递360度考评工作的目的和价值，促进自我认知和能力提升，而不是绩效和晋升，打消员工疑虑，只有这样才能收集到真实的反馈信息；另一方面是回答员工的操作疑虑，例如评价的内容是胜任力模型，评价关系如何提报，如何更好地作答等。此部分赋能答疑，可以在启动时一并透传，也可以在不同的工作阶段，有节奏地宣传，更加强化员工的感知。

三、确定评价对象

确定评价对象可从工龄、职级和岗位价值三个方面确定。工龄一般超过6个月，工龄太短，还处于融入阶段，周围人对其了解可能有限。职级通常是一定职级以上的员工，剔除最基层的一般员工。岗位价值也需要满足一定的要求，但有时候也会存在某些重要岗位上任职人员职级高低不同的情况，一般都包含在内，便于拉通。

四、设定审核评价关系

选择谁作为评价人，基本要遵循"3F原则"，即熟悉（familiar）、合理（fair）和事实（fact）。

- 熟悉：与评价对象有密切工作接触，对评价对象有很好的了解。
- 合理：不是越多越好，适度合理，需选取跨部门同事或客户至少2人，原则上每人评价同事数量建议不超过8人，邀请同级同事评价数量建议不超过10人，避免因需要评价的人太多导致失去耐心。
- 事实：与评价对象无明显利益关系或矛盾关系，能够提供客观、真实的反馈。

评价关系一般由评价对象先行自主提报，针对跨部门同事，需要有明确的提报理由，以表明选择的合理性，通常是有项目合作、流程协作等，对应的人力资源同事进行初步审核，直接上级进行最终确认，具体见表5-5。

表5-5 评价关系设定建议

角色	可提报范围	提报数量要求
上级	实线：直接上级、隔级上级	下限1人，上限3人
	虚线：直接上级	
同事	同部门同事：汇报给同一个直接上级的同事 跨部门同事：汇报给不同直接上级的同事	同部门：下限3人，不足3人全选；无上限
		跨部门：下限2人；无上限，需有提报理由
		合计：下限5人，无上限，一般建议10人以内
下属	实线：直接下级	实线下级：下属人数≤20人的，要求全选；下属人数>20人的，要求选至少20人
	虚线：直接下级	虚线下级：无数量要求

如果是线下收集评价关系，则需要借助一定的模板工具，收集核实完毕后再导入评价系统，可参考的模板见表5-6。

表5-6 评价关系线下收集模板

填表说明：
①上级1人；
②隔级上级1人（如有，隔级上级最高到片区总，隔级上级酌情填写，可能存在隔级上级不了解的情况）；
③自评1人，直接下级（如有，20人以内全部包含）；
④部门内同事和跨部门同事选择若干人（要求必须是强工作沟通联系的人员）。

评价对象基本信息					评价关系	评价者基本信息				
员工ID	姓名	所属部门	工作邮箱	手机号	角色名称	员工ID	姓名	所属部门	工作邮箱	手机号
					自评					
					上级					
					隔级上级					
					部门内同事					
					跨部门同事					
					下属					

五、问卷匹配及评估

360度考评问卷题目是胜任力模型中的行为特征，周围人对评价对象已经表现出的行为进行评价。因此，岗位按照职级不同，将胜任力模型中匹配对应的层级行为特征转换为问卷的问题即可。由此可见，实施360度考评的前提是具备相对完善的胜任力模型，明确标准要求，这样才能避免凭感觉的评价，结果也更有价值。

问卷的题目数量，一般情况是涵盖所有的行为特征，完整评价，如果行为特征较多，可以适当进行精简，毕竟题目太多也会增加评价人的答题负担。如果序列和职级相对较多，可以对问卷进行编号，避免混淆。

评估问卷总体上采用打分选择题，但基本会保留以下3个主观开放式问题，基本围绕优势项、待发展项和提升建议。

- 你认为他/她的优势项体现在哪些方面？建议不少于三项，请用STAR原则举例说明。如在什么背景下，面临什么挑战/目标，他/她采取了什么样的行动，最终结果如何等。
- 你认为他/她在哪些能力方面还有待提升，还可以做得更好呢？可以举一些明确的事例。
- 请给他/她三个具体的提升方法建议以助力其提高。

综上，360度考评问卷设计以各个职级胜任力模型的行为特征为核心，数量适中，表述清楚，评价人对每一条具体的行为描述进行得分评价。

360度考评的打分规则，建议使用5点打分法，关于分数等级表述形式，是应该选择满意程度、同意程度还是出现程度呢？答案是出现程度，因为是对行为进行评价，行为是通过观察进行了解，行为出现的频次帮助评价人判断评价对象，通常打分规则标准见表5-7。

表5-7　360度考评打分规则

分数等级	代表含义
5-完美展现	在工作中始终践行此类行为，非常容易被识别和观察到
4-经常展现	在工作中经常展现此类行为，很容易被识别和观察到
3-较多展现	在工作中大多数情况下会展现类似行为，能够识别或观察到
2-有机会时展现	在特定情境下（比如在某类工作或场景下）有时会展现出该项行为
1-几乎没展现	在工作中没有或者很少被观察到展现过此类行为
无法评价	是否展现过类似行为，我的确不了解，或平时接触少实在无法给出评价

关于评价人权重设定，关乎后续分数的计算，通常自评得分不计算在内，仅作为参照对象，这也符合360度考评"照镜子"的作用定位。一般情况下，上级、同事和下属的权重按照40%、40%和20%划分，无论从重要程度还是了解程度，上级都是最有话语权的人，同时日常跟同事的工作协作也能代表其为人处世。有两种特殊情况：一是没有下属的关键骨干员工，下属权重或舍去，或将权重分配给其他两类评价人；二是对于跟下属更密切相关的行为项，例如培养和发展团队、文化氛围营造等，建议适当增加下属的权重，可维持在30%左右。

具体问卷的推送和评估的过程，正常通过系统或者邮件进行推送提醒即可。从经验来看有两个注意事项：第一是人力资源部门在过程中要不断地提醒，督促评价人尽快做出评价；第二是"截止日期是第一生产力"，建议评价周期适中，不要太长，一般7~10天即可，时间太久，员工可能会遗忘，也可能出现一些猜疑、议论、操纵等负面影响，反而影响结果的公平合理。

六、出具评估报告

通过一段时间的答题评价，总体上上级评价实现100%，其他评价人达到95%左右的完成率即可完成原始数据的收集，进而计算得分，出具评估报告。

个体报告中的个体得分，取他评得分并按照设定好的权重，一般由系统自动计算得出，对比常模的分数。在企业内部，要求是相同职级使用同一套评估问卷的人群各个评估项的平均分，一般按照评估的胜任力项，逐项展示评价对象在常模均分中的相对位置，通常对比的位置是20/80分位值，或者30/70分位值。

一份完整的个体报告包括的内容基本如下。

- 得分概况：各个胜任能力项的分值，建议用雷达图清晰呈现。
- 常模对比：逐项展示评价对象得分在常模均分中的相对位置。
- 优势项展示：含评分最高的能力项，优势项调研时开放填写的内容。
- 待发展项展示：含评分最低的能力项，待发展项调研时开放填写的内容。
- 自评和他评得分对比分析图：帮助评价对象对比自己眼中的自己和别人眼中的自己，有哪些异同，促进自我认知。
- 提升发展建议：根据预设和调研时开放填写的内容，整合提供下一步提升的具体建议，包括方式、手段等。

360度考评报告，可以通过系统或者邮件发送给员工知晓，但在发送之前要做好报告解读的赋能工作，360度考评报告虽然易于理解，但也要避免出现分数高就洋洋得意，分数低就自惭形秽的情况，那样将会严重影响360度考评工作在企业内的应用延续性。

向员工的赋能可以通过手册、培训、直播等不同学习形式开展，要说明的重点内容包括但不限于表5-8中所示的内容。

表5-8　360度考评报告员工解读赋能要点内容

赋能要点	赋能内容
报告保密	360度考评报告具有一定的私密性，不可相互传阅、公开议论
解释并重申目的	简要解释360度考评是什么、为什么要开展，再次重申评估的目的是提升自我认知，促进个体发展，并不应用于晋升、绩效等方面
报告内容框架	将报告内容呈现逻辑，每部分内容的来源和计算逻辑解释清楚
理性看待报告	报告结果是"别人眼中的自己"，是帮助探索自己的一个工具、一个窗口，不是盖棺定论，需要自己去解释结果，分析其中的原因，而不是结果定义和解释自己
不要纠结分数高低	360度考评源于意见的收集，结果反映了很多人的看法，评价人不同、认知不同、标准理解不同，这些都是很主观的看法，没有可比性，分数本身不是重点，探索自己与周边群体的交互，寻找原因才是重点
行为的可变性	行为是可塑造的，不会一成不变，表现取决于自己的角色和环境
行为要考虑情景	心和身可能是分离的，人是具备主观能动性的，正所谓"眼见未必为实"，不能脱离情景纯粹讨论行为

七、反馈提升

除了员工自我解读，来自上级管理者正式的一对一反馈也必不可少，建设性反馈是任何管理者，提高团队士气和绩效的重要工具，通过自评和他评得分对比分析图，不同得分的胜任力，采用不同的反馈策略。

此处要运用经典的沟通工具"乔哈里视窗"，这个理论最初是由乔瑟夫和哈里在20世纪50年代提出。视窗理论将人际沟通的信息比作一个窗子，它被分为四个区域：开放区、隐秘区、未知区、盲目区，人的有效沟通就是这四个区域的有机融合。360度考评从自我评分与他人评分两个维度，纵横交叉就得到四个象限，如图5-6所示。

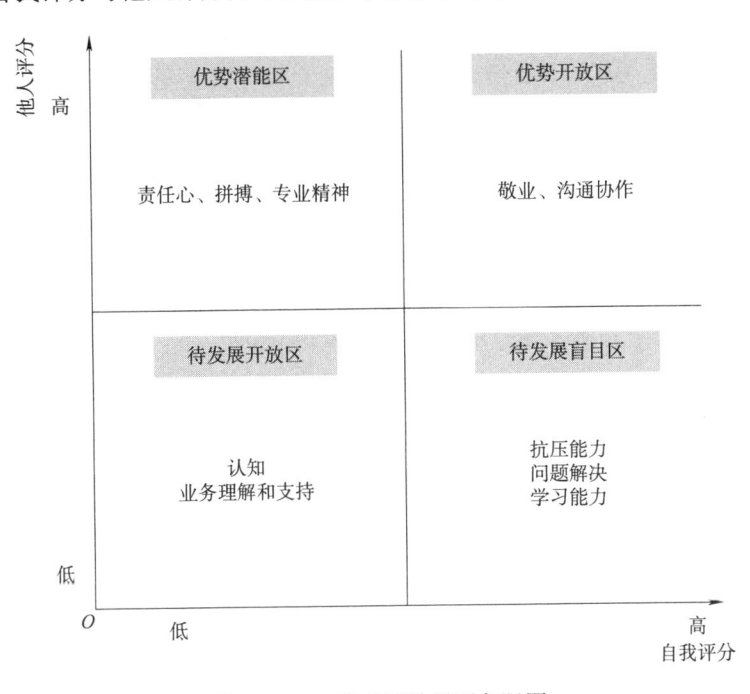

图 5-6　360度考评结果四象限图

关于反馈的步骤，例如提前邀约、准备正负案例资料、反馈的话术和技巧、突发状况的处理等，不再赘述，还是要回到360度考评的初衷之一——促进自我认知水平提升，重点针对不同的象限，建议采用不同的反馈策略。

优势开放区，共识的优势管理者要予以肯定，不要吝啬赞美，此处一定要正式给予赞扬和肯定，但无须有太多的解释。既然是共识的优势，此处的重点是引导员工的想法，激发表达，听取他对工作的新想法和经验总结。同时，要邀请他沉淀和分享，一方面是尊重和激励；另一方面通过赋能分享，促进团队提升。

优势潜能区，代表的含义是别人认为是优势，而自己却认为是不足。这表示实际上已经展现出了对应的高绩效行为，但是缺乏自信，或者自我要求较高产生了认知偏差。针对这种情况，管理者要帮助员工树立信心，正视自己的优势或成就，依然要给予充分的肯定赞美，激发员工的表达，尝试探寻背后的原因，在提升策略上可以让员工更多地尝试，建立信心。

待发展开放区，共识的待发展项，这时候，管理者不要"落井下石"，员工需要的是管理者的支持，既然已经认识到不足，接下来的重点是如何提升不足，运用教练"GROW模型"理清现状，明确提升目标，匹配支持资源，激发成长意愿，落地实际计划。

待发展盲目区，代表的含义是别人认为是不足，而自己却认为是优势。这种认知偏差的冲击，员工的第一反应可能是质疑结果，首选反馈策略要有清醒的认识，"冰冻三尺非一日之寒"，不要期望一次反馈交流就可以改变固有的印象。在此基础上，不要与员工纠缠分数和报告本身，不要纯粹地讨论和分析为什么是低分，那将加重质疑甚至猜忌，而是应该一起回到工作场景，用事先准备好的实际工作案例，分享管理者的看法，探讨和交流，配合同事的评价引导其思考分析。对于员工不愿意接受的内容，可以抛出问题："大家普遍有这样的评价，你分析可能的原因有哪些呢？"正所谓"兼听则明"，鼓励员工认识和接纳自身不足的积极心态。在必要的情况下，管理者要亮明观点，停止探讨，给予明确的信号。

360度考评结果反馈能有效提升自我认知，但这是过程不是目的，最终目的是更好地强化优势、提升不足。因此反馈之后，需要管理者与员工围绕如何有效提升能力短板，制订下一个阶段的工作目标和可行的落地计划。一般情况下是制订个人发展计划（IDP），关于计划的制订将在第九节详细阐述。

八、总结分析复盘

一场部门级或者公司级的360度考评结束之后，一定要做的两项工作是：总体结果数据的分析和整体工作的复盘。通过数据分析发现共性规律，有针对性地予以改善，执行团队复盘总结，便于下一次评估组织执行工作质量更好。总体结果数据分析框架可参考表5-9。

表5-9　360度考评结果数据分析框架

分析方向	分析维度	分析内容
看整体	整体趋势	他评整体得分，往年对比，他评分数不同区间的分布趋势，查看分数的集中程度
	能力维度	不同能力项他评得分分布趋势，优势前三项、待发展项前三项；也可以采用"均值—标准差"二维矩阵，看分数高低和离散程度
看团队	整体趋势	各二级团队他评得分分布趋势，前三个部门，后三个部门
	能力维度	各二级团队内，不同能力项他评得分分布趋势，优势前三项、待发展项前三项
看群体	整体趋势	不同标签群体：职级/绩效/工龄/管理者/非管理者他评得分分布趋势
	能力维度	相同群体内部，不同能力项他评得分分布趋势

续上表

分析方向	分析维度	分析内容
看对比	整体趋势	自评、他评、上级评定的对比，可围绕能力项和二级团队进一步下探
	群体细分	区分不同的群体各个能力项，自评、他评、上级评定的对比，看异同，挖掘评价
看文字	词频分析	分析文字评价信息，优势项、待发展项词频分析，与数据分析对比

需要注意，360度考评围绕认知和发展，相关的数据分析结果也是分析不同群体、不同部门的特点，针对性设计后续发展方向，将分数结果更多应用于后续发展活动中，而不是评价和定义"好坏"。

最终的总结复盘也必不可少，作为闭环收口的最后一个环节，轻量化的做法是通过表格收集执行过程中的痛点和优化点，不要放过任何一点。相对重要的做法是组织执行团队的人员复盘研讨会，能收集到一些策略方向的优化建议。复盘的另一个目的是挖掘执行过程中的亮点和最佳实践结果进而推广。例如宣贯环节，在常规的做法外，是否有一些新的探索效果更好。分享给大家进而进行吸收，共同提升工作质量。

第六节　心理测评评估

心理测评是一种专业测评的工具，其本质逻辑是通过让被测评人回答特定的问题，这些问题指向的是日常典型行为，然后通过预设的算法逻辑，对人的心理特点做出推论和数量化分析。

基于人才发展考虑的人才评估，在实践上更多地使用个性测评，即探究一个人的个性特质，从而推测其更适合做什么工作，突出的个性会有哪些能力优势和短板，跟当下和未来的岗位契合度如何，最终预测成长性，即潜力。

个性测评基本可分为两大类：类型测评和特质测评。

一、类型测评

类型测评，是根据某种标准将人格划分为多个类型，一般某个人只属于某个类型，例如行为特质动态衡量系统（PDP）测评、DISC、九型人格等都属于这一类。

我们比较熟知的PDP测评，用来衡量个人的行为特质、活力、动能、压力、精力及能量变动情况的系统。它根据人的天生特质，将人群分为五种类型，包括支配型、外向型、耐心型、精确型、整合型。为了将这五种类型的个性特质形象化，根据各自的特点，这五类人群又分别被称为"老虎""孔雀""考拉""猫头鹰""变色龙"。

在 PDP 测评中，每一种类型风格都有不同的思维特点，不同的行为模式，测评结果的应用核心是知人和自知。每个人自我行为风格跟工作实际结合，从而调整工作过程中的能量损耗并详细了解满意程度，有助于增进自我认知，便于自我调整优化。管理者了解下属的行为风格，能够用人有据、激励有方、教练有术和留人有法，员工了解彼此的风格，对于增进了解，以便"投其所好"，提高沟通合作效率有帮助。

但对于借助 PDP 测评实现人员高潜选拔、干部任用、团队搭建还是要慎重，这种根据经验数据将人划分为几类的测评结果，难免有"贴标签"的嫌疑，因为实际岗位与工作情景是复杂的，绝不是简单的几个类型可以归类概括，像搭积木一样进行对应即可实现完美的人岗匹配的。因此，我们要清醒地认识到没有任何一种风格类型是天生的适合做什么的，这种简单绝对化的应用是不可取的，在一些国家心理测验行业组织，禁止将类型论的人格测验应用于人才选拔。

二、特质测评

特质测评，是运用多个基本的特质来相对全面地描述和反映人的个性，展示的是个人在不同个性特征上的表现程度和倾向程度，组合起来就是人的特质组合，可预测人的行为。

大五人格领域的专家诺曼·巴克利在大五人格模型的基础上，通过数据测试发现，可以通过用意志力、外向性、宜人性、控制力及情绪性五个方面对个性进行分析和描述。大五人格模型目前是个性特质测评的通用架构，众多的测评工具，例如 OPQ 测评和 CPI 测评均是基于该理论模型，见表 5-10。

表 5-10 大五人格个性特质介绍

维度	高倾向性表现	低倾向性表现
意志力	有支配力、有决心、坚定、完全投入、有推动力、目标导向	有伸缩性、灵活、适应性强、善于聆听、与人合作
外向性	爱交际、积极、精力充沛、热情外向、乐观、友善	安静、谨慎、含蓄、内敛、稳健
宜人性	同情心、关心他人、愿意支持、和善、助人为乐、理解信任他人	敢于竞争、讲求实际、精明、机敏、务实、注重个人利益
控制力	有计划、未雨绸缪、有条理、持之以恒、可靠、尽职尽责、尊重并维持秩序和结构	有创造性、不受局限、思维开阔、思想自由、打破常规
情绪性	易动感情、易兴奋、反应快、有感染力、带动性强、鼓动人心	稳定、自信冷静、不慌乱、敢于应对危机、逆境中顺其自然、积极向上

任何事物都有两面性，个性特征也不例外，正所谓物极必反，任何一种个性特征极端化都有其风险。例如意志力，高意志力带来的风险是固执己见、一意孤行、辩论、压制他人；低意志力带来的风险是容易被说服、犹豫不决。因此，个性没有绝对的好与坏，测评报告的重要性在于从不同个性维度上挖掘高低分值，组合判断、解释和预测一个人的能力和潜力，帮助做出人事决策。

在实践上，个性特质测评最常用的两个测评工具，分别是世泓（SHL）公司的当家花旦OPQ32测评、禾思咨询公司的拳头产品CPI测评。

作为特质论的一个测评工具，OPQ32测评从人际关系、思考模式和情感与情绪三个方面，细分了32种职业性格维度来考察被测者。

32种个性维度如下：

- 人际关系：有说服意愿的、有控制意愿的、直率的、想法独立的、外向的、合群的、社交自信的、谦虚的、民主的、关怀他人的10种个性。
- 思考模式：数据推理的、批判性分析的、行为分析的、传统的、抽象的、创新的、追求变化的、适应性强的、前瞻思考的、关注细节的、认真负责的、遵从规则的12种个性。
- 情感与情绪：轻松的、忧虑的、意志坚强的、乐观的、可信赖的、情绪控制力强的、精力充沛的、有竞争力的、追求成就的、果断的10种个性。

OPQ32测评工具采用问题迫选的方式进行答题，最终在32种个性维度呈现个体的倾向程度，从而来评估人的全面个性，根据不同的应用场景，可生成若干针对性的报告，例如全方位胜任力报告、动机报告、发展行动报告等，用于对个体的分析。

通过不同个性的组合及逻辑计算（图5-7），产出一个非常重要的报告——全方位胜任力报告，即个性偏好或典型的行为方式影响他在20项全方位胜任力上发挥潜能。

例子如下（f代表一种函数关系）：

- 领导和监督=f（有控制意愿的、说服的、行为分析的、信赖的、民主的、关怀他人的），即在领导和监督维度展现高胜任力（潜力），需要在上述6种个性特征上有高分体现。
- 说服和影响=f（有说服意愿的、社交自信的、行为分析的、外向的、适应性强的、谦虚的），即在说服和影响维度展现高胜任力（潜力），需要在上述5种个性特征上有高分体现，在谦虚上低分表现。

低分特征：不喜欢推销或谈判，很少试图改变他人的看法　　有说服意愿的　　高分特征：喜欢推销，与人谈判时轻松自在，乐于改变他人的看法

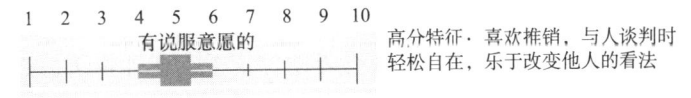

图5-7　OPQ32个性得分展示图（节选）

20项全方位胜任力明细见表5-11。

表5-11　OPQ32测评20项全方位胜任力表

胜任力	具体细分
领导和决策	1.1　做出决定和采取行动 1.2　领导和监督
支持和合作	2.1　与人合作 2.2　坚持原则和价值观
互动和表达	3.1　联系和建立人际网络 3.2　说服和影响 3.3　呈现和交流信息
分析和诠释	4.1　写作和报告 4.2　应用专业知识和技术 4.3　分析
创造和概念化	5.1　学习和研究 5.2　创造和创新 5.3　制定策略和概念
组织和执行	6.1　计划和组织 6.2　交付成果和达到客户期望 6.3　遵循指示和程序
适应和处理	7.1　适应和应对改变 7.2　处理压力和挫折
具进取心和执行力	8.1　达成个人工作目标 8.2　企业家和商业思维

需要强调的是，在报告解读分析时，不能要求一个人在全部能力项上都是高分，而是将岗位的胜任力模型要求，同测评报告中的能力项进行链接，只要在与岗位胜任力模型要求相关的能力项上表现较好即可，避免陷入求全责备的误区，见表5-12。

表5-12　岗位胜任力模型要求与OPQ32测评能力项链接对应表

岗　位	胜任力要求	个性要求	对应OPQ32胜任力项

从分析中不难看出，个性测评提供的结果丰富多样，但实施成本较高，通常是采买专业的测评产品，同时正确解读也需要经过专业训练的人员进行，因此常常应用在高潜选拔或者中高层管理者的评价中。在评价选拔过程中，借助专业的个性测评工具，不仅能够帮助个体增进对自我的认知，又能帮助管理者做出更精准的用人

决策，并有针对性的提升短板，最终提高人才发展和用人的有效性。

第七节 访谈评估

同胜任力建模中使用行为事件访谈法（BEI）内在逻辑要求相同，都是针对典型情景事件进行挖掘，深度还原场景，陈述所思、所想和所做，从而探究访谈对象所具备的能力和素质。不同的是，建模时的访谈，是在众多不特定的典型事件中总结提炼胜任力，是开放性的；评估时的访谈，是围绕已经确定的特定能力素质项，挖掘关键事件，从而判断访谈对象是否具备所要求的能力素质及水平，是指向性的。

针对特定事件访谈，会用到另一种访谈技术——定向行为事例访谈法（FBEI），聚焦胜任力模型中的关键能力要求，有针对性地收集案例信息，提炼行为表现，从而实现有效的能力评估。

既然FBEI是聚焦特定的能力素质，其设计实施大致可以分为四个步骤，环节与常规的BEI基本一致，不再赘述，核心是定向问题的设计，如图5-8所示。

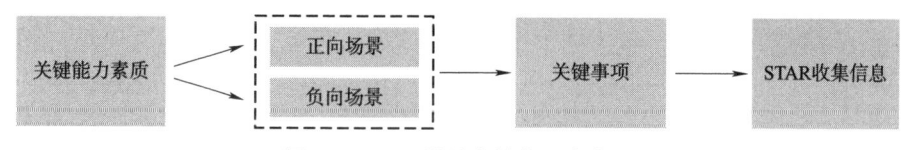

关键能力素质 → [正向场景 / 负向场景] → 关键事项 → STAR收集信息

图5-8　FBEI设计实施的四个步骤

一、关键能力素质

人才评估都是以岗位的胜任力模型为标尺，因此在开展访谈前，或者设计访谈问题时，首先要清晰掌握需要评估的能力素质项及关键行为特征。这是基础前提，否则评估就可能没了方向，收集到的信息也可能太过分散，甚至无用。有时候，岗位能力素质项比较多，可以进一步聚焦，再提炼出3个左右必须要考察的能力项进行重点评估。把握关键的行为点也必不可少，理解纯粹的能力素质定义可能会有点"虚"，依然把握不准，可观察可描述的行为点不仅有助于理解定义，更能够在访谈中及时捕捉关键信息。

二、正负向场景

任何一项能力素质，在访谈对象的工作中，有的会通过解决正向场景下的问题得以体现，有的会通过克服负向场景下的困难得以体现。针对即将评估的能力素质项，可以从正向和负向两个场景维度提炼"问题点"，挖掘在特定场景下的关键事项。

例如能力项"全局意识"。
- 正向场景：从整体和全局角度出发，做出行动。
- 负向场景：工作已经非常饱和，依然接受组织新的工作安排，并达标交付。

例如能力项"影响推动"。
- 正向场景：成功影响他人并带来巨大收益。
- 负向场景：观点有分歧或执行人不配合，依然确保如期推进。

三、关键事项

所谓关键事项，通常是在特定的场景下，通过了解这些最成功或者最失败的关键事件，也就是"极类型"事件，不仅能够根据事件本身量级的高低来评估访谈对象的成绩水平，而且可以根据其行为对能力进行评估，如果一件事情本身的难度不高，那么访谈对象在工作过程中的行为就需要格外关注，有可能其不具备更高的胜任力。

最成功的"极类型"事件，核心是指向有利的方向，类似的表述还有收获最大、最有成就感、做得最漂亮、最满意、印象最深刻、最自豪等。参考的提问范例："请讲述一个由你主导的，令你最自豪的成功营造团队氛围的事例"。

最失败的"极类型"事件，核心是指向不利的方向，类似的表述还有最困难、难度最大、挫败感最大、最遗憾、挑战最大、最低谷等。参考的提问范例："请讲述一个由你负责的，在推动项目执行中挫败感最深的事例"。

四、用STAR陈述法收集信息

STAR陈述法可以作为一个有效的陈述框架，围绕事件进行陈述，了解背景和挑战，主要的问题、矛盾和困难是哪些，要实现的目标是什么，采取了哪些行动，自己的角色是什么，采取某个行动背后的思考是什么，最终结果如何，自己有哪些总结体会等。

综上所述，实施FBEI是先有能力素质项为基础，围绕能力素质项的正负场景设计问题提纲，挖掘关键事项，表5-13列举了常见的能力素质项的问题范例，读者可以从中体会。

表5-13 FBEI访谈精准提问问题示例

能力素质项	提问问题示例
激励团队	请讲述一个通过物质或者非物质手段，你成功激发团队积极性的成功事例
	团队经历困难、挫折甚至失败也是常有的事，请讲述一个在这样的情况下，你激励团队取得成功的事例
	请讲述一个在团队信心不足、士气不高的情况下，你采取了一系列措施成功激励团队达成目标的事例

续上表

能力素质项	提问问题示例
追求卓越	请讲述一个给你自己设置了高挑战性的目标，且最终高质量达成的事例
	请讲述一个为了超越现阶段事业以达到更高的追求，你做出努力且收到良好效果的事例
	请讲述一个团队成员甚至上级领导已经认为可行，你仍继续改进的事例
领导团队	请讲述一个你带领团队达成的最有成就感的一件事
	培养下属是领导工作的一部分，请讲述一个具体的事例，说说你是怎样培养或发展某位下属，且最终其取得了长足的进步
	请讲述一个团队中关键人员提出离职，你成功挽留或者没有成功留住的事例
创新能力	请讲述一个你采取了哪些措施来制定新的和有创意的方案以解决业务问题的事例
	请讲述一个现有工作流程中遇到的最大挑战，你做了改善工作流程的举措，最终成功修正优化的事例
	请讲述一个你打破常规，用新方法、新思路、新技术解决重大痛点问题的事例
目标导向	请讲述一个你清楚理解并始终围绕任务目标，采取众多措施达成的事例
	推进工作的过程中遇到困难挫折在所难免，请讲述一个你的某个任务目标遇到巨大阻力，通过努力依然达成的事例
统筹计划	请讲述一个你为了长期大目标的实现，预先计划、排布安排的事例
	请讲述一个同时面对多个任务、多个协作人的复杂局面，你通过统筹安排最终顺利推进的事例
影响协作	请讲述一个重大项目，你通过自己的影响和沟通协作最终取得成功的事例
	请讲述一个在工作中，你成功影响他人并带来巨大收益的事例
	请讲述一个在工作执行中遇到不协作、难沟通的情况，促成协同合作并取得成功，令你成就感最大的事例

第八节　情景模拟评估

情景模拟评估是"真刀真枪"的类实战化评估，通过展现的真实行为或活动，对人进行观察性质的评估。2006年，中央电视台推出了一档全国性商战真人秀节目《赢在中国》，其中有个商战篇章，就是将选手置身于真实设计的商业实战中进行操盘演练，过程中全程录像，全过程评委团队观察讨论，对参赛选手的各项能力进行评估，决定晋级或者淘汰。在航空公司飞行员培养上，均需要在陆上模拟器上不断模拟，营造近乎真实的场景。一方面是练兵；另一方面是在模拟实战中全面立体地进行评估，查找问题予以改善。

情景模拟评估有两个关键词"情景"和"模拟",是根据被评估人的岗位或者未来的继任岗位会遇到的工作场景,围绕场景下的挑战和所需要的能力要求,设计逼真的试题,让被评估人进入试题进行模拟演练,评估人通过观察和分析其行为表现,结合模拟的结果,实现评估。由此可见,实施情景模拟评估,其结果的有效度和准确性较高,但无论从场景设计、实施资源还是从被评估人的参与、评估人的投入等维度看,难度都是最大的。

在企业内的评估实践中,提到情景模拟评估就一定要提到评价中心。评价中心是一种综合使用多种评价方法,包括心理测评、无领导小组讨论、案例分析、公文筐测验、角色扮演、深度面谈等,对被评估人的多项能力素质进行全面综合的评估。除了心理测评和面谈,其他方式本质上均是通过情景模拟的方式开展。应用上述评估方法,题目的设计、评估组织实施、结果确认的费力度都比较高,那么作为企业内的人力资源从业者,缺乏专业机构的技术、时间和能力,如何设计并实施情景模拟评估呢?

下面介绍两种实操性较强的情景模拟评估方式及题目开发的逻辑。一种侧重综合管理能力的考察;另一种侧重业务能力的考察。两种评估方式的对比见表5-14。

表5-14 两种情景模拟评估方式对比

评估方式	评估重点	内　容	开发方式
某岗位的一天	综合管理	多场景拟合	团队萃取
关键案例分析	业务管理	聚焦关键事件	内部访谈/资料转化

开发一套情景模拟试题,需要遵循六个完整的步骤,即"胜任标准—考察要点—筛选场景—查找素材—编制内容—确认完善"。

首先,明确胜任标准,确定考察要点是基础,评估首先要有标准,才能有的放矢。在开发试题前,要聚焦需评估的能力项是什么,明确具体的打分要点,这样才能更好地指导情景的梳理和收集。

其次,筛选场景和查找素材环节,需要使用具体的方法收集岗位上会遇到的典型事件,两种评估方式分别使用团队萃取技术和内部访谈或资料转化。

最后,编制内容并试测确认,将收集的资料进行整理,形成题目内容,一般请在职的员工进行作答,收集答题过程中的疑问点,征求改进建议,完善题目。同时,获得的答案跟参考答案进行对比,看偏差程度,反推任务问题的设置是否精准无歧义,也可以印证试题的合理性和有效性。

一、某岗位的一天

评估方法"某岗位的一天"是将岗位上会遇到的典型场景事件,通过合理加工，集合到一起发生，要求被评估人在短时间内对多个事件做出分析安排，从答案中判断他的管理意识、思维逻辑、分析判断和专业能力水平。设计这类的试题，使用引导技术进行团队萃取，如果岗位上任职人员较少或控制范围小，也可以简化为焦点小组的形式进行，见表5-15。

表5-15 工作场景案例开发团队萃取法操作阶段

操作阶段	主要执行内容
准备阶段	1.会议室，引导师，研讨会用到的引导工具等准备 2.选取优秀员工、直接上级、HR组成萃取团队，进行分组，每组5人左右，2~3组，如焦点小组5人左右即可
萃取阶段	萃取的核心逻辑按照以下结构展开 1.××岗位核心的工作场景/任务有哪些 2.对应的场景上，在工作中实际遇到过的挑战有哪些；聚焦少量几个关键挑战，有没有成功的处理事件 3.按照分组，请按照STAR原则，对成功事件进行提炼并设计，此处设计是基于曾经成功事件上的合理化加工，突出过程冲突和难度 4.整理形成场景试题及参考答案，也可以会上出具大致的内容，会后给予一定的时间进行精细
审核阶段	1.形成的场景试题，邀请少量员工进行试测，将获得的试测答案与参考答案进行对比，判断难度和可行性 2.进一步改进完善，对背景、冲突复杂度等方面做出适当调整

下面通过一个试题案例，读者可以看看最终的样式。先简单交代一下故事角色和必要的背景，此后围绕岗位角色的关键核心任务，设置几个关键冲突的解决，交代清楚关键冲突故事的背景和具体任务，背景和任务的复杂程度决定了冲突解决的难易程度。

典型案例

项目工程总监的一天

天玺地产项目是×公司在××城市重点开发的改善型住宅项目，在开发之初凭借良好的项目口碑、合理的定价及营销宣传，同时户型产品填补了市场空白，稳扎稳打获得了良好的市场占有率。但竞争对手也在不断模仿，竞争异常激烈，进入2021年以来，项目销售节奏放缓，经营回款压力逐渐变大，不可避免地影响了工程建设。一部分施工单位在环境压力下私自降低标准，工程质量问题在巡查中时有发生，你作为工程总监面临的工作难度日益增加。

项目在施工的具体情况是，最早2021年10月面临交付的5栋精装高层建筑，合计建筑面积6万平方米，现阶段正在进行园林施工，室内施工已经基本完毕，尚有楼宇内消防防火门未安装，灯泡安装后待测试，精装工程收尾施工。2022年交付客户的6栋洋房，目前主体施工刚刚完毕。另有2024年交付的6栋洋房，总包施工单位合同已经签署，已进场，施工准备中。

在管理架构上，除了与工程相关的职能直接隶属外，其他如成本、招采等职责采用矩阵制管理结构，虚线向你汇报，如图5-9所示。

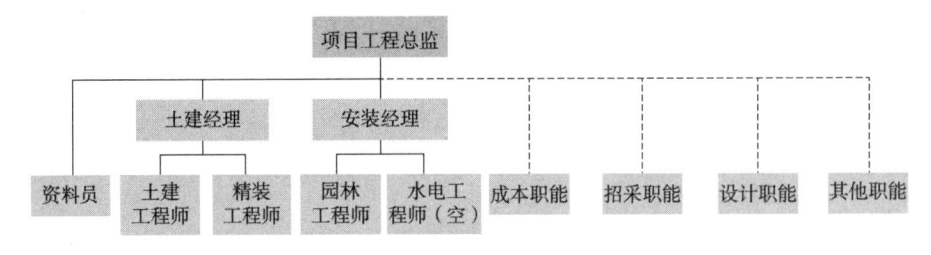

图 5-9　项目工程总监管理架构图

（1）整体绩效情况

在上午9点刚刚结束的工程巡检专题会议上通报，4月工程管理中心例行巡检中，你负责的天禧项目主体质量、几个专项小项整体排名不佳，工程总经理要求对现存问题的原因进行全面分析并整改，在未来6月的检查中取得明显进步，同时责令你牵头组织6月的工程联检。你刚刚回到办公室，心里一直在想怎么落实。

（2）洽商变更

这时候，你的下属资料员李某给你打来电话，说成本部有个变更洽商的会签单需要你签字确认，涉及金额12万元，是关于即将交付的高层建筑入户门的改造。你一时间想不起来有这件事儿，就给土建经理刘某打电话询问，土建经理说需要回去查一查台账记录，最近临近交付，洽商变更的单子有点多，你只好再等一等。

（3）施工沟通

你翻了一下日历，一会还要去跟一个施工班组沟通后续的交房抢工计划，春节过后班组负责人老李找过你几次说结算工程款的事，本应该在春节给予阶段性结款的，但由于公司资金紧张，未能够全额付款。你也找过财务部的负责人，他表示很困难，从办公室的窗户往外看，你看到班组长负责人的车已经来到了施工现场。这次不仅不能够保证给予工程款支付，还需要说服他配合施工计划，你需要好好想想怎么办。

（4）突发事件

就在你跟班组长老李开会的过程中，客服的负责人安总给你打电话，说有20多个业主堵在售楼处的门口，质疑即将交付的高层住宅存在质量缺陷，要求公司给予合理解释，让你赶紧过去商量怎么处理和答复业主，你也听到了电话里头销售负责人的声音，于是你赶紧赶往售楼处现场。

你的任务：针对上述情景，你作为项目工程总监如何进行应对，达成既定的任务目标，请详细说出你的问题解决方案，并说明背后的依据。

二、关键案例分析

评估方法"关键案例分析"是围绕被评估人的典型复杂业务问题，通过访谈或者企业内部项目资料转化的方式，形成案例试题。

案例试题的开发，重点在于背景和任务两个方面。

背景要聚焦关键性，呈现冲突性，岗位上某一个要解决的关键重要事件，例如新产品定型、项目协同问题解决等。冲突性则体现了矛盾或者条件约束，引出问题，需要被评估人发挥个人能力进行解决。通过挖掘过往的成功案例，将成功案例的背景进行转移加工，形成新的案例背景。

任务好理解，每一个案例试题，都需要被评估人分析冲突矛盾，解决任务的过程体现能力考察点。

以下提供一个案例收集的表格，可进行访谈收集，也可交由在岗人员进行必要的沟通赋能后，由其填写提高效率，收集后进行必要的补充完善，见表5-16。

表5-16 岗位关键事件收集表

案例名称：以"如何解决××××"命名			
案例主责人姓名		机构全称	××部门—××部门—××部门
案例撰写其他参与人		案例类别	
案例关键词			
案例正文			
填写简要说明： ①案例的内容请尽可能详细，将当时面临的实际困难，限制条件，具体采取的动作，以及动作实施的步骤及时间周期进行详细阐述 ②对于一些困难、卡点等必要的情况下要使用数据进行佐证 ③案例要有一定的综合性和复杂性，尽量选择可以同时考察多个能力项、多个维度场景的综合性案例，不要选择场景简单的案例			
背景	案例发生的背景、起因、时间、地点，涉及的部门和人物		
^	面临的实际限制、困难或者技术条件约束有哪些（尽可能详细一些，避免大而空的概括，有数据方面的佐证）		
任务和行动计划	在上述背景和限制下，项目要达成的关键目标或者任务有哪些		
^	实施的详细步骤及过程中处理的难题，包括实际的时长和工作节奏（此部分为重要内容，请详细填写步骤和实际的工作动作，做到清晰明了）		
结果	关键的产出，用数据说话，或者是产出了具体的工作机制		

续上表

案例总结：此案例解决过程中，需要被评估人具备哪些胜任力？即考察其哪些能力可以被验证（重点对照岗位胜任力模型中的能力素质项）	
被验证的能力项名称	对应的行为表现（可从上面直接复制过程和步骤）案例中采取的什么动作可以体现或者验证这个能力，或者展现了胜任力要求的哪个行为特征表现
××能力	
××能力	

此处介绍的两种情景模拟评估的方法，兼具可实操性和有效性。即使是企业内部的人力资源从业者，也能够开发出适合自己企业的试题，便于在招聘、选拔等人才评估的场景中运用。关于运用有两个要关注的方面，分别是组织实施和追问面试。

这两种方法，组织实施的难度不大，注意事项如下。

- 案例分析的作答一般都有时间限制，根据案例的复杂及难易程度有所不同，一般至少30分钟，像"某岗位的一天"则需要1个小时以上。
- 答案的呈现有书面和口述两种形式，即使是书面呈现，由于时间有限，通常也是纸笔作答，较少使用PPT的形式呈现。
- 答案呈现之后，通常需要安排追问面试的环节，评估人与被评估人进行互动交流，此处可以结合行为面试法进行，实现更全面的评价。
- 其他注意事项：通常在单独的会议室进行闭卷作答，要求保密，被评估人独立做题，不可借助外力，同时不可拍照泄题，作答结束后进行陈述，追问面试。

案例分析试题样题见表5-17。

表5-17 关键案例分析试题样题

如何解决开放业务对于甲方业务预测偏差引发的运营管理问题	案例编号：开放1
某中心开放×手机项目，2021年8月，提供的业务量月度预测偏差小，但平均绝对误差百分比（MAPE）高，8月出现全月预测偏差-4.9%（月度预测量46万元，实际业务量43万元），但是MAPE高达22%。原因是上半月实际超预测30%，下半月实际低预测13%，虽然整月看起来偏差是小的，但是因为波动严重，导致上半月承接压力大，超出团队计划的招聘人力，在响应指标上受到冲击。同时，体验指标也随之影响满意度下滑1.8个百分点，其中因为客服响应速度慢的差评占比30%。 随之而来的9月和10月，情况依然没有较好的改观。厂家提供的9月业务预测最终低预测25%，MAPE19%，当月人力129人，收入69.8万元，亏损11万元，利润率-15.7%。由于合同没有约定底机制，低预测25%严重影响利润达成。同时，因为10月马上进入大促准备月，以及涉及新品手机发售，且厂家在10月20日的大促预售预测量计划较高（10月预测65万，比9月高出30%），为此人力仅缩减11人持续到10月。结果10月再次严重低预测34%，MAPE38%，项目连续2个月亏损。虽然综合看项目全年的利润预估99万元，利润率13%，但9月、10月的预测偏差对全年造成了3个点的利润率影响。 经过事后分析和问题解决方案的逐步推动，你也发现了一些情况：甲方的业务预测涉及前台活动策略和销	

续上表

> 售业绩，甲方内部不允许向我司输出商品交易金额（GMV）及订单量数据去做预测偏差模型的校准，导致我司的预测也仅是基于历史数据趋势比例进行；双方的商务合同中也没有明确保护条款或者兜底条款；同时，兄弟部门项目业务属性趋同性高，业务的平峰、高峰基本一致，项目出现人力冗余或缺口的节奏基本相同，在项目之间数量较大的人员调配拆借有实际的难度。
>
> 假设你是负责人，如何实现以下任务目标：8月，甲方业务预测偏差上下半月波动大，尤其是上半月超预测30%以上情况下，如何最大限度降低指标波动？9月~10月，甲方业务预测持续下降，低预测超30%以上情况下，损益如何控制？
>
> 案例问题：
> 1. 要实现案例中的任务目标，需要解决的背后的核心问题有哪几个（关键词概括即可）
> 2. 你将采取哪些具体的行动计划来解决具体的问题，并说出你制订此计划的原因

综上，我们分别详细阐述了人才评估实践中常用的工具方法，介绍了不同的应用对象和评估方法组合，也必须认识到，人才评估还做不到像医学体检那样精准可靠，这不仅是由于工具方法存在的信效度缺陷，更是人具有复杂性的原因，正所谓"路遥知马力，日久见人心"。因此，对人的评估要在更多的维度上考虑，评估结果是为决策者提供了更客观和更全面的参考信息，并不能直接代替管理者的决策，对一个人的评估进而做出的任用决策，都需要管理者基于多方信息输入基础上的理性决策。

第九节　人才评估结果的反馈和个人发展计划

整个评估结束后，一方面需要以书面的形式，向管理层或者相关人员提交正式的评估报告，用于辅助人才决策，包括但不限于任用调整、发展提升等；另一方面也需要向被评价人本人进行反馈沟通，以更好的自我认知、发挥所长，弥补短板，这也是团队管理必不可少的动作。

一、人才评估报告

完整的人才评估报告基本包括八个部分的内容：评价等级、基本信息、综合评价、关键经历经验、能力素质项得分、优势及劣势项、发展及任用建议、风险提示，见表5-18。

表5-18　完整版人才评估报告的内容

基本项目	主要内容
评价等级	无论是在岗评估还是潜力评估，开篇应该给出明确的评定等级，使于整体了解。一般采用五星等级，最高五星，表明各方面都比较突出，可优先考虑，最低一星，表明不匹配。总体评价等级也会根据场景的不同进行变换，例如有的企业高潜梯队按照准备程度，区分立即可上岗、1年左右可上岗、2~3年可上岗

续上表

基本项目	主要内容
基本信息	包括但不限于姓名、性别、职级、绩效信息、工作经历、工龄、年龄、团队规模等信息
综合评价	对个人优势、短板的整体描述，能够快速定位关键信息
关键经历经验	能够掌握被评估人过往的实践成绩，可对照新岗位的要求，判断经历经验方面是否"瘸腿"
能力素质项得分	针对胜任力模型项的得分呈现，或者一些测评结构的呈现
优势及劣势项	针对胜任力模型的具体指标项，分别介绍优势项和劣势（待发展）项，此部分是更加具体和立体的能力评价
发展及任用建议	呈现个人的发展动机、激励动机，围绕动机和业务未来的需要，提出其个人发展和任用的具体举措
风险提示	是否有明显的风险点，例如人岗不匹配风险、重大能力短板、性格上的脱轨因素、离职的风险等

以上是组织层面完整版人才评估报告需要呈现的内容，但如果是发送给个人的报告，建议只包括综合评价、能力素质项得分、优势及劣势项和发展及任用建议四部分内容，其他信息不建议发送。因为基本信息这类数据无反馈的必要性，员工个人都非常清楚，而诸如评价等级、任用建议这类数据又比较敏感，也不便当事人知道。

二、评估结果反馈

通过一次或者几次的反馈，不可能彻底改变一个人的认知和行为模式，要有打持久战的准备，以及培养日常化频繁反馈的意识。因此，评估反馈不能盖棺定论，更不能贴标签，反馈更应该像是一种深度对话，一次探寻之旅，沟通双方通过坦诚的交流，去更好地认识自我及自我与环境的关系，以便提升工作效能。

一个完整的反馈通常包括五个核心步骤，如图5-10所示。

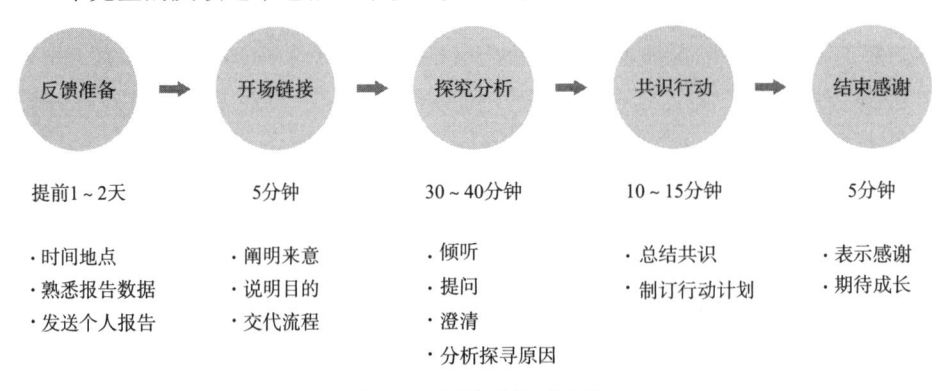

反馈准备	开场链接	探究分析	共识行动	结束感谢
提前1~2天	5分钟	30~40分钟	10~15分钟	5分钟
·时间地点 ·熟悉报告数据 ·发送个人报告	·阐明来意 ·说明目的 ·交代流程	·倾听 ·提问 ·澄清 ·分析探寻原因	·总结共识 ·制订行动计划	·表示感谢 ·期待成长

图5-10 评估反馈五步骤

步骤一：反馈准备。

- 反馈前1~2天确定具体的时间和地点，时间以1个小时为宜，尽量选择在不太忙碌的下午，地点相对正式、隐秘、独立，不被打扰，一对一，面对面。
- 反馈人提前了解报告的内容，掌握优劣势内容，查看胜任力模型指标项得分、相关的个体测评报告，找到高低分项。
- 针对待提升项，能找到行为示例的支撑。

步骤二：开场链接。

- 阐明来意，说明目的。参考对话示范：感谢前一段时间参加了人才评估的活动，通过多种手段方式旨在促进员工的能力提升和职业发展，今天通过1个小时左右的时间聊一聊，特别期待你的总结和想法，看如何更好地促进自我能力的提升。
- 提问过渡。参考对话示范：在评估过程中，有没有印象深刻的地方呢？看到自己的评估结果后，有什么感受呢？和自己的预期和判断有什么差异呢？

步骤三：探究分析。

这个阶段的重点是对优势项和待发展项进行交流沟通，特别是待发展项，只有帮助个体认识到自身的不足，转变才有可能发生。

- 反馈评价结果。参考对话示范：从整体的评价结果来看，识别出你的优势项是××，你需要发展的内容是××，实际上在过渡的环节，已经在启发被评价人表达自己的疑惑，此处灵活调整，目的是引出评价内容的交流。
- 在实际沟通的过程中，如果个体保持了较好的开放性，则只需要引导启发即可。除此之外，大概率会遇到几种特殊情况，通过一步步的提问和澄清，了解被评估人内心的真实想法，见表5-19。

表5-19 反馈过程中特殊情况的应对

特殊情况	具体表现	应对思路
震惊抗拒	质疑结果，与个体认知不一致，不理解，情绪激动	1.不要着急反驳或者陷入争论，会加重负面情绪 2.看来对××方面存在不一致，我们一起回顾一下平时这方面你是怎么做的，有没有案例 3.之所以出现这样的不一致，你觉得可能的原因是什么呢？是在评估的时候状态不好，还是已经在调整？日常大家有对你这方面更高的期望吗
无所谓态度	报告我都看过了，挺好的，没有要说的	1.实际上是完全自我封闭的状态，不配合 2.依然要把优势项和待发展项郑重地反馈，去激发其个人深层次的动机，××方面大家对你是一致认可，未来可以做得更好，××方面看来是有提升空间，你怎么看呢 3.咱们再来一起看看评估报告，哪些是你意料中的，哪些是你意料之外的 4.哪个一致性最高，哪个差异最大

续上表

特殊情况	具体表现	应对思路
悲观迷茫	夸大负面评价，说不清自己什么感觉，对发展迷茫	1. 从正面评价入手，给予支持与信心 2. 人无完人，每个人都有优势和不足，报告中××方面是你个人的优势，最近是不是压力太大，或者评估的时候状态不好呢 3. 你希望成为什么样子？你觉得团队中谁做得好，看看我这方面能不能提供一些支持呢

步骤四：共识行动。

经过过程的发散震荡，临近结束，需要进行总结共识，并对未来的提升计划达成一致，便于开启提升行动。核心事项。

- 总结共识。参考对话示范：接下去我们来总结一下这次谈话的重点，优势项和待发展项是这样展现的，期望接下来重点强化自己哪方面的能力呢？
- 探讨行动计划。参考对话示范：有什么具体的目标和想法吗？需要企业提供什么具体的支持吗？如果员工不知所措，上级要提示哪些行为可能带来改变，必要时直接提供方法。

步骤五：结束感谢。

真诚地表达感谢，表达对未来成长的期待，给予鼓励打气。

三、个人发展计划

反馈后的改进提升计划，一般是设定和执行个人发展计划（IDP），明确发展目标，设定详细的提升举措，员工本人、上级管理者和人力资源部门达成一致，个人发展计划设定参考模板见表5-20。

一个成功的IDP计划，在制订中要聚焦个人亟须提升的能力项，围绕实践提升、交流学习和理论输入三个方面设定具体的行动计划，且重点是工作实践中的锻炼提升，设定明确的目标、衡量标准和完成时间，以下是成功的发展举措示例。

- 主导上半年某个新产品的设计研发工作，锻炼业务全过程管控的经验。
- 上半年按照一次1个月的市场营销部门轮岗，重点是深入一线，锤炼市场维度的思考。
- 每周至少参加×个部门的早会/周例会，理解业务逻辑。
- 每周阅读1篇专业/行业内有深度的文章并在团队内分享，开阔视野和影响力。
- 参加××课程的专门学习，系统地学习专业知识，填补知识技能盲区。

在实践中，IDP计划让人又爱又恨，容易陷入"理想很丰满，现实很骨感"的尴尬境地，兴师动众制订的IDP计划往往得不到有效的执行，被束之高阁，反向会影响大家对IDP的信任。根据经验，要做到可行性和运营性，才能促使IDP计划更好地落地。

表5-20 个人发展计划样例

发展计划周期：20××年×月×日—20××年×月×日						
姓名	所属部门	现任岗位	现任职级	入职时间	最高学历	毕业时间

个人发展目标（未来1年）

个人能力现状描述，结合评估报告内容
优势总结
1. 2.
能力短板及待提升领域总结
1. 2.

个人发展行动计划——重点在于强化优势，弥补短板和不足				
举措类别	具体行动举措	衡量标准	责任人/部门	完成时间
岗位实践 （70%）				
人际互动 （20%）				
教育培训 （10%）				

发展计划确认		
以上内容经过充分沟通并达成共识，同意该发展计划并按照相关内容及节点要求执行。		
员工本人签字：	上级领导签字：	人力资源部门签字：
日期：	日期：	日期：

可行性，包括两个方面：忌好高骛远，宜结合工作。一方面在于最容易出差错的学习内容上，切不可天马行空，什么好写什么，什么高级写什么，要贴合自己的提升需要，也要结合组织的资源，尤其是一些课程学习资源要看企业内部是否具备，如果企业有完备的课程资源库也可以作为重要的资源支撑，帮助员工更好地填写学习内容；另一方面在于实践计划也应如此，实践计划要跟上级达成高度一致，行动计划要跟本岗位的实际工作，或者未来岗位工作的改善点相结合，才有实施的可能性，否则写一个理想化的行动计划毫无意义。

运营性，实际上要求IDP计划的执行要有跟踪机制和闭环机制。跟踪机制要求员工定期不定期填写计划的完成情况，并进行合理范围内的通报通晒，以此督促计划逐步被实施，既不是临时抱佛脚的应付作业，也不是石沉大海无人问津。闭环机制则强调实施完毕后的总结和反思，不是执行完了就完事了，而是要向上级陈述结果，总结过程中的得失成长，实现有意义的能力提升。

第六章

人才盘点：从组织盘点到人才盘点

明确人才标准，对企业内人才实施评估，是一种纵向与标准相比较去查找员工能力差距的评估方法。想要把人才这个账本盘清楚，还需要横向比较，发现相对的优劣，构成纵横完整的人才图谱，这时候就需要人才盘点机制来为组织完成这一重要任务。

人才盘点（talent review）这一概念最早由美国通用电气公司（GE）提出并实践，在GE内部，每年4月~5月通过Session C会议实施人才盘点，这个会议是在每年秋季的Session I和Session II会议之后进行。Session I和Session II会议分别是讨论公司未来三年的业务规划和第二年要完成的目标规划，Session C会议是对公司人力资源工作进行评估，既是识别人才的过程，也是识别公司发展对人才和组织需求的过程。在GE首开先河之后，人才盘点机制逐步在全世界范围内得到推广和应用。

第一节　准备项目方案

人才盘点，是一项耗时周期长、参与人数多、结果应用广的人才发展活动。通常都需要2个月甚至更长的时间，员工本人、管理团队、人力资源团队多种角色参与并发挥特定作用，盘点的结果既涉及核心人才的配置和任用，高潜人才的培养提升，又包括不适宜员工的调整汰换。因此，组织实施的复杂性就决定了开始前必须进行详细的筹划，严谨的流程设计，确保人才盘点项目的成功。

项目方案主要包括盘点目的导向、盘点角色分工、盘点范围、盘点流程、盘点时间节奏、盘点方法工具、盘点会规划、盘点结果审批和结果应用九大维度，具体的内容详见表6-1。

表6-1　人才盘点整体方案全景

维度方向	主要内容
盘点目的导向	给整体人才盘点工作定性，明确盘点的目的，实际上也是人才盘点可以发挥的价值。一般有如下几个目的 1. 系统了解和识别人才，达成共识 2. 发现人才整体差距，及时干预提升 3. 锻炼和提升管理者识人用人能力 4. 强化结果应用，塑造人才氛围
盘点角色分工	全过程工作的参与方角色定位及分工如下 1. HR：人才盘点组织者和运营者，提供技术方案，确保顺利进行 2. 盘点对象：作为被盘点人，填写个人业绩效，提供自评信息，沟通执行个人提升计划 3. 盘点人：盘点对象的直接上级，准备盘点资料，盘点会现场介绍被盘点人，讨论员工优劣势项，确定人才九宫格位置、后续的任用及发展计划 4. 盘点参与人：盘点对象的斜线上级，盘点会现场提供多方视角和行为信息，共同参与讨论 5. 观摩人：企业高管或盘点对象隔级上级，观摩盘点，了解信息，平衡与解决分歧
盘点范围	确定哪类群体将被盘点，通过在职时间和岗位情况综合确定，在职时间通常在3个月以上，岗位情况包括如下两种情况 1. 最常见的是按照职级，盘点中高职级，职级相同胜任力标准相同，一般不会将不同职级的人混合盘点 2. 某些重点岗位按类别盘点，例如区域销售负责人，这类群体在企业内大量存在，定位及职责相同，但可能职级有所差异
盘点流程	一般包括前期筹备、宣贯启动、员工自评或参与评估、上级评估初盘、盘点校准会、结果审批确认和结果应用
盘点时间节奏	根据整体流程安排和不同环节所需时间的长短，安排整体的盘点时间周期

续上表

维度方向	主要内容
盘点方法工具	两个部分内容如下 1. 人才盘点所需要的工具表单,例如盘点材料模板、九宫格落位图模板等 2. 盘点会上的结果产出,通常包括胜任度、人才九宫格和继任者三大部分
盘点会规划	原则上按照自下而上,逐层盘点的原则规划盘点会,根据盘点人群范围划分盘点场次
盘点结果审批	最终的盘点结果确认并审批,需要观摩人和HR的共同审批确认,包括但不限于胜任度结果、人才九宫格和继任者群体
盘点结果应用	应用的原则明确,应用计划确认及执行,包括但不限于核心人才引进计划、任用保留计划、优化调整计划、发展提升计划等

按照上述九个方面,HR就能够设计出一个相对完整的人才盘点方案,盘点角色分工、相关的工具表单等内容将在后面详细介绍,此处重点讲解流程时间安排和盘点启动会召开。

表6-2是一份完整的人才盘点各环节工作明细及对应的时间安排表。

表6-2　人才盘点各环节工作及时间计划表

工作流程	责任主体	时间周期	结果产出（所需工具模板）
筹备盘点方案	人力资源部门	2020年11月（整月）	人才盘点方案
宣贯启动	人力资源部门	2020年12月7日前	启动会召开 HR技术交底,业务赋能
员工自评	盘点对象	2020年12月15日前	人才盘点个人自评表
人才测评（可选）	外部咨询公司盘点对象	2020年12月15日前	个人测评报告
上级评估初盘	直接上级	2020年12月17日前	个人盘点材料
组织盘点资料	业务部门	盘点会召开前准备完毕	组织盘点资料
盘点校准会规划	人力资源部门	2020年12月19日前	盘点校准会执行计划表
实施盘点校准会	人力资源部门 业务管理者	2021年1月19日前	所有场次盘点会实施完毕 获得盘点结果
盘点结果审批	人力资源部门	2021年1月25日前	最终结果获批
盘点结果应用计划	人力资源部门 业务管理者	2021年3月25日前	任用计划、汰换计划、发展计划 提交并实施

当一切准备就绪,就可以召开项目正式的启动会,宣布工作正式启动,为达到更好的效果,特别是第一次引入人才盘点机制,需要有两次会议安排。第一次是HR执行团队技术交底会,第二次是面向全员的启动沟通会。

HR执行团队技术交底会十分有必要,技术和流程是基本载体,由于要准备的内容较多,务必提前让流程推动者详细掌握各类信息表格的填写规范,必要的情况下要进行模拟演练,例如人才盘点校准会的组织。

召开面向全员的启动沟通会，意味着盘点工作的正式开始，目的是理念共识，明确责任并消除疑虑。启动会一般邀请核心高管出席，站在经营管理的角度，明确人才盘点工作的定位和结果产出，传递人才盘点对战略落地和人才管理的重要意义，提出期望，传递支持，提高各级管理者对盘点工作的重视，他们理解与支持的力度甚至决定了盘点项目的成败。人力资源部门则重点是介绍人才盘点方案，就相关的操作问题同管理者沟通确认，提供相应的操作指导手册，并表达人力资源团队将做好过程的支持。

启动会的最后一个重要作用是消除疑虑，企业内任何情况下评价员工、比较员工都是一个敏感的话题，尤其是公开的人才盘点。员工本人有压力，管理者也同样有压力，他们不仅要盘点下属，还要接受上级的盘点，要不断地强调人才盘点是为了摸清楚员工差距，更好地任用和发展员工，支撑业务的达成，最终受益的还是员工和管理者，而不是为了所谓的考核或者调整员工岗位，传播正向的价值理念将有助于后续工作的顺利有效开展。

第二节　完成人才盘点校准会准备

人才盘点校准会是人才盘点阶段的核心工作环节，一场高质量的校准会需要高质量的准备，相关的准备不仅包括业务战略、组织情况等组织盘点的内容，同时包括被盘点人的相关信息。

一、人才盘点校准会是否必须召开

人才盘点校准会是必须要开吗？直接由盘点对象的直接上级完成是否可行，毕竟没有其他人比上级更了解自己下属的优劣势和任用计划。要回答这个问题，还要回到召开校准会的目的和价值上，校准会的目的之一是多维度看人，业绩不代表全部，过去不完全代表未来，上级单一视角的评价难免有些绝对化，校准会呈现多方信息，多方视角，更客观、更立体；目的之二是共识，没有共识的决议成果为后续落地工作的开展埋下隐患，同时达成共识，也是将"我的人才"转变为"我们的人才"的重要途径。

北森人才管理研究归纳了三方面校准会的价值，分别如下：

- 打破人才评价的主观认知局限与差异化的理解。
- 构建人力资源部门与业务部门人才沟通的桥梁。
- 通过人才盘点校准会实现人才数据科学、客观、量化，助力人才数据一体化。

因此，校准会必须召开。对人才的多维度讨论、共识和各项安排都在该会议上产出，校准会是人才盘点工作落地的集中载体和重要形式，发挥着无可替代的重要作用。

二、人才盘点校准会落地的 IPO 模型

按照 IPO 模型对人才盘点校准会的输入、过程和输出进行详细介绍，如图 6-1 所示。

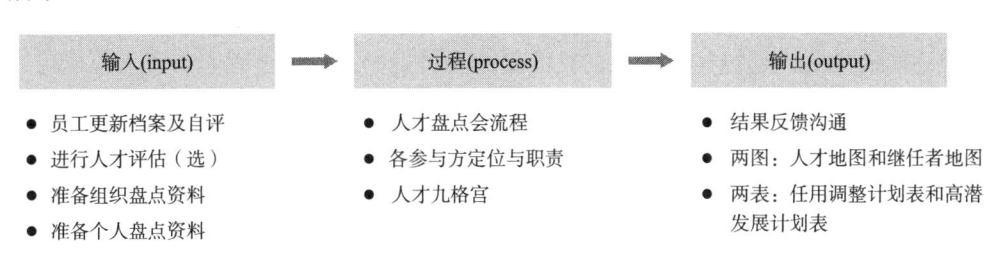

```
输入(input)    →    过程(process)    →    输出(output)
```

- 员工更新档案及自评
- 进行人才评估（选）
- 准备组织盘点资料
- 准备个人盘点资料

- 人才盘点会流程
- 各参与方定位与职责
- 人才九格宫

- 结果反馈沟通
- 两图：人才地图和继任者地图
- 两表：任用调整计划表和高潜发展计划表

图 6-1 人才盘点校准会 IPO 模型图

（一）员工更新档案及自评

我的建议是邀请员工参与，一方面涉及个人的基本信息只有员工本人知晓的更清楚，借助这个机会更新员工的档案，更全面地了解过往信息；另一方面增强员工的参与感，感受到被重视，后续围绕个人的反馈和提升计划执行的意愿及投入度也会有所保障。最后，借助这个自评环节，还能够帮助上级管理者了解下属的真实想法和实际情况，从而做出更精准的评价。

更新个人档案信息，除了最基本的信息，重点是围绕过往经历、教育信息、个人照片、个人技能标签等，需要员工在规定的时间内补充完毕即可。自评信息是这个环节的核心，主要维度和注意事项如下。

- 个人核心业绩贡献：请阐述你最近一年的主要工作成果及为对公司的核心贡献，要实事求是、言简意赅、条例清晰、重点明确地描述出来，能量化的信息要做到量化呈现。
- 个人优势及待发展项：请对照胜任力模型要求，描述你的优势项和待发展项，聚焦最突出的项，分别不超过 3 项，并通过工作事例进行举例说明。
- 个人职业发展规划：请填写你的职业岗位发展倾向和流动意向，希望发展成为管理者，通过领导他人取得成就，或者成长为专家，通过掌握出色的专业知识和技能取得成就，是否有流动意向及可以接受的城市、时间等。
- 其他补充信息，例如项目经历，包括但不限于起止时间、项目名称、你的角色、贡献的价值等。

（二）实施人才评估

如何实施人才评估在上个章节进行了详细的介绍，此处主要说明一下在盘点的场景下，该如何确定评估人员和评估方式。通常情况下，中低职级的岗位员工采用 360 度考评的方式收集评价信息，盘点后的一个重要结果是促进员工发展，这也符

合这个工具是助力个人能力提升的定位。对于高职级管理岗员工或者核心关键岗位上的员工，可以采用个性测评与FBEI访谈相结合的方式，既探寻个体的底层特质又挖掘是否发展出了所要求的胜任力行为。

有的企业可能短时间还不具备实施上述评估的条件，一种替代的方式是采用述职及述能的方式，通过述职的提问交流完成对员工的评价，过程中相关上级也可以交换评价信息；另一种则是上级对照胜任力模型直接评价，纵然可能会有片面的评价，但毕竟相对来说更了解自己的下属。

（三）组织盘点资料

这就回到了人才盘点的逻辑起点，在开始正式的个体层面盘点前，要进行战略回顾和组织盘点，这样才能更好地判断人才差距是否真实准确，才能审视相关的人才计划是否有效合理，主要包括以下内容：

- 战略回顾：包括但不限于业务的达成情况，业务指标达成好和坏在什么地方，后续的战略方向和业务规划最核心要达成的3~4项业务目标和业务策略。
- 组织能力回顾：围绕业务目标和策略，当下已经具备的组织能力是什么，欠缺的组织能力是什么，主要看业务策略是否有相关的能力储备。
- 组织架构回顾：展现支撑业务策略的组织架构，特别是针对有调整的地方要重点阐述，说明调整的考虑，有没有遗漏的职责设计，分工切分是否合理，相应的流程是否高效。
- 架构中关键岗位及人才结构回顾：在新架构下，关键岗位有哪些，关键岗位满编率和胜任度如何，人才的职级、年龄、继任者等人才结构数据，反映了人才队伍整体有哪些优势，还有哪些待改进的内容。
- 人才差距对应的改善动作计划：针对要强化和改进的人才现状拟定改善计划，例如关键岗位要吸引和培养多少人，人才梯队是否需要搭建，核心人才的发展计划有哪些，需要优化调整的群体是哪些及计划等。

通过上述五个维度，准备的组织盘点资料实际上就基于业务发展需要，对组织和人才的整体状况进行了梳理和初步的谋划。这不仅有助于管理者看清楚自己的团队，还会在校准会现场给予其他参与人很好的信息输入，便于对个体的盘点。

（四）个人盘点资料

个人盘点资料，即准备盘点对象个体的资料数据，此部分是准备环节中最大量、最重要的资料，资料质量的高低直接决定了人才盘点结果的效率和效果，需要盘点对象的直接上级投入大量精力准备一份高质量的个人盘点资料。举例见表6-3。

表6-3 ××集团个人盘点资料准备明细表

员工姓名	所属部门/片区	出生年月	最高学历	毕业学校	入职日期	现任职级及岗位	近3次绩效成绩（如不足3次，由上级在"绩效得分"10分以内直接填写分数）			绩效得分
							2024年第2季度	2024年第1季度	2023年度	

岗位胜任度	□完全 □基本 □不胜任	盘点初始九宫格（请填写1~9格，例如6）	

主要工作经历（请由近及远填写，入职后的经历及集团内其他分/子公司的经历请按照时间顺序一并填写）

开始	结束	公司名称（具体到分公司/项目部）	职位名称	主要工作业绩（用数据、事实及项目具体说明）
				1.
				2.
				3.
				4.
				5.
				6.

评价得分								
文化价值观得分	专业能力得分	目标导向	资源整合	激情卓越	精细管理	高效执行	学习敏锐	潜力得分	综合评价得分

个人能力评估（围绕胜任力模型，请描述详细，便于后期匹配发展计划）

优势总结	
1.	2.
3.	4.

能力短板及待提升领域	
1.	2.
3.	4.

职业发展方向建议（请二选一）

专业方向		管理方向	

能力发展建议及方式（请描述详细，便于后期匹配发展计划）

1.	2.
3.	4.

风险评估

离职风险		离职影响		内部可替代性		外部可替代性		能否接受外派	

1.潜力得分=专业能力×50%+学习敏锐×20%+其他潜力得分均值×30%

2.综合评价得分=（绩效得分+文化价值观得分+潜力得分）÷3

一般而言，主要包括个人基本信息、业绩及能力评价信息、发展提升信息及其他附属信息四个部分。具体包括以下几方面的内容。

- 个人基本信息：依据关注的侧重点进行准备，包括但不限于照片、姓名、性别、部门、岗位名称、职级、入职时间、年龄、学历、关键工作经历、毕业院校等。
- 业绩及能力评价信息：近期一定周期的绩效等级，周期根据需要选取；岗位整体胜任度是完全胜任、胜任、基本胜任还是不胜任；初始盘点的九宫格落位；近一年的业绩核心贡献；围绕胜任力模型的打分结果，一般是360度考评得分或者其他评估得分；聚焦胜任力模型个人的能力优势项和待提升项描述等。如果被盘点人是管理岗，可能还会包括个人的管理风格、组织氛围调研得分、继任者情况等。
- 发展提升信息：未来的职业发展方向，未来的任用计划，未来要提升强化的能力项是什么，对应的提升方式及具体行动计划是什么，计划执行周期通常在6~12个月，聚焦重点能力项，不求多求全，计划的制订要符合SMART原则，可参照IDP制定的注意事项。
- 其他附属信息：个人离职的风险高低，风险因素是什么；假设离职后对部门业务推进的影响如何；岗位上的人内部调动的可替代性和外部招聘的可替代性是强还是弱；个体是否能够接受外派，外派可接受的区域在什么地方。

HR需要全程参与准备的过程，提供必要数据和相关的评价行为输入，当组织盘点资料和个人盘点资料都完成准备后，还需要对资料的前后逻辑、内容完备度等进行汇总和校验，确保资料质量过关。

第三节　召开人才盘点校准会

在介绍具体一场人才盘点校准会的操作流程前，先来讲解一下校准会的规划。所谓校准会规划，实际上是根据架构层级和盘点对象分类两个变量，总体上设计需要组织多少场校准会，实现同级同类拉通，应盘尽盘。

有两大变量需要考虑。

变量一：组织架构的层级数量和整体范围。原则上，按照自下而上、逐层盘点的原则，一般是以末级机构的管理者为盘点人，其下属作为盘点对象，其上级作为观摩人，来设计一场校准会，依次往上递进，直到企业一把手或者某个高管作为观摩人结束，计算校准会数量。

变量二：盘点对象的数量和类别，根据盘点人群范围划分盘点场次。按照人才盘点的基本原则是需要同级同类拉通盘点，但实操中如果某个职级人数较多，或者分布在不同的部门，要考虑盘点人数的上限，判断是拉通一场校准会还是划分为若干个校准会，实现效率和结果的平衡。例如盘点观摩人管辖范围较大，下辖众多的管理者，可考虑根据业务的相似性和关联性，划分若干场盘点会，不必严格仅组织一场。

通过设计规划，相对较大的企业会有很多场校准会需要组织，这时可以通过梳理校准会的计划安排表，做好整体时间的安排，便于管控。

一场完整的校准会大致会经过三个阶段，分别是主持人开场阶段、依次介绍被盘点人及现场讨论阶段和讨论共识阶段，具体又可细分为七个步骤，具体如图6-2所示。

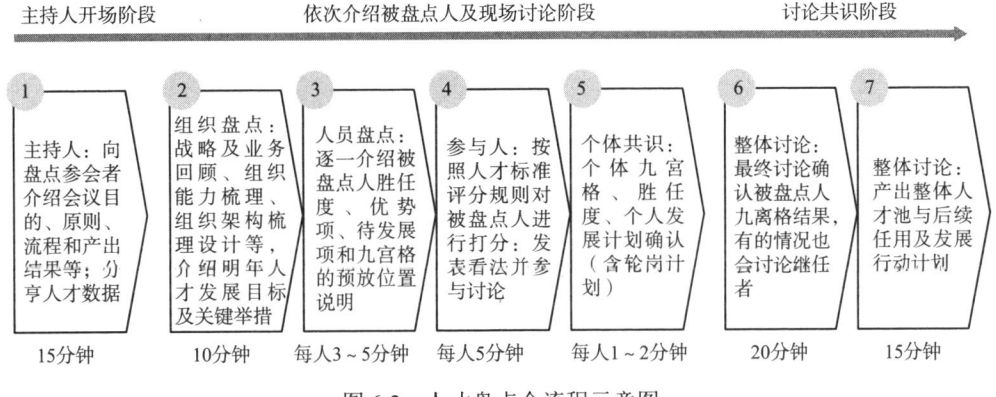

主持人开场阶段	依次介绍被盘点人及现场讨论阶段	讨论共识阶段
1. 主持人：向盘点参会者介绍会议目的、原则、流程和产出结果等；分享人才数据	2. 组织盘点：战略及业务回顾、组织能力梳理、组织架构梳理设计等，介绍明年人才发展目标及关键举措	3. 人员盘点：逐一介绍被盘点人胜任度、优势项、待发展项和九宫格的预放位置说明	4. 参与人：按照人才标准评分规则对被盘点人进行打分：发表看法并参与讨论	5. 个体共识：个体九宫格、胜任度、个人发展计划确认（含轮岗计划）	6. 整体讨论：最终讨论确认被盘点人九宫格结果，有的情况也会讨论继任者	7. 整体讨论：产出整体人才池及后续任用及发展行动计划
15分钟	10分钟	每人3~5分钟	每人5分钟	每人1~2分钟	20分钟	15分钟

图6-2 人才盘点会流程示意图

在这些执行步骤中，有许多需要进一步阐明的内容。例如盘点人如何有效快速地介绍众多盘点对象的评价信息；按照什么顺序介绍盘点对象，是按照盘点对象逐一进行介绍、讨论和共识，还是所有盘点人将自己所属的所有盘点对象全部介绍讨论后再共识；九宫格落位图的含义及放置技巧；校准会的参与人及角色定位；校准会讨论的规则和注意事项；校准会讨论是否需要保密；推动校准会更好地讨论和澄清应该聚焦哪些维度；是否要加入继任者的讨论环节，等等。下面将逐一展开介绍。

一、如何有效快速介绍盘点对象

按照总分展开和主次分清相结合的原则，逐项展开，总体顺序如下。

- 简要介绍盘点对象主要岗位职责、近一年的突出贡献、关键成功经历及综合评价，同时说明岗位的胜任度评价结果。

- 对照胜任力模型，重点阐明其能力素质的长短板。总体评价在团队中的相对水平（高、中、低），并对照岗位胜任标准，举例说明优势项和待发展项，以及对工作和团队有什么影响。
- 明确初始盘点九宫格的位置。
- 说明对盘点对象下一步的任用或发展提升计划，依据不同情况落到2~3个关键动作上。
- 附属信息介绍、离职风险、离职影响、替代性，以及针对风险可能要采取的措施。

一般情况中，介绍盘点对象的能力优势项和待发展项，盘点人基本都倾向优势多说，不足少说，且对优秀的描述可能与胜任标准存在脱节。为了规范这个步骤，可以对照能力要求项，要求盘点人采用强制打分的方法，按1~5分进行打分，现场呈现分数，并对高分项、低分项及重点项必须阐述支撑的案例，使对盘点对象的评价描摹更真实，要避免泛泛而谈，或者对所有盘点人的评价都"差不多"，没有区分度，见表6-4。

表6-4 盘点对象能力打分陈述

姓名	专业知识	专业洞察	目标导向	影响推动	追求卓越	协作沟通	学习能力
张三	3	3	3	5	4	3	2
李四	2	2	2	3	3	2	1
王五	4	3	3	2	5	3	3

二、盘点对象介绍的顺序

在实践上有两种方法介绍盘点对象：一种是每一位盘点对象在被介绍完之后，随即参会人对该个体进行讨论并共识其九宫格位置，逐一盘点；另一种是被介绍完之后待所有盘点对象被全部讨论结束后，再整体对比共识。在实操中两种方法各有利弊，逐一盘点的好处是对每个人的讨论都会比较深入，弊端是缺乏必要的相互对比，难免会陷入争执，耗时较长，影响盘点会的效率。如果出现长时间的争执，可能还会影响整体氛围。采用整体对比的好处时避免了这种时间消耗和争执，整体对比的时候方便找到参照标准，有助于快速达成结果，但过程中的信息容易遗漏和遗忘，影响最终九宫格落位图的质量。

此外，还需要结合盘点对象的情况和具体的场景灵活处理，如果对盘点对象都比较熟悉，业绩和能力有目共睹，则可以快速通过，对于有争议的可以暂时搁置，随着过程的推进，前面的问题可能迎刃而解。同时，要求参会人做必要的记录，或者单独设置记录员记录过程讨论的信息，方便总结环节进行提示。只要选定了某种介绍讨论的方式，采取必要的措施，过程灵活控制，确保顺利进行。

三、校准会讨论的规则和注意事项

参会人需要始终秉承以下几个规则，时刻提醒自己，主持人也需要不断地提醒参会人，坚守正确的规则是会议成功的重要保障。具体见表6-5。

表6-5 人才盘点校准会规则共识

规则	具体内容
综合全局	对人才进行"整体"综合评价，数据支持、HR和业务的综合评价，现在与未来的综合视角，避免以偏概全，更不能受"晕轮效应"等刻板印象的影响，跳出自己所辖业务或职能，从全局的角度对人才进行综合评价
客观事实	对人才的评价本身就会偏主观，因此更需要参会人坚持客观性，任何结论都需要以事实为依据，鼓励列举数据或者事实案例，而不是主观臆断
心态开放	盘点人和被盘点人都需要心态开放，如果有观点和想法就一定说出来，不能藏着掖着，更要认真倾听和分析他人的观点，不可一味地反驳，更不可照单全收
发展眼光	要用发展的眼光看到人的变化，人是积极和能动的，是变化和成长的，过往相对较差的人可以发展为优秀的人，反之可能退步，坚持动态看人
达成共识	少数服从多数原则，不要害怕冲突，重要的是在冲突中升华，最后力求达成共识

四、校准会的讨论要不要保密

会议的内容、讨论过程和盘点结果是需要参会人员严格保密的，校准会可以说是一个有点"敏感"的会议。在会议上，要直言不讳地讨论人的优势和不足，任用和调整安排，坚持保密，不仅是对参与人的保护，还是对盘点对象的保护，更是对良好的人才文化氛围的保护，否则极有可能造成三人成虎、流言蜚语的局面，是对企业文化的极大破坏。

为了营造仪式感，更是为了形成契约，在校准会的流程中需要加入"人才盘点校准会保密承诺书"的签署环节，单独留出时间让所有参与人郑重签署。

以下提供一个范例。

典型案例

2023年度人才盘点校准会保密承诺书

尊敬的管理者：

你好，基于××集团的人才发展理念，年度人才盘点工作正在进行中。作为2023年人才盘点校准会的重要参与者，需要你做到以下承诺。

- 关注事实，以客观方式陈述盘点对象行为案例。
- 以尊重人才的态度，与其他同事一起坦诚分享盘点对象的相关信息。
- 以大局观为重，用开放心态积极倾听和接受其他人的建议。
- 严格执行保密规范，在会议前、会议中收到的所有信息不以任何形式外传。

除公司要求的会后沟通内容外，对所有在圆桌会议中讨论的内容及资料（包括个人案例、他人评论）和结果，做到严格保密，不与包括盘点对象在内的非参会人员透露或讨论。

在签署此承诺书前，我已经详细审阅了上述内容，并完全理解作为管理者应承担的保密义务，并做郑重承诺。

承诺人签字：

日　　　期：

五、校准会促动推动技巧

人才盘点校准会聚焦讨论和校准，从形式上避免冷场导致讨论过程失效，从目的上保证客观公正，推动高质量产出，都需要灵活引导参与者更多地有效发言。同时，也是平衡不同管理者之间的评价尺度，都需要给予参与人提问赋能，使讨论的焦点始终围绕人才本身，见表6-6。

表6-6　人才盘点校准会促动提问技巧

提问方向	举　　例
案例挖掘	提到"影响推动"这个能力项很强，有什么具体的案例和行为支撑
影响后果	如果说文化落地践行不佳，会对团队的业绩和队伍建设有什么影响
原因探究	看到360度考评的得分，沟通协作得分连续两年都比较低，分析原因是什么
价值贡献	刚才提到专业能力特别突出，实际工作中，利用专业能力给团队发展带来的比较大的价值有哪些
启发思考	他已经被盘到九宫格的位置，连续两年都是7格（高潜力—中业绩），是否需要进一步通过什么样的方式或者工作安排，激发他的潜力转化为业绩
例外信息	这个人的离职风险中等，但影响大，有什么具体的措施针对性保留

六、校准会的参与人及角色定位

校准会主要有观摩人、盘点人、参与人、主持人、记录员等角色。校准会的精髓就在于校准和共识，通过所有参与人的交流、沟通、碰撞甚至争执，使得企业对人才的认知和判断更加精准。由于角色的立场、期望诉求各不相同，因此需要明确各个参与人的角色定位和需要承担的职责，提前进行赋能沟通，确保积极投入，共同完成一场高质量的校准会，见表6-7。

表6-7 人才盘点校准会各参与人角色定位及职责

参与角色	担任角色主体	角色定位	职责概况和作用发挥
观摩人	隔级上级	一锤定音者	1. 全程观摩人才盘点会议，不随意打断 2. 听取盘点讨论过程和结果，全面了解各级下级 3. 观察下属的团队管理水平、跨团队协作风格 4. 辅导下属，建立人才管理氛围的机会 5. 针对重大分歧和矛盾做出最终决策
盘点人	直接上级	主要参与者	1. 主要发言人，介绍盘点对象，提供关键信息 2. 开放性倾听其他参与者提供的信息，实时反馈 3. 展现并提升个人识人用人水平的机会 4. 站在更高层次梳理团队人才全景图 5. 获取更多发展下属的武器
参与人	HR负责人 斜线上级	多角度信息 提供者	1. 多视角提供盘点对象的行为信息和评价 2. 展示自己对人才的观察、识别和思考 3. 了解其他团队人才，促进人才流动 4. 面对面反馈，有利于未来的跨部门合作 5. 更加了解兄弟部门情况 6. HR负责人作为参与人，还有一个额外重要的职责是过程引导和控制，化解争议，澄清信息，促进思考，实现盘点会的高效顺利进行
主持人	人力资源业务合作 伙伴（HRBP）	流程控制者	1. 介绍会议的流程和基本规则要求 2. 控制盘点会议程序、时间及议题不跑偏
记录员	指定人员	信息记录者	客观、真实、简明扼要的记录讨论中的关键信息，必要时进行确认，提供信息支持
第三方 （可选）	外部专家	专业支持者	外部专家可以提供更加专业的支持，多角度讨论，提供行业视角，在刚刚引入人才盘点会的阶段，外部专家发挥重要的角色

第四节 人才盘点校准会工具：九宫格落位图

人才九宫格是人才盘点校准会最常见也是最重要的工具，通过纵横两个坐标轴，形成一张3×3的表格矩阵，将企业中的人才现状全景集中呈现出来。

一、九宫格落位图的含义

从盘点内容看，盘点一个人有三个维度：绩效、能力和潜力。选择不同的两个维度，形成一个平面图，通过设置横纵坐标不同的坐标值，相互交叉形成九个格子，每个格子代表所归类人才不同的特征及典型表现。在企业盘点工作中最常使用的维度是绩效和潜力两个维度，既关注人才绩效，也通过对当下能力的评估，探寻未来发展潜力，盘点出高潜人才，如图6-3所示。

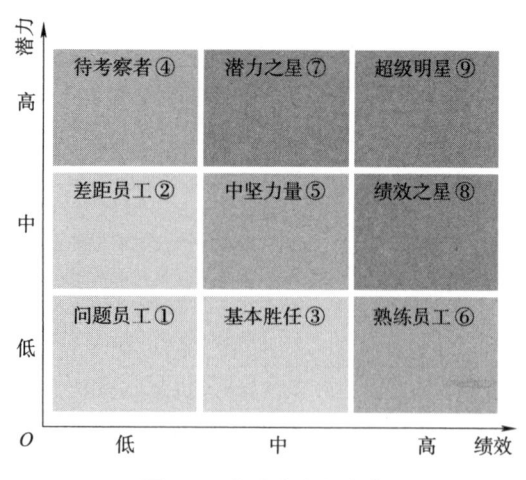

	低	中	高
潜力高	待考察者④	潜力之星⑦	超级明星⑨
潜力中	差距员工②	中坚力量⑤	绩效之星⑧
潜力低	问题员工①	基本胜任③	熟练员工⑥

图6-3　人才盘点九宫格

虽然是九宫格，总体上人才可被分为四个大类。

第一类：⑦⑧⑨格子内的员工，无论绩效结果，还是能力潜力表现，在同类或者同职级的员工中都是佼佼者，代表了最优秀、最有发展潜力的员工群体，盘点结果定义为高潜人才，此类员工在企业中通常较少，属于需要重点关注的对象。

第二类：⑤格子内的员工，绩效和能力表现都中规中矩，踏实工作，稳定交付，兢兢业业完成岗位要求的工作任务，属于企业中的大多数。

第三类：④⑥格子内的员工，身上都有非常鲜明的特征，或者是工作中的"老师傅"，见多识广，快速解决岗位上的问题，但成长动能不足，或者是整体能力素质不错，但由于各种原因暂时还未拿出可以接受的绩效成绩，需要进一步的考察是否是"真能力"。

第四类：①②③格子内的员工，无论是岗位成果，还是个人能力表现都距离岗位要求有所差距，需要进一步甄别原因，进行激活调整，使其尽快提升以满足要求，否则可能面临被淘汰。

通过表6-8，详细展示九宫格人员的特征。

表6-8 人才盘点九宫格人员特征

格子代号	格子定义	显著特征	典型人群代表
①格	问题员工	未达到现职务的绩效标准，能力水平有限，属于不合格员工，通常缺乏主动改变的意识和能力，亟须提升绩效和能力，或者尽快淘汰优化	消极怠慢
②格	差距员工	之前的工作经历显示有一定潜力，尚未转化为当前的绩效表现，可能尚未适应当前职务，或者环境影响了工作发挥	孺子可教
③格	基本胜任	达到现职务的绩效要求，但潜力水平有限，有突出短板，胜任的范围有限，可能后劲不足	安于现状
④格	待考察者	属于内部待挖掘的人才，潜力突出，绩效较差，可能是到岗时间不长尚未适应，或动机不足，或与管理者对工作的认知不一致	璞玉浑金
⑤格	中坚力量	已经达到现职务的绩效标准，并有一定的发展潜力，属于可靠稳健的重要绩效贡献者，是企业中的绝对多数	稳定贡献
⑥格	熟练员工	企业内的匠人群体，本领域专精特长，现职务绩效非常突出，但潜力不足会限制发展，是企业中的"老黄牛"	专业工匠
⑦格	潜力之星	绩效达成岗位要求，不算非常突出，但潜力突出，可能是由于动机不足或人岗不匹配	瑕不掩瑜
⑧格	绩效之星	在现职务上绩效表现优异，卓有成效，有一定发展潜能，需要进一步开发	绝对业务骨干
⑨格	超级明星	展现出非常优异的绩效表现和未来发展潜能，需要新的挑战或者机会去实现更大的价值和发展，如企业内无法满足，可能表现出厌倦，甚至离职	公认的佼佼者

二、九宫格横纵轴坐标值的确定

当个体的绩效数据和能力潜力数据都明确之后，按照什么样的原则放置在九宫格内？这就需要相应的标准，这个标准实际上就是确定横轴和纵轴的坐标值，将坐标轴划分为高、中、低三个区间的分割点的数值。有两种确定数值的方法：绝对确定法和相对确定法。

先来介绍绝对确定法，就是将分数的绝对值高低作为确定的标准。例如如果员工的绩效成绩是数值呈现，假定满分是100分，根据过往数据的测算，90分定义为绩效突出，低于50分视为不合格，那就可以将50分和90分两个绝对值数据确定为区分绩效高中低的分界线。如果是能力评估得分，不同的胜任指标有不同的得分，算数或加权平均综合计算出员工的总分，也可以选择两个绝对值作为潜力高中低的分界线。这样，不同绩效和潜力得分的员工自然就划分在不同的格子内，通过校准会进行调整。

相对确定法，是根据数据的排名比较进行切分，从而确定坐标值。最常见的就是强制正太分布——"271法则"，即数值得分排名前20%的员工划归到高分区间，后10%的员工划归到低分区间，其他则属于中等区间，通过这样的相互比较也可以确定人才在九宫格中的位置。在实操中，排名的切分比例都可以根据实际需要进行自由选取，例如设定排名前30%的员工属于高分区间也可，但也要警惕是否存在"故意放水"，降低标准。这样一来，盘点的结果会失真，严重影响后续的人才决策。

三、九宫格规则

跟绩效强制分布道理一样，九宫格的比例也需要强制分布。一方面，企业内人才是天然分层的，不太可能全部都是最优或者最差；另一方面，上级管理者在落位时常有的一个心态是"我的人即使不是最好的，也不能是最差的"，强制分布也是对这种错误心态的一种从规则上的限制。通过这样的限制，才能从规则上迫使管理者通过讨论校准将人才正确落位，实现"真盘点"。

按照前面的九宫格样式，强制分布的比例参考如下：

- ⑦⑧⑨格：小于等于本场校准会被盘点人总数的25%，同时⑨格比例不超过10%。
- ①②③格：大于等于6%，建议此为红线，做强制限制。
- ①②③④⑥格：大于等于10%，要把高潜力或高绩效两个极端的人群分辨出来。
- ①②④格不为绩优，③⑤⑥⑦⑧⑨格不为绩差，即绩效成绩不能同格子的含义相冲突。

四、九宫格校准落位的放置技巧

在人才盘点校准会现场，由于参与人立场不同、对标准的理解不同、对人才的要求不同等众多复杂因素的影响，使他们对员工的判断可能出现偏差，校准共识的过程也不会是一个轻松的过程，要推动这个过程顺利进行。除了不断地强调规则和标准，还需要有一些实用的小技巧。

技巧一：先找标杆。每个企业内都有一些有目共睹的标杆式员工，其过往的业绩和所展现出的潜力在日常工作中已经获得了绝大多数管理者的普遍认可，在校准会现场就可以先沟通这类群体，使得参会人找到实例"锚点"，对人才标准的理解更容易达成一致。当后续出现争议的时候，可以将具体的人同标杆员工做对比，有助于更好地落位。

技巧二：先易后难。在校准落位的过程中，先易后难是一个很有必要的策略。如果开始就聚焦有争议的个体，不但会消耗时间，而且更容易破坏公正公开的氛围，控制不好很容易陷入"故意针对我的下属"的困境。先将容易达成共识的员工拿出来盘点，在盘点中慢慢熟悉过程，建立互信的氛围，在争议员工身上也更容易做到客观评价和公平看待。

技巧三：寻找同盟。在开始前，HR要找到几个关键的"盘点同盟者"，即参会的盘点人，在校准会遇到争执不休或者阻力的时候，能够出面进行调节，利用他们的影响力和掌握的事实，推动结果的达成，同时维持良好的局面。

技巧四：事实对比。当出现了绝对的争执不下的情况时，不能再停留在表面的讨论上，需要就个体的业绩和能力提供强有力的事实案例，通过案例重要性、价值大小、周期长短等综合的对比，提高讨论的效率和效果。

第五节　盘点结果共识和继任者盘点

在对盘点对象全部讨论后，需要对他们的九宫格落位进行最终的共识确认，在最终的阶段全面对比所有的盘点对象，进而调整个别人的九宫格落位位置，使得整体结果更合理。除了九宫格的位置共识，针对每个盘点对象的优势、待提升项、任用调整计划、发展提升计划、离职风险评估和针对性措施，也需要一并将讨论的内容记录下来，再次快速共识，作为结果产出。

要不要有继任者的盘点？所谓继任者，就是某个岗位未来的任职者，通常主要针对管理岗，有时也会覆盖到特别关键的特殊岗位群体，例如重要的产品经理岗、电商公司的买手岗等。再次聚焦人才盘点的目的，其中识别遴选出高潜力人才，从而加速成长，为未来业务的发展提供合格人才供应是重要的目的之一。因此，安排关键岗位的继任者计划是一件非常重要的工作，同时又是基于培养人的考虑，这个继任计划所涉及的人才不必非常严格，可以适当放宽，增加储备量。

原则上需在高潜力人才中选继任者进行培养，即在落位到⑦⑧⑨三个格子内的员工群体中进行进一步筛选。在实操中，有两件事情需要考虑：一是继任者盘点是否公开；二是继任者的继任等级。

先来看是否要公开，这取决于企业对待此事的开放度。如果人才氛围相对封闭和隐晦，整体管理层对继任比较敏感，一般传统企业可能是这样，最好采用保密的形式进行筛选。在人才盘点会后已经充分了讨论的员工个体的业绩、能力和发展潜力，获得了⑦⑧⑨三个格子的员工信息，已经缩小了选择的范围，因此HR和高层管理者可以在小范围内谈论具体关键岗位的继任者，并在日后的工作中勤加关注，而并不征询在岗管理者的意见，也不告知。如果人才氛围比较开放，人才的盘点、晋升、发展已经形成了机制和流程，例如众多的互联网公司，就可以采用公开盘点的方式，在九宫格落位图共识之后讨论重点岗位的继任者，在校准会上达成群体共识。

再来看继任等级，实际上是对继任候选人能力水平的一种判断，即当前的能力应该达到什么水平，距离继任岗位的差距有多少，需要经过多长时间的锻炼提升能够达到继任岗位的能力要求。通常划分为三档来定义继任候选人的成熟度，分别是立即继任、1年内继任和1~3年继任。具体见表6-9。

表6-9 某层级岗位继任者等级划分示例

梯队等级	等级标准	第1梯队：立即继任	第2梯队：1年内继任	第3梯队：1~3年继任
		成熟度≥90%，0~0.5年内继任 各项标准均符合，短期历练可快速继任，随时待命继任	成熟度70%~90%，0.5~1年内继任 关键能力素质符合，其他能力、贡献、经验有提升空间	成熟度60%~70%，1~3年继任 潜力高，能力、贡献、经验相对欠缺，可通过培养方式发展
C-4高经管理岗位继任池	任职要求为M2-3相应能力的岗位或组织架构层级为C-4管理岗位	• 组织中的突出稳定贡献者 • 精通细分领域且具备丰富业务和团队管理经验 • 基础能力达到M2-3相应水平 • 组织管理和落地绩效能力超过50%项达到M2-3水平 • 工龄需满1年	• 有明显业绩价值贡献 • 细分业务领域经验丰富，有带团队经验 • 胜任力能力项达到M2-2完全胜任水平 • 基础能力达到M2-3相应水平，其他M2-3能力有体现	• 有业绩贡献产出，熟悉业务领域 • 基础能力至少达到M2-2相应水平，其他M2-2能力有体现 • 管理及成长潜力高
备注：价值观为红线，必须符合；素质为基础条件；特质、内在驱动力、年轻化为优先条件。				

第六节　人才盘点校准会结果和后续管理措施

人才盘点会结束是项目的结束，同时也是新的开始，围绕会议达成共识的结果，需要做很多工作让计划顺利落地，才能发挥人才盘点真正的作用。

主要的结果和行动计划有以下内容。

- 盘点对象个体结果反馈。
- 两图：全景式九宫格人才地图和继任者地图。

- 两表：任用调整计划表和不同员工能力发展计划表。

关于"两图两表"的内容在第八节详细介绍，此处阐明两部分的内容：盘点结果的反馈和九宫格人才应用策略。

一、向盘点对象反馈人才盘点结果

下面重点探讨一下盘点后九宫格的具体位置结果是否要反馈给盘点对象本人。

笔者建议是不要反馈给本人，直接上级和隔级上级在校准会现场知道结果后也无须反馈。主要是有以下考虑。

第一，看格子位置。一个简单的数字是否能概括员工的所有呢？例如⑤格的员工在业绩和能力上都没有闪光点吗？显然不是，但如果反馈⑤格的结果，则可能给员工传递或者员工自己理解为错误的信息，格子位置只是为了管理上的便利和定位，背后所体现的众多评价信息才更有意义。

第二，看反馈的目的。反馈是期望员工对自己有清晰深刻的认知，并非强迫接受，且主要是围绕其过去和未来，进而促进个人的能力提升和未来职业发展，基本不涉及横向的比较，从这个维度看也没必要反馈具体结果。

第三，看管理风险。无论何时人们都有自我认知，跟管理者对他的认知往往不可能完全一致，个体通常总是会高估自己，因此反馈格子落位，可能会带来管理的潜在矛盾。

第四，看氛围营造。告知具体的位置，员工不免会对比议论。长期来看，格数高的有可能洋洋得意、自我膨胀，格数低的有可能自惭形秽、黯然神伤，影响士气氛围。

人才盘点结果反馈的重点是优势项和待发展项，以及采用什么样的动作提升能力，让员工感受到企业的重视，进而积极投入参与提升计划，最终形成正向循环。

二、九宫格人才应用策略

针对不同格子员工的结果应用策略，包括任用策略和发展策略，可以统称为管理策略。例如针对⑨格的明星员工，要给予更大的工作挑战，更重要的工作职责和更有促动性的激励手段，而对于⑤格中坚力量的员工，也不可以不闻不问，要在工作中更加关注识别，有针对性地分析可能的提升点，促进能力的不断提升，进而发展成为更优秀的员工，见表6-10。

表6-10 九宫格不同员工管理策略一览表

格子代号	格子定义	管理策略建议
①格	问题员工	1. 调离重要岗位 2. 准备接替者，尽快完成替换 3. 如无其他岗位可能，尽快完成淘汰
②格	差距员工	1. 明确工作产出目标，强化要求，给予压力 2. 现岗位持续观察后，视情况调整 3. 分析绩效不佳的原因，有针对性地拆解和辅导
③格	基本胜任	1. 持续保持绩效产出的稳定，提高目标要求进行激活 2. 调离重要岗位 3. 辅导和针对性培训，提高业务技能
④格	待考察者	1. 设置考察工作目标，督促完成，进行能力潜力持续考察 2. 调整岗位，实现更好的人岗匹配 3. 分析原因，进行辅导，提升绩效水平
⑤格	中坚力量	1. 制定发展目标，给予工作展示的机会，激发成长 2. 一对一分析待发展项，制订针对性的提升计划 3. 给予日常关注和辅导，适时给予激励肯定
⑥格	熟练员工	1. 现岗位稳定发展，重点保留 2. 给予价值认可，赋予专家导师角色，辅导其他员工 3. 尝试挖掘潜力，扩大职责，维持工作积极性
⑦格	潜力之星	1. 设置明确的挑战性目标，激发动力，转化为业绩 2. 制定专项的业绩提升策略，给予支持 3. 重点保留，业绩辅导
⑧格	绩效之星	1. 扩大工作职责范围，提升视野，获取更大成功 2. 重点发展，针对能力短板，倾注精力和资源，促进提升 3. 重点保留，教练赋能，激发成长
⑨格	超级明星	1. 多元发展，给予多元选择和发展的机会 2. 大胆提拔和任用，重点保留，必要的情况下可因人设岗 3. 激励不设限，以达到肯定、鼓励和保留的目的

第七节 人才盘点校准会讨论过程示例

为了帮助读者更好地理解校准会的前后流程和过程中的关键控制点，以下通过一个虚拟的校准会，聚焦个体的盘点，来模拟整个过程，特别是中间的讨论共识内容。

典型案例

真的是高潜力员工吗

林辰（化名）是产品研发部门的资深产品研发专家，带领一个5人的产品小组，负责某个产品线的产品研发及管理工作，加入公司一年有余，公司总部所有职能部门跟他同职级的专家有20多位，因此人力资源部门负责人王总组织了一场人才盘点会，邀请各位专家的上级作为盘点人，公司的常务副总裁张总作为观摩人，为使会议高效开展，王总也兼做校准会的主持人，以下是校准会现场对林辰盘点的实录。

王总："大家好，2021年11月咱们公司引入了人才盘点的工作机制，希望通过人才盘点摸清楚人才账本。最核心的目的是对公司内的关键核心人才进行系统的了解和识别，发现差距、弥补差距，并重点挖掘和发展高潜人才，明确激励资源倾斜，形成有层次的后备人才梯队及发展计划，塑造人才氛围，进而撬动业务战略与决策。

"我作为本场校准会的主持人，对盘点规则做出如下介绍。

"第一，这次会议的产出结果，主要是人才九宫格落位图和对应的任用、发展策略，识别出高潜人才。

"第二，盘点的流程规则：首先由盘点人进行业务组织介绍，逐一介绍盘点对象，现场讨论，最终对结果进行合议。

"第三，请各位参会人认真倾听、高效参与，坚持发展的眼光，提高站位为公司识才选才，坚持事实，就事论事，倾听接纳，开放讨论，所有会议信息需严格保密，严禁泄露。

"第四，最终的结果以事实影响和共识为基础，进行集体决策。

"请问各位参会人是否有疑问？如果没有疑问，我们正式进入盘点的环节。有请产品研发一部的负责人徐总进行组织和人才盘点陈述。"

（此处提示：一般情况下，为使会议高质量进行，会议相关的规则、流程等最好提前向参会人进行赋能交底，将疑问提前进行解释，会议中的规则主要是再次正式强调。）

徐总（林辰的直接上级，盘点人）："谢谢主持人，我先来陈述一下我们部门的业务战略规划和组织情况……关键的岗位人才一共有3位，先来介绍林辰。

"林辰是2022年7月加入公司的，来到公司后有两段工作经历，先在研究院做了大概半年的产品战略研究工作，2022年底的时候结合个人的发展意愿和一部的用人需求就加入了我们部门。到2023年10月，大概10个月的时间，基本上是从0到1组建了这个产品研发小组。这个小组的产品主要是围绕厨房小家电，跟林辰在研究院的研究方向息息相关，他也算是对这个领域比较熟悉了。在业务上的主要贡献有两方面：第一，联合市场、销售、成本和生产等部门为新组建的产品研发小组搭建了相应的工作机制，确保信息互通及时、协同联动，联合管理产品规划、立项、预算、试产等全链路工作；第二，完成了一款破壁机的功能迭代和论证，进入推广阶段。

"整体上，林辰胜任当前的岗位工作，我将他放置在九宫格的第7格——潜力之星，业绩达标。作为小组的管理者，对照基层管理者的胜任力模型，能力素质的长短板打分情况见表6-11。

表6-11　能力素质的长短板打分情况

姓名	技术专长	目标导向	影响推动	追求卓越	团队管理	协作沟通	创新能力
林辰	4	4	3	5	3	4	3

"优势项主要体现在追求卓越、技术专长、目标导向和协作沟通几个方面，能够给予团队成员良好的技术指导和方向提示，跟周边协作部门也建立了良好的合作关系。

"不足主要是影响推动团队管理和创新能力，还是有一些专业思维，对团队的关注更偏向集中在业务上。虽然团队只有5个人，但在团队建设上没有太多的投入和建树，后续需要重点提升。

"以上就是我对林辰的介绍和评价，请大家看看有什么需要补充的内容？"

王总："我补充一下，林辰360度考评的信息，在得分上，技术专长和追求卓越跟徐总的评价基本趋同，得分分别是4.12分和4分，但目标导向和协作沟通上的他评得分比徐总的评价打分要低，分别是3.3分和3分，一会儿我们也可以重点讨论一下，其他没有明显的差异。文字性的评价在林辰的个人评估报告中都可以看到，不赘述了，大家一起来讨论吧。"

成本部门程总："林辰来到公司后，确实是能够适应两个岗位，关键是两个岗位角色要求还不同，算是外部引进的专家。徐总给林辰在追求卓越这一项上打了满分5分，可以说是标杆，有什么特别优秀的事迹或者案例吗？我也看了一下这个层级5分的标准是：持续设定高目标，追求高质量并达成，勇于挑战不拘泥现状，持续挖掘改善点并推动改善。"

销售部门肖总："追求卓越打分这一点上，我和程总的想法差不多，从日常跟他的接触和得到的反馈，到销售专员给我的描述，再到销售部门在日常跟经销商和客户的接触中，都收集了很多客户对产品的优化改善信息。其中有一项就是清洁不便的问题，尤其是残渣干了之后清洁更难，据我所知，实际上一直没有得到有效的改观，还有一件事情是……"

徐总："听了刚才两位反馈的信息，我也有一些新的体会。我之所以给他打5分，主要是看到考核表中的几个关键事项做得还可以。另外，经常加班加点到很晚，周末休息的时间也经常到公司来加班，听两位这么说还到不了5分，可能在4分吧。"

王总："追求卓越不仅要看过程，还要看结果，有苦劳没功劳不是我们公司倡导的价值观，在追求卓越这一项上有什么明显的、有价值的结果产出吗？"

徐总："关键是某款型号破壁机的功能改善，由于是刚刚推出，市场的反馈还没有明显看出来。"

肖总："从我们销售的数据看，也确实是时间的关系，目前销售结果没有什么明显的变化。"

王总："结果还没有显现和验证，我们定义追求卓越在4分是不是也不太妥当，确实过程中展现出拼搏精神，但结果还不知道，在追求卓越上的能力展现实际上也是中规中矩。"

徐总："我认可这个结果。"

王总："好的，那我们再来看看目标导向和协作沟通这两个能力项，这是得分偏差比较大的两项，他评得分小于上级评分的原因是什么呢？看看林辰的各位斜线上级有什么描述，一起探讨一下。"

生产部门盛总："关于协作沟通这一点，我们生产部门作为样品试生产的承接部门跟林辰小组的沟通还是比较频繁的，整体上工作协作还是比较顺畅的，但是要到4分的水平还是有些差距。按照胜任力标准的要求，4分已经是比较良好的水平了，在主动性、响应时效等上面都要有明显的优势，这一点我认为还是没有体现，很多时候都是我们把问题反馈后过好几天才有答复。"

徐总："这一点我解释一下，实际上，他都会第一时间跟我汇报生产部门的反馈并组织小组进行讨论解决，可能是要给出一个准确完美的答复，所以时间上没得到保证，并非个人主观上的拖延。我了解到周边人还是比较认可他的协作沟通能力的。"

王总："会不会是技术专长这一项反而影响了他的目标导向和协作沟通呢？我也听到有的同事反映，在技术方案和钻研上，林辰带领小组确实是没有一丝马虎，但正是由于技术完美心理，反而给事情的推动和沟通上带来不利影响，我们不是纯粹的技术研究机构，我们是商业机构，要平衡市场机会、客户需要和产品方案，并非技术越完美越好。"

程总："说到这儿，我也感觉到林辰会有一些过于追求技术方案上的完美，对成本上的考虑有时候就不会想太多。比如上次某个产品有个小的功能迭代，确实能带来使用体验上的便利，但由于成本不经济，会导致我们的产品在竞争力上打折扣，这件事儿最终上了产品决策委员会才有定论——放弃了。"

肖总："大家刚才说了好几个带有负面影响的案例，实际上还是对照4分这个良好的标准进行的。但如果说是否合格，我认为是完全合格的，每次项目沟通、项目立项和过程的问题解决，联系各方制定方案、安排节点等都能够做到，中间出现分歧也能够积极推动、坦诚交流。但过程中我也同意刚才大家说的，有这样或者那样的瑕疵，所以还是建议徐总在日常工作中多多对他进行引导，我相信在目标导向和协作沟通上一定会有很大的改观。"

徐总："大家说的这些我也有注意到，在后续的工作中会进一步观察，给予及时反馈。"

王总："关于他的团队管理，大家是否有新的补充呢？其实，徐总刚才也提到，林辰需要在团队管理上再下一点功夫，一方面是目标的分解和管理；另一方面是员工的赋能和培养，在林辰管理小组的这段时间离职了2名员工，我也做了了解，普遍反映在这两点上需要加强。"

徐总："确实，后续我也会多提示他，让他抓紧安排起来，将自己的技术专长能够转化为小组的技术专长。"

王总："我们总结一下对林辰的盘点评价，总体上是一个技术专长，胜任合格的管理者，做出了应有的业绩，但在目标导向、协作沟通和团队管理上还需要进一步提升。因此，我们把他在九宫格上的位置从⑦格调到⑤格，从'潜力之星'调整到'中坚力量'，也是期望后续徐总能够多多关注和辅导，将他自身的真潜力释放出来，让大家看到。大家是否有其他不同的意见呢？"

徐总："我同意。"

王总："好的，我们接下来看看林辰的发展提升策略，以及个人是否有离职的风险。如果有，我们怎么办呢？请徐总先说说。"

…………

通过上面这个虚拟的过程案例可以看到，人才盘点会上是对人才的各方面能力素质进行深入的讨论，不断校准并达成共识。这个过程不仅会更新对人才的评价，还可能会调整九宫格的位置，这也是召开人才盘点会的意义所在。为了保证会议的顺利进行和结果公正客观，需要主持人的引导促动，也需要参与人的积极参加，描述的信息要以客观事实和行为为依据，而不是简单的定性评价。通过对每个个体的盘点，对人才现状进行全面系统的梳理，进而制定不同的管理策略，聚合形成整体的人才队伍改善计划。

第八节　人才盘点结果"两图两表"

人才盘点校准会的召开不是结束，产出的人才九宫格定位也不是最终目的，人才盘点是一个飞轮驱动力，是一个撬动行动计划的杠杆，是结合企业未来战略发展的需要，为后续的人才管理改善提供重要的行动计划——"两图两表"。

"两图"指的是：全景式九宫格人才地图和继任者地图，回答"是什么"的问题。

"两表"指的是：任用调整计划表和不同员工能力发展计划表，回答"怎么办"的问题。

一、全景式九宫格人才地图

最直接、最基本的结果是全景式九宫格人才地图（图6-4），九宫格并不是一个简单的数字格子，格子是外在的、直观的表现，背后是对于人才个体详细的评估和判断，在未来人才任用时，能够根据组织需要和岗位特点快速完成匹配。

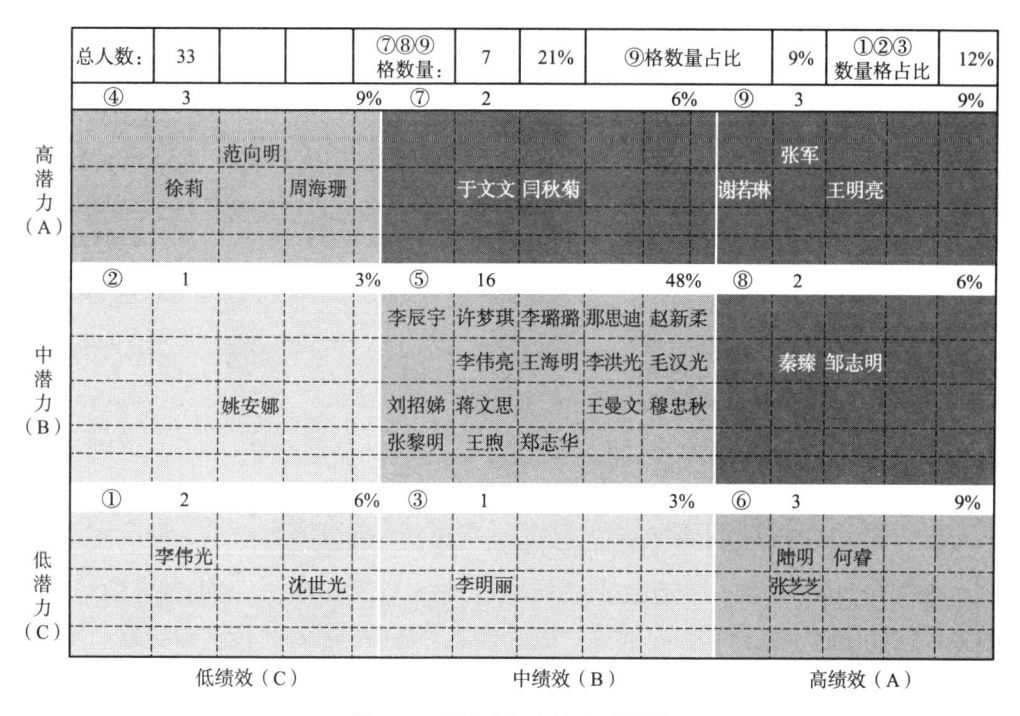

总人数：	33			⑦⑧⑨格数量：	7	21%	⑨格数量占比		9%	①②③数量格占比		12%
高潜力（A）	④	3		9%	⑦	2		6%	⑨	3		9%
		范向明								张军		
	徐莉	周海珊			于文文	冒秋菊			谢若琳	王明亮		
中潜力（B）	②	1		3%	⑤	16		48%	⑧	2		6%
					李辰宇 许梦琪	李璐璐 那思迪	赵新柔		秦臻	邹志明		
						李伟亮 王海明	李洪光	毛汉光				
		姚安娜			刘招娣	蒋文思	王曼文	穆忠秋				
					张黎明	王煦	郑志华					
低潜力（C）	①	2		6%	③			3%	⑥	3		9%
		李伟光							陆明	何睿		
						沈世光	李明丽		张芝芝			
	低绩效（C）				中绩效（B）				高绩效（A）			

图6-4　全景式九宫格人才地图

之所以说是最直接和最基本，一方面人才九宫格是人才盘点会"自然而然"产出的内容，甚至可以说已经快成了盘点会的固定流程；另一方面人才九宫格是后续人才管理动作的"总阀门"和"发动机"。对管理者而言，在了解人才分布和人才特征的基础上，招聘谁、保留谁、发展谁、任用谁、激活谁等这些动作都变得清晰；对员工而言，能够得到有价值的反馈，改善提升，规划职业发展。

以上是以"层级"为维度拉通看企业人才的整体分布，还可以以部门为单位，将不同层级、不同岗位的人放到部门架构中，从部门的角度看到人才状况的分布。

二、继任者地图

以组织管理架构进行呈现，直观地展示各个管理岗后备梯队的供应情况和准备程度，清晰地看到各个管理岗位的人才厚度。

如图6-5所示，通常用板凳深度来反映岗位继任者的储备度，计算板凳深度的公式如下。

板凳深度＝（立即继任＋1年内继任）继任者数量÷机构岗位数

总体板凳深度	机构一板凳深度	机构二板凳深度	机构三板凳深度	……
0.6	1	0	1	

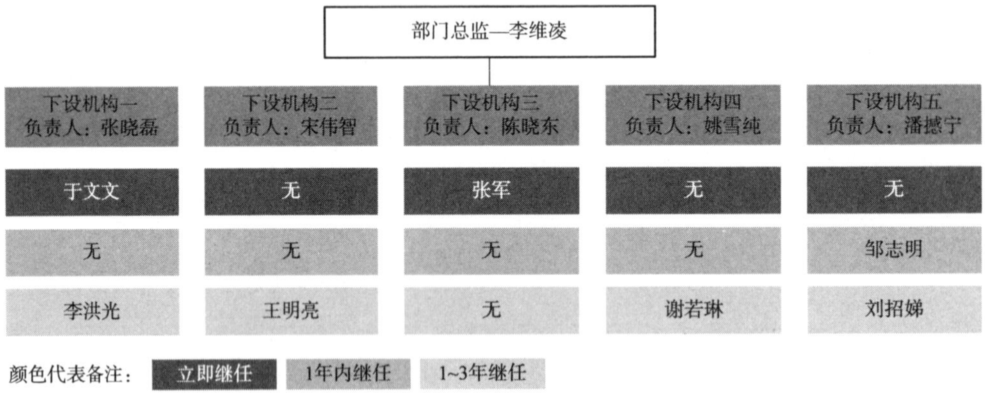

图6-5 继任者地图

三、任用调整计划表

通过两个人才地图，摸清楚了人才现状，但对管理者而言，它是静态的，是个结果，仅仅反映了是什么、在哪里，而更重要的是如何行动才能变得更好。所以，洞察其中的差距，制订改善行动计划，进行有方向性的提升，才能够发挥人才盘点真正的价值。

不同的人才，不同的能力水平，通过翔实的盘点讨论，实际上会体现出两个差距，分别是"人—岗差距"和"人—标准差距"。不同人才的任用调整计划是要弥补人和岗的差距，本质上努力实现"能者上、平者让和庸者下"，达到人和岗最大化的匹配度。

对照前面展示的九宫格不同格子员工的管理策略，理论上任何格子的员工都有可能实现更好的任用，但通常主要是针对第一类和第四类员工，针对这两类员工的任用调整更迫切，调整的收益也更大，见表6-12。

表6-12 九宫格不同员工任用调整计划表

序号	ERP	姓名	岗位名称	所在部门	胜任度	盘点格数	任用调整举措（轮岗、调整、降职降薪、优化淘汰等，需说明具体举措）	完成日期
1					不胜任	1		
2					基本胜任	2		
3					不胜任	3		
4						4		
5						5		
6						6		
7						7		
8						8		
9						9		

四、不同员工能力发展计划表

员工能力发展计划，实际上是弥补人和标准的差距。根据员工类型的不同，又可以再划分为以下两个具体差距计划，继任者或高潜发展弥补跟上一个等级人才标准的差距，大多数员工的能力提升则弥补与当下等级人才标准的差距。

- 继任者或者高潜加速成长计划，基本是个性化措施和共性差距共性提升相结合，例如某个个体缺乏某方面关键经历，需专门为其安排轮岗。
- 员工能力提升计划，通常是专业力的不断精进提升计划，使得更加胜任当下的岗位。

计划最重要的两点是执行和闭环，没有执行的计划终究是纸上谈兵，没有闭环的计划实际上无法判断真实的效果。关于员工的培养提升，将在下个章节详细阐述。

第七章

人才培养：人才能力提升解决方案

　　企业对人才培养的重视不言而喻，业务战略为人才培养指明方向，培养出来的高质量人才支撑目标达成，百年基业，人才为本，关键人才更是重中之重，可以说已经是大家的共识。

　　本书第一章介绍人才发展飞轮模型的目的之一也是助力内部人才供应链的建设，从战略出发，在做完人才盘点分类后，要弥补人才队伍的差距，转换提升人才动能，人才培养模块是非常重要的一环。

第一节 人才培养 PLP 模型及各种培养方式对比

2018年，前程无忧测评研究院通过对国内2340家企业的调研，在当年11月发布了《中国企业人才盘点与培养白皮书》，通过调研发现，企业内常用的5种人才培养方式分别是培训（集中授课）、导师及教练辅导、个人发展计划、行动学习和轮岗，如图7-1所示。

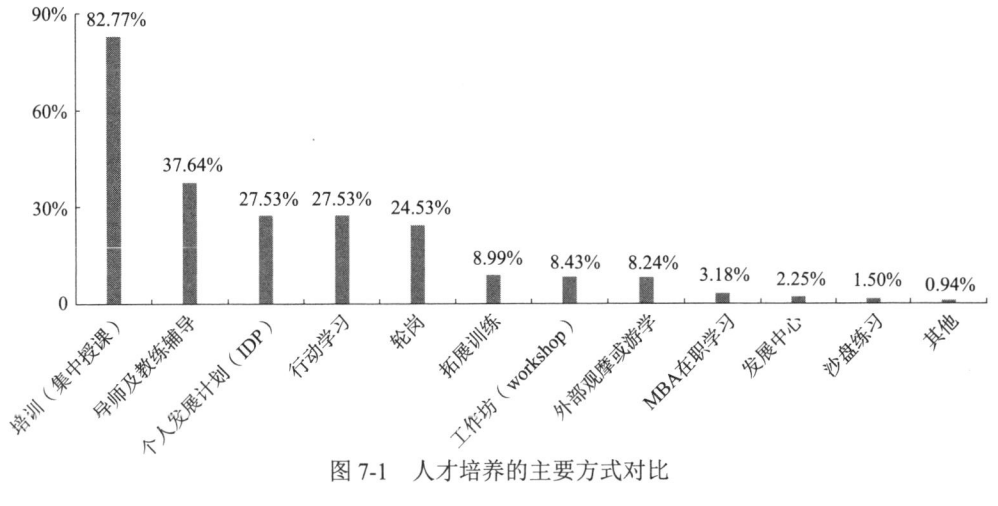

图 7-1　人才培养的主要方式对比

人才培养PLP模型，从心力、脑力和行动力三个维度，梳理总结人才培养的方式，如图7-2所示。

- 心力代表心智成长。通过设计培养方式，促进员工的自省与反思，牵动自我持续的"修炼"，改善内心对外部环境的假设和判断，激发自我革新和成长的动能。
- 脑力代表知识输入。知识的输入必不可少，正所谓学无止境，尤其是对于中低层级的员工而言，知识的输入尤为重要，不断完善自身的知识结构。
- 行动力代表实践落地。能力的提升，个人的成长最终是要在实践中完成，实践锻炼是人才培养活动的重心，能力也只有通过实践的淬炼才能够最终形成。

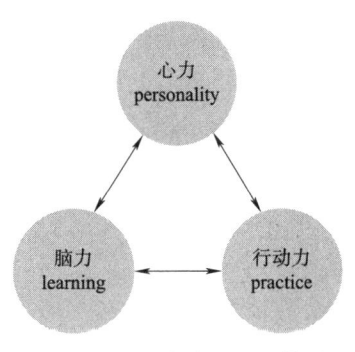

图 7-2　人才培养的 PLP 模型

依据人才培养的PLP模型，习整理出多个人才培养的方式，不同的方式应用难度不同、效果不同、场景也不同，读者可以根据自身培养项目的需要灵活组合，见表7-1。

表7-1 人才培养方式汇总表

培养类别	培养方式	难度系数（1-最简单，5-最难）	有效系数（1-无效，5-最有效）	执行分析
心力心智成长	测评反馈	4	3	人才测评与反馈，是一项技术门槛比较高的动作，需要专业的测评工具和专业的解读，否则可能适得其反
	导师/教练辅导	4	3	一般由于内部导师工作比较忙，无共同经历背景，且有可能级差较大，同时缺乏必要的运营机制，导师制往往可能形同虚设，科学严谨地实施教练辅导较难
	沙龙交流	3	3	能够在轻松的环境里，与相关的大咖交流分享观点，能够拓展思路和视野
	案例/专题研讨	3	4	能够掌握特定情境下解决问题的技术和方法，共同分享，交流碰撞，拓展工作思路
	影子计划	5	3	影子计划对操作类的岗位最有效，对管理岗等综合复杂性的工作，发挥作用会受到限制
	自省反思	2	3	通过特定的机制牵引，要求员工进行自我总结和反思，查找不足，自我分析并制订改善的行动计划
	上级绩效反馈	3	3	直接上级可以通过绩效评估和反馈，指出需要提升的内容，从而在工作中针对性地改善
	同伴分享交流	2	2	与同伴学习交流，分享共同的经历和感受，甚至共同的问题，互相支持，在切磋交流中得到提升
脑力知识输入	课堂授课	2~3	2~3	传统课堂灌输式的学习方式，不太符合成人的学习方式，效果引折扣，讲师的水平和内容也是挑战
	线上微课	1	1	针对性和系统性都有限，对于改变成年人既定的思维模式冲击不大，且无法监控
	读书阅读	1	2~3	当下读书的执行和监控是难点，且仅读一本书不太能解决实际问题，读太多又不现实
	标杆走访	4	3	通过标杆的观摩，能够直观获得反馈，标杆的挑选，组织和如何分享是难点
	列席会议	3	2	列席会议需要企业有开放的传统，列席有助于拓展眼界，但对工作实际帮助有限
行动力实践落地	试岗锻炼	5	4	风险和难度都比较大，且失败代价大
	短期轮岗	5	4	轮出和轮入单位都将承受比较大的风险
	兼岗锻炼	3~4	3	某些岗位可以实现一定程度的兼岗，比如分管副总兼岗项目总，锻炼一把手经历，但不具备普遍实施性

续上表

培养类别	培养方式	难度系数（1-最简单，5-最难）	有效系数（1-无效，5-最有效）	执行分析
行动力实践落地	副职挂职锻炼	3~4	3	需要企业有类似的工作传统和机制，贸然推行组织需要适应，有动荡风险
	专项工作任务	4	4	可针对性重点提升弱项，一方面，匹配专项任务较难；另一方面，员工很难有精力兼顾处理额外增加的专项任务
	与业务同频共振的行动学习	4~5	5	既能解决实际问题，又不是额外增加的工作，解决问题，提升能力，实现业绩

第二节 课堂授课

课堂授课依然是一种主流的，不可替代的培养方式。一门优秀的课程，可以提供过往实践成功的经验和方法，避免了员工长时间摸索和重复发明，少走弯路。课堂授课的学习主题和内容，应该围绕以下几个维度聚焦确认。

- 当年度业务战略对业务能力提出的要求，例如业务是多部门协作，就要求员工在协作沟通上进一步提升。
- 胜任力标准对员工的要求，在哪些环节还是薄弱点需要提升。
- 当下绩效问题的改善点需要员工提升哪些能力。
- 兼顾个人的学习意愿。

表7-2提供了一份管理者从基层、中层、中高层到高层的课程主题学习清单，围绕领导力精进、管理团队、管理任务、管理关系、管理自我五个维度展开，可以对照参考制作属于自己企业的管理岗课程学习地图。

表7-2 不同层级管理岗课程主题学习清单

管理层级	基层管理岗	中层管理岗	中高层管理岗	高层管理岗
课程名称	管理者角色认知转身	领导力认知	情景领导力	卓越领导力
	沟通协作	冲突管理	影响力打造	驱动变革
	计划管理	目标管理	战略解码	战略规划
	目标选才	人才管理	高绩效团队打造	组织能力建设
	绩效辅导	教练发展	创新激发	文化打造
	绩效面谈与激励	项目管理	决策管理	创新管理
	自我效能提升	测评评估与反馈	自我觉察工作坊	高管教练

为了解决课堂授课"课上热闹,课后忘掉"的弊病,增强授课的效果,必须从以"教"为中心的模式向以"学"为中心的模式转变,从课前、课中、课后三个方面融入有助于强化学习效果的活动。

一、课前收集痛点和挑战,交流引起共鸣

课程学习无法很好应用的一个原因就是学习的课程内容与自己真实要解决的情景痛点相去甚远,可以提前收集学员在工作中遇到的与课程主题相关的问题和痛点。一方面,激发个人提前思考,带着问题去学习知识;另一方面,课程也可以针对性地进行准备和解答,学习内容对应任务痛点。与此同时,将频次较高的话题提前通过匿名的方式公布,让学员彼此通过匿名或者实名的方式给出干货建议,提前营造学习氛围。

二、课中场景演练或主题研讨,调动学员思考

通过及时的刻意练习,建立课堂学习内容与实际问题的链接,让学员及时"练手",强化对知识、方法和技能的吸收。

场景演练,即类似华为的"训战模式",以企业内部曾经实践的案例为蓝本,开发场景案例试题,使学员将课堂上学到的知识,能够立刻运用到实际问题的解决上。同时,可以对照实际的结果或者请案例的当事人进行点评,对照反思,强化知识吸收。例如以下两个场景演练。

- 如何进行高质量的投资决策这个主题,可以以企业之前做出投资决策的项目为主题,将项目当时的情况和面临的众多思考点都编制成为案例题,学员在课堂上进行讨论编制投资决策书,进行案例研讨。
- 如何进行项目营销包装策划这个主题,可以将企业之前某个项目当时的项目情况、外部市场和自身条件进行呈现,让学员进行实际推演演练,讲师进行点评。

场景演练的关键是案例,这就需要案例的萃取和开发,一个完整的案例包括三个要素:情境(situation)、冲突(problem)和解决方案(solution)。那么,课堂上演练只需要提供情境和冲突,即当时面临的实际情况和要解决的重点问题,情境的提供要尽可能翔实,包括但不限于人的情况、环境的情况、资源的限制、各方的要求等。解决方案需要学员思考或者共同研讨得出,同时将解决方案跟当时正确的方案和更合理的做法进行对比点评,查找异同,模拟中提高问题解决的能力。

主题研讨,即通过实际的问题痛点,借助引导技术,让学员利用课堂上学习到的知识和技能,共同研讨解决实际的问题,例如以下两个主题研讨。

- 学习了激励的理论和相应的工具方法,学员转入场景问题的研讨解决,一起

来梳理实际工作上需要激励员工的情况都有哪些，常常遇到的问题是什么，并共同研讨给出不同实际情况下，解决团队激励问题的方式方法。
- 学习了团队协作的理论和工具方法，学员共同梳理实际工作中需要协同的场景有哪些，具体会遇到什么协作上的障碍，以及群策群力有哪些好的解决方法。

三、课后实践总结，掌握沉淀

助力知识实践落地，要安排特定的任务，可以借助"5311"落地行动与案例沉淀计划表（表7-3），分别是5个学习到的知识点，可能的3个实践锻炼内容，1个立刻要去落地的行动计划，实践后形成1份落地案例总结。能够实现三方面的价值：其一，强化总结和个人吸收，总结自己学习到的核心内容；其二，强制进行落地实践，学以致用；其三，通过案例的沉淀和传播，可以让更多的人学习更多的问题解决办法，互相借鉴和提升。

需要强调的是，落地应用一定要有后续的跟进和检查评分，每个人都有思维的惯性和工作的惯性，如果没有监督，很可能出现开始轰轰烈烈，结束不了了之的情况，达不到实践落地的目的。

表7-3 "5311"落地行动与案例沉淀计划表

姓名		ERP		对应课程名称	
部门					
课程总结和落地计划阶段填写内容					
学习到的5个知识要点		有计划实践锻炼的3个内容（从前面5个选）		1个立刻要去实践的计划详情（从前面3个选）	
1. 2. 3. 4. 5.		1. 2. 3.		计划内容 示例：按月关注员工的工作状态，及时介入辅导，完成×人的辅导，主要针对尾端或者重点关注的对象	
上级确认			人力部门确认		
行动计划实践沉淀总结案例					
填写说明：采用STAR方法总结提炼案例，力求清晰翔实，最大限度还原当时的场景，同时总结提炼相关技巧，便于沉淀传播					
背景和任务：当时面临的具体难题/要解决的挑战，具体的工作任务 ||				

续上表

行动：要有针对性的具体行动步骤手段，杜绝笼统概括	要翔实不要笼统 错误示例：通过组织员工活动、开展座谈鼓舞士气（不够具体） 正确示例：要写清楚组织了什么员工活动，活动大概是怎么组织的，座谈会谈的是什么内容，管理者说了什么等
结果：收到了哪些具体的成果，定量和定性均可	
个人3点收获，言简意赅	示例：意识到团队的重要性，掌握了2种团队氛围打造的有效方法，针对某个难题具备了解决的经验
上级效果评价打分	1~10分制打分，5分以下不合格，6分及以上为合格，7~10分为优良

第三节 行动学习

根据美国培训认证协会（AACTP）的定义，认为行动学习是一个团队在解决实际问题中边干边学的组织发展技术和流程。其中，提到了实施行动学习比较关键的几个维度：团队、真实问题、实践、学习、组织发展、技术流程。因此，归纳整理了实施行动学习非常关键的八个构成要素，如图7-3所示。

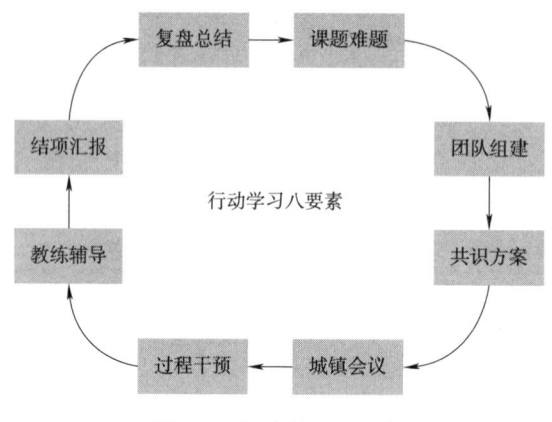

图7-3 行动学习八要素

一、课题难题

首要要素是确定课题难题，即要解决什么问题，实际上明确了行动学习的目的。难题的选择要遵循一个基本原则：要达成的任务目标清晰，但企业内部并没有清晰、成熟、可借鉴的解决路径，需要共同探索和发现问题的解决路径。例如在某种困难的情况下如何实现销售额的突破，目的很明确，但是过往既定的解决方式失灵，需要重新探索解决问题的路径。

难题的确认可以自上而下指派，也可以自下而上共识，各有利弊，总体上建议自下而上进行收集汇总，这样选出来的难题既有群众基础，又符合组织的方向要求，兼顾平衡。

收集难题要给予一定的规范指引，确保澄清难题，重点明确，见表7-4。

表7-4　行动学习难题收集澄清表

课题选择原则	行动学习实战型课题提报原则： 1. 重要且紧迫 2. 短期（3~6个月）内能看到效果，可测量、有实效 3. 挑战且可控，通过团队努力能够成功 4. 未知探索，无成型的解决方案，需要不断学习	示例1：如何搭建体验衡量指标评判体系 示例2：如何提高项目节点的达成率
提报人姓名		提报人ERP
提报人所在部门		
课题描述	请一句话描述课题名称（以如何开头的问句描述出来）	
	请描述该课题现状和产生的不良影响（数据和事实）	
课题期望目标	你对课题解决目标或成功的衡量标准是什么（从财务、运营、客户、学习等维度描述，越具体越好，如果没有定量的数据，可以定义产出物，比如形成一套方法论、报告、体系等）	
资源与支持	实现课题目标需要内部哪些部门的支持（请具体描述，如需要××部门支持××部分）	
	需要哪些外部资源和信息（如客户、行业、同业、竞品等）	

在收集完毕课题后进行汇总，需要确定最终解决的难题，通常邀请管理层进行打分评选，分数最高的若干个难题正式确定为行动学习课题。打分有七个维度，分别为重要性、紧迫性、成效性、可控性、时效性、推广性和参与性，见表7-5。10分制，1分表示最低，10分表示最高。最终确定的课题不宜过多，通常一个学习班级的人数在35人左右，选出5~6个课题比较合理。

表7-5 行动学习难题筛选评价表

课题名称	课题描述	重要性	紧迫性	成效性	可控性	时效性	推广性	参与性

二、团队组建

组建行动学习课题解决小组，小组成员的数量维持在6~8人比较合适，太少无法保证有效性，太多则成员参与性可能降低。关于小组成员的构成，要遵循多样性与熟知性相结合的原则，通常50%的小组成员要对课题有比较深入的了解和洞察，确保问题能够有效分析。

小组成员实际组队可以采用自由组队和项目组配置组队相结合的方式，先自由，再调配，兼顾个人意愿和课题解决需要。

三、共识方案

在共识方案环节，小组成员进行第一次集中研讨，通常也是项目的正式启动会。启动会上基本要完成以下几件任务。

- 启动仪式：重点是项目介绍、管理者寄语、小组介绍、导师授勋等环节。
- 行动学习导入：行动学习的基本原理和相关概念的导入。
- 破题解题研讨：一般采用问题分析与解决的研讨框架，帮助小组进行破题，梳理解决方案，制订行动计划。

表7-6是一个项目启动会的议程安排示例。

表7-6 行动学习项目启动会议程表

会议环节	时间安排	具体活动
启动仪式	9:00—9:20	项目介绍，说明项目的背景、目的和具体的安排要求
	9:20—9:30	高层管理者寄语，表示期望
	9:30—9:50	行动学习课题呈现、小组介绍、导师颁发证书，正式立项
行动学习导入	10:00—12:00	行动学习的概念、作用和流程安排
开题研讨	第一天下午	进行问题的澄清和解构，确立行动目标，阻碍因素分析
	第二天上午	团队共创，制定解决方案
	第二天下午	制订并明确行动计划 明确监督和执行机制 采用焦点讨论法（ORID）进行反思总结，相互反馈

四、城镇会议

通过2天集中分析研讨，小组对课题已经有了比较全面的认识，也制定了初步的解题方案，但毕竟时间短，可能还需要一些必要的调研、研究和方法工具的打磨。因此，留出10天左右的时间，小组形成最终的课题分析与解决方案，进行正式汇报，确定是否可执行。

这时就需要召集城镇会议，一般邀请管理决策层和相关内部专家参与，组成评委团，本质是项目小组对解题方案进行汇报、决策层进行交流提问，并做出决策和资源投入。评委现场提问、挑战，引发小组深入的思考，并做出决策。即使通过，小组也需要结合评委的建议对方案进行优化，如果未通过则需要进行调整，进行二次评审，见表7-7。

表7-7 行动学习课题项目方案评价表

评价维度	解释说明	符合程度				
		5分	4分	3分	2分	1分
目标合理性	解题方案确定的目标是否合理，判断是否可达成，是否符合SMART原则，避免好高骛远					
分析全面性	对问题的拆解，阻碍因素的分析是否全面完备，避免忽略关键要素					
方案有效性	制订的解决策略和行动计划，是否能够真正解决问题，是否完整地解决了存在的问题					
方案创新性	方案在哪些维度上进行了创新设计，创新是否合理					
计划落地性	制订的落地时间计划是否安排合理，避免时间预估不足、太紧或者太松，执行落地节奏合理					
学员成长性	学员在过程中遇到的挑战是否合理，能够促进知识学习和能力的增长					

五、过程干预

各个小组进入落地实践阶段，这个阶段最容易失控。由于小组成员日常各有本职工作，召集到一起不容易等，此时需要设计必要的过程监督及推进机制，避免轰轰烈烈的行动计划"石沉大海"。

主要手段有以下三种。

- 过程运营。督促行动学习小组建立定期的研讨和沟通机制，以周或者双周为单位进行，并形成文字记录，可以设置"轮值小组长"，赋予组员责任。一方面，可以及时发现并解决过程中遇到的新问题，推动课题的执行；另一方面，项目组也可以参与进来，掌控项目进度，观察小组成员的状态和贡献，人才发展跟踪。
- 过程知识的输入和赋能反馈。无论是解决问题还是提升自我，都需要外部新知识的输入，可以为小组成员输入与实践课题、个人效能和团队管理相关的知识，可以利用定期的线上微课、案例分享、交流反馈的碎片化形式开展。例如可以利用研讨结束后的时间，开展自我反思和同伴反馈，分享自己的成长和提升，彼此正向反馈和建设性反馈，促进自我认知。
- 集中阶段性2~3次汇报和辅导研讨。阶段汇报的目的：一是倒逼课题的推进；二是及时了解项目进展，进行过程纠偏。集中性的辅导研讨，可以由引导师带领所有小组，再次进行课题阻碍因素的研讨和制订解题计划，或者引入过程复盘和项目管理的工具方法，助力小组课题的高质量推进。每次阶段性汇报之后，都是课题方案的再优化、再执行和再汇报的循环，见表7-8。

表7-8　行动学习阶段性集中汇报评价表

评价维度	解释说明	符合程度					
		5分	4分	3分	2分	1分
进展成果	项目课题执行有实质性的进展，取得了有价值的成果					
推进节奏	课题推进节奏恰当无停滞，按照既定计划正常执行					
解决方案	下一步问题的解决方案和行动计划，方向正确、解法得当、能够解决问题					
未来计划	汇报有具体的下一步行动计划和目标产出，且可落地性较好					
团队学习	在行动计划推进过程中，学员自发地通过多种途径学习提升					
现场呈现	汇报结构完整，逻辑恰当清晰，详略得当，表达顺畅，时间把控得当					

六、教练辅导

在课题实践执行期，有时候遇到的业务卡点、协同需求和资源支持，仅靠小组成员的研讨、认知和影响力不足以解决这些障碍，因此为每个小组匹配相应的业务教练非常有必要。一方面，定期内部沟通，为小组提供课题方向的专业支撑；另一方面，遇到问题时，也可以主动寻求教练的帮助。教练的选择一般是层级较高的管理层，他们拥有的业务经验、专业洞察和内外部资源可以给项目小组提供很大的帮助。

七、结项汇报

经过半年甚至更长时间的课题落地执行，到了最终检验成果的阶段，项目组需要组织终期的结项汇报，此环节与阶段性汇报的形式大同小异，但要求和规格都要更高。一方面，是课题成果的整体、全面、集中展示，包括但不限于背景问题、解决方案、分项目标、执行过程和结果成效；另一方面，评审会邀请高管、导师，甚至是外部专家，共同进行打分、交流点评和反馈。最终通过分数的高低，结合过程表现，评选出优胜小组，给予适当的奖励。

八、复盘总结

课题汇报验收之后，就进入了最终的复盘总结阶段。一方面，总结各个项目的得与失，反思过程，才能在未来做得更好，包括项目课题整体进行复盘，也涵盖个人的自我复盘，这是能力内化的关键活动；另一方面，制订项目成果的推广复制计划，对于尚未完全解决的课题，可以评估交由相关部门继续推进。

复盘一般使用四步骤"黄金法则"——回顾目标、评估结果、分析原因和经验教训，可以考虑问团队或者自己以下问题。

- 当初设定的课题目标有哪几个呢？具体要达成的结果是什么？
- 最终达成的结果是什么？哪些结果超出预期，哪些不及预期，差距是多少？
- 过程中做了什么有助于成功，还有哪些环节没有做到或者做好呢？主观或者客观都涉及。
- 可以从中提炼出哪些工作方法呢？这些方法助力成功或者弥补不足。
- 未来的行动计划是什么？

总结的另一个重要结果是，项目产出的哪些好的措施或者工具方法，能够沉淀为组织未来统一的管理机制，进行推广固化。例如通过解决项目开发节点达成率不高的难题，从中提炼出的节点统筹规划工作机制和节点考核奖惩管理办法，都可以转化为常态化的工作机制，使整体组织的运营效率不断提升。

至此，完整地介绍了行动学习项目的整体步骤和操作细节。需要特别说明的是，行动学习项目的成功，引导师及引导技术的合理使用是非常关键的要素，甚至一定程度上决定了项目的成败。

引导师是每一个行动学习项目的"标配"，引导师利用引导技术串起来行动学习中的一个个研讨工作坊。例如，破题阶段的问题拆解及计划制订工作坊，反思环节的组员赋能反馈工作坊，执行过程的群策群力工作坊，复盘工作坊等。

众行集团的刘永中老师在其《行动学习使用手册》一书中明确提出了引导师的三大角色定位：中立的主持人（流程专家）、派对的主人和团队教练。引导师向工作坊小组成员提供系统的、结构化的会谈过程和工具，设置和掌控团队对话中的规则，营造开放讨论的氛围，激发参与者的高度参与意识和内生智慧，促进团队对话，实现组织目标。

一个行动学习项目会用到很多引导技术，比较常见的有以下几种：

- 团队共创技术，将个体智慧有效连接形成集体智慧，促使全体快速达成高质量的共识。
- 世界咖啡技术，鼓励参与者在不同小组间走动，交流、碰撞和连接，产生新的智慧火花。
- 鱼缸会议技术，真诚沟通、理解互信、反馈赋能，打造团队的反思总结能力，凝聚人心。
- ORID技术，通过刺激感官、引发感受、带动感想，促进由内而外的有效行动。
- 开放空间技术，通过聚焦主题，移动双脚贡献智慧，实现参与者更广泛和深层次的对话。

关于引导技术和基于引导技术构成的各类型工作坊，读者可以查阅相关的文献和资料更深入地学习，此处不再展开讲述。

第四节 导师辅导

导师制已经成为现代企业人才培训开发的一种重要工具。据统计，目前世界500强中有70%以上的企业都在使用导师制，国内企业如京东、华为等，外企如IBM、可口可乐等，导师培养已经形成了比较成熟完善的运营体系。

基于导师过硬的专业素养和丰富的职业经历，给予辅导对象有关工作技能、职业生涯与人际交往等方面的指导与帮助，激发个体潜能，从而帮助其获得更快的发展。要成功地实施导师辅导，导师的筛选自然是前提，重点是选择专业知识技能水平较高、工作经历丰富、文化忠诚认同和个人意愿及责任心较强的中高职级管理者或者业务专家。除此之外，还需要具备前中后全过程的运营管理机制，才能够保证导师对人才的培养水到渠成，取得成果。主要包括五个核心方面的内容，即导师选择、导师配对、导师运营、定期跟踪和结束评估。

一、导师选择

导师辅导要考虑的第一个要素是选择上级还是非上级，没有绝对的安排，需要根据学员的情况进行设计安排，见表7-9。

表7-9 上级与非上级导师对比与选择

导师身份	有利因素	弊端因素	适用场景建议
上级为导师	1. 双方熟悉了解 2. 能够对工作开展和问题解决提供专业指导 3. 辅导是本岗位职责，不会增加额外负担	1. 忌惮上级的权威，无法平等充分地沟通 2. 容易陷入既往定式，无法启发更广阔的思考	校招生、新员工或者中低职级的员工，辅导的目的是提升本岗位工作产出
非上级为导师	1. 在建立信任关系后，无利益冲突，更有利于深入沟通，打开心扉 2. 跨界思考，多角度智慧的输入 3. 不会受限于固有思维，更容易聚焦问题本身	1. 信任关系的简历需要时间进行培养，导师也需要额外的投入时间和精力 2. 由于业务不了解，可能存在方向偏离或者原地打转的问题	中高职级员工，聚焦职业成长和思维的突破

有些情况下可设置"双导师"，即业务导师和职业导师。业务导师由直接上级担任，这样便于工作推动，职业导师由更高职级的管理者或者跨界管理者担任，给予职业发展或者成长困惑辅导。

二、导师配对

导师配对中需要推进两个工作：配对模式和关系确立仪式。

实操中，通常是采用一对一或者一对多的模式。一对一模式更容易形成稳定、长远的"师徒关系"，但需要较大规模的导师库，且管理和过程推进涉及关系较多，费力度高。一对多的带领模式，辅导人数通常不应该超过3人，否则将失去效果。这样的模式优点是节约资源，多人碰撞，多人收益；缺点是可能无法深入和全面。企业可以根据自身导师和被辅导者的现实情况，灵活选择配对模式。

具体匹配的操作过程，可以基于工作主题相似性、技能匹配性，同时考虑地点因素，采用双向自由选择和组织方调配结合的方式确定。可利用邮件或者其他技术平台，将学员和导师的信息分别发送至对方，对潜在的学员或者导师进行自由选择，不仅发挥了自主性，还减少了组织方的工作量，最终组织方根据太多或者太少的情况进行适当的调配，完成配对。

为了提高导师和学员的参与感，需要营造必要的仪式，增强体验。一般可完成配对后，给学员和导师发一封确立关系的邮件，对学员而言，主要是说明项目的收获、遇到问题的解决方式并给予鼓励；对导师而言，主要是表示感谢、导师的要求和期望等。最终通过一场"拜师仪式"启动会，签订辅导协议，正式展开实施。

> **典型案例**

××集团后备梯队导师辅导协议书——成长合约

基于加速××集团后备梯队人才的成长，不断提升综合能力和素质的目的，特匹配导师进行工作和职业指导。在辅导过程中，彼此双方需密切沟通、相互尊重、教学相长。导师发挥传、帮、带的作用，赋能指导学员；学员要积极主动、勤勉好学，实现自我成长。

为更好地指导双方完成辅导计划与目标，特设立此"成长合约"，具体内容下。

一、导师的职责要求（包含但不限于）

- 工作辅导：围绕工作的推进，在知识、技能等方面给予支持和辅导，帮助工作能力提升。
- 职业发展牵引：给予学员职业成长上的指导，及时排解学员思想疑惑和发展困惑。
- 定期/不定期沟通：共同制订成长与学习计划，以月度为周期完成当期任务执行效果的交流，每季度参与学员项目汇报总结辅导。
- 资源支持：给予学员工作中必要资源的支持，例如跨部门工作的协调推动、人际关系的拓展等。
- 跨界思考：在工作破局时，提供多方视角，给予跨界的思考输入，打破思维局限。
- 其他：参与日常评估、年度评估等人才管理工作。

二、学员的职责要求（包含但不限于）

- 积极主动：在整体辅导中，各个环节要主动联系导师，阐述自己的困惑和困难，寻求指导，做好记录。
- 严格执行：严格执行制订的成长和学习计划，执行各项辅导任务，保证认真完成。
- 总结复盘：按照周期完成阶段性总结、汇报和复盘，闭环计划内容。

在辅导期内，人力资源部门会定期跟进辅导情况，检查辅导记录，促进成长和学习计划的达成，同时给予资源支持，并在结束时对带教工作完成较好的导师、优秀学员进行表彰。

本协议自签订之日起生效，辅导周期自　　到　　，周期　　月。

本协议一式三份，导师、学员和人力资源部门各持一份。

导师签字及日期：

学员签字及日期：

人力资源部门签字及日期：

三、导师运营

导师运营包括导师赋能认证、过程支持和激励激发，总体上是企业内导师资源库保持正常合理水平，保证导师项目的正常运转。

赋能认证，有人认为都是专业骨干或者中高级管理者，在辅导人和管理人方面都有一定经验，认为没必要。实际上很有必要，不仅传授必要的技能，拉齐导师的辅导方式和语言，更是一种身份的象征和对工作的认可。试想一下，在办公桌上放置的导师认证证书，是不是会有一种荣誉感和责任感呢？

对导师的赋能一般可借用教练式辅导的技术——GROW模型，即确定发展目标（goal）、澄清梳理现状（reality）、聚焦解决方案（option）、明确行动意愿（will），通过赋能培训，颁发认证证书，持证上岗，高质量辅导。

对导师的过程支持，目的是解决实践中出现的各种问题，是持续深度的赋能，提升导师实际的辅导技能。常见的有三种：导师工作指导手册、资料和案例提供及导师群体交流分享活动。导师手册是一种工具支撑，包括但不限于目的、对导师的职责和期望、导师的收益、导师需要完成的工作任务和节点安排、用到的工具和方法，以及特殊情况的处理等。资料和案例提供同样重要，每次辅导不同情况的学员，做导师必然会遇到困难，体会到痛点，这样会激发个人学习提升的动机，或者有时候导师因为工作原因无法按照既定的节奏参加企业安排的学习活动，这时候提供阅读材料、书籍内容摘录或者外部案例给予导师，帮助其自我提升。最后一种支持是组织导师群体交流分享活动，例如经验分享交流。

导师需要激励激发。导师认证、拜师仪式都是对导师的一种认可，例如每月或者季度评选出一位业绩突出的导师，进行标杆报道；辅导结束进行优秀导师评选表彰，营造氛围；为导师提供必要的工作经费等。

四、定期跟踪

导师辅导，一方面，需要按照固定的周期制订辅导计划；另一方面，通过填写辅导记录做好跟踪。辅导周期容易理解，一般按照月度、季度或者辅导双方来确定。辅导前，学员可以基于工作向导师列出来要讨论的重点议题，基于发展提出自己的困惑和想法，便于导师提前做好准备；结束后做好记录，便于后续查阅，这也是一种成长记录，见表7-10。

表7-10　导师辅导跟踪记录表

导师辅导跟踪记录表						
学员：		部门：	导师：		部门：	
序号	辅导日期	主要讨论议题	导师建议摘要	共识及后续行动（做什么、怎么做、完成时间）		个人感悟
1	3月15日					
2	4月15日					
3	5月15日					
4	6月15日					

五、结束评估

辅导结束后，需要对辅导的结果进行评估，总结反思并判断辅导过程的有效性。辅导结束后，双方都需要反思总结，例如当时一起制定的目标是什么、完成得如何、最大的收获是什么等，并表达感谢。

对学员辅导结果的评估，核心是评价行为的变化和绩效结果的变化。行为的变化可以采用360度考评的方式进行，绩效结果的变化可以通过工作的达成获得。此外，还可以通过一些调研或者数据进行对比分析，例如员工敬业度调研结果、转正率、离职率等数据是否变得更好。对导师辅导动作的评估主要通过学员的调研完成，一般围绕计划制订是否合理、辅导过程是否及时、辅导质量是否有效等维度。考虑到辅导关系的特殊性，对导师的评价结果不便让导师本人知道原始结果，只能是人力资源部门作为导师管理的辅助依据，例如普遍评价较好的导师给予激励认证，普遍反馈有待提升的导师，强化管理甚至退出，见表7-11。

表7-11　导师辅导动作有效性评估表

评估内容	符合程度				
	5分	4分	3分	2分	1分
期初制订了清晰明确的发展目标和具体计划					
按时见面沟通，辅导周期符合要求					
辅导时间恰当，能够根据学员的情况灵活控制					
辅导中导师认真倾听，关注问题，给予有价值的思考					
导师给予了工作专业上的指导，帮助解决工作难题					
辅导围绕目标和计划展开，并根据情况动态调整					
了解学员的思想动态，给予指导反馈					
整个辅导过程展现职业素养，例如责任心强、投入度高、信守承诺					

第五节　短期任务安排、标杆游学和自主阅读

根据人才培养PLP模型，除了最系统且常见的课程学习、行动学习和导师辅导三种培养方式外，如何让受训学员针对性的提升某个能力或者锻炼某个工作任务场景，如何学习行业的先进做法突破自我的认知局限，需要针对性的安排"短平快"的培养方式，其中短期任务锻炼、标杆游学及自主阅读就是三个投入产出比比较高的培养手段。

一、短期发展性任务安排

短期发展性的历练或者任务如何操作呢？可以参考两个重要因素：任务场景和能力短板。

任务场景单项训练和专项能力技能提升，例如未来的角色需要战略分解，那就给学员安排一个专项的子战略拆解工作；需要解决跨部门的冲突，就安排一项跨部门协同的项目工作，实际解决问题，推动任务达成；缺乏上下游工作流程的理解，可以安排短期的工作体会和交流，深刻理解全流程的工作；需要提升营销策划能力，可以要求学员撰写一份产品营销方案等。

这种特定专项的安排，可以针对性提升能力薄弱项，同时围绕小范围单项的任务安排，风险可控，待完成多个任务历练的组合，则可以一定程度上实现质的变化。

二、标杆游学

最重要的是，游学之后的转化应用，可以采用ORID技术促进学习的落地。ORID又叫焦点式会话法，它通过四个层级的系列问题让与会者回答，把人们从话题的表象，带入对工作和生活的深度思考，从而引导团队进行深刻的碰撞和反思，获得高质量的对话成效，如图7-4所示。

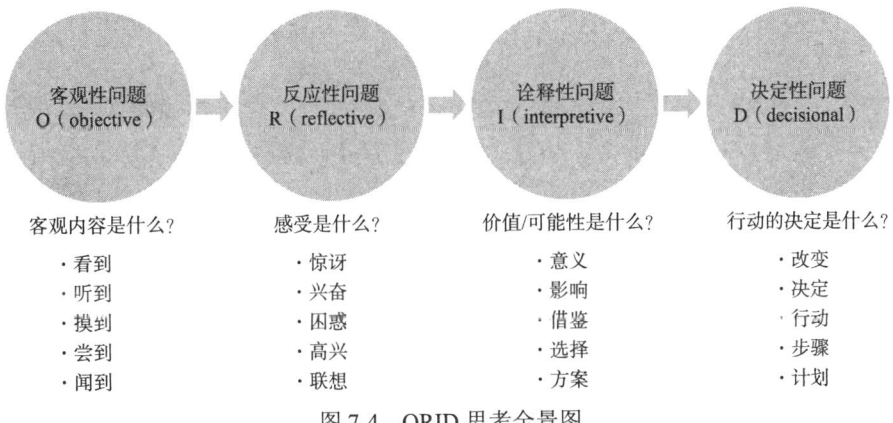

客观性问题 O（objective）	反应性问题 R（reflective）	诠释性问题 I（interpretive）	决定性问题 D（decisional）
客观内容是什么？	感受是什么？	价值/可能性是什么？	行动的决定是什么？
·看到 ·听到 ·摸到 ·尝到 ·闻到	·惊讶 ·兴奋 ·困惑 ·高兴 ·联想	·意义 ·影响 ·借鉴 ·选择 ·方案	·改变 ·决定 ·行动 ·步骤 ·计划

图7-4　ORID思考全景图

- 游学参观和交流，你看见了什么？了解到了哪些数据和事实？
- 你有什么感受？什么内容让你感到惊讶、兴奋？这让你想到了什么？
- 这对我们来说有什么意义？这会如何影响我们的工作？从中学到了什么？有哪些选择？
- 可以马上采取什么行动？有什么不同的做法？接下来的步骤和具体计划是什么？

基于这样的思考逻辑，可以采用群体工作坊的形式或者个人思考总结，推动游学学习内容在本企业、本岗位上的实践应用，具体见表7-12。

表7-12　游学内容落地实践计划表

序号	问　　题	内　　容
1	通过本次游学，学习到的内容是什么？有哪几点收获	
2	哪些内容是有借鉴价值的呢	
3	企业内有哪些问题或者业务场景可以借鉴应用	
4	行动计划是什么？具体的步骤安排	
5	执行中可能遇到的阻碍是什么？应对措施有哪些	

三、自主阅读图书

按照既定的学习主题，督促学员自主阅读和思考，也是一种培养提升的方式，只不过这样的方式更需要组织方的强烈干预才能落到实处，否则容易流于形式，起不到应有的作用。我们可以采用KRTP（即知识knowledge，反思reflection，任务task，计划plan）模式推进。

可以通过以下四个步骤，完成书籍的阅读、吸收和转化，根据要求提报结合场景的行动计划，进行必要的跟踪和闭环控制，确保行动计划被执行且取到效果，见表7-13。

表7-13　书籍内容吸收转化步骤

步骤	模块	完成的内容	实现形式
1	知识	梳理图书知识点	要求绘制知识点的思维导图或知识脉络图，在学员群中进行分享
2	反思	总结思考	结合过往的经历，思考哪些内容对自己的触动比较大，自己的总结思考是什么
3	任务	结合场景	书中的知识、方法或工具，哪些能结合当下的工作场景，解决实际的工作问题，或者启动某项新工作
4	计划	行动计划	执行行动计划，理清操作步骤，结束后总结汇报

第六节 人才培养项目设计模型

一个完整的人才培养项目，从时间维度上大体可分为四个阶段，即导入阶段、设计阶段、运营阶段和评估总结阶段，共计16个操作招数。培养项目设计的"四阶段16招"模型如图7-5所示。

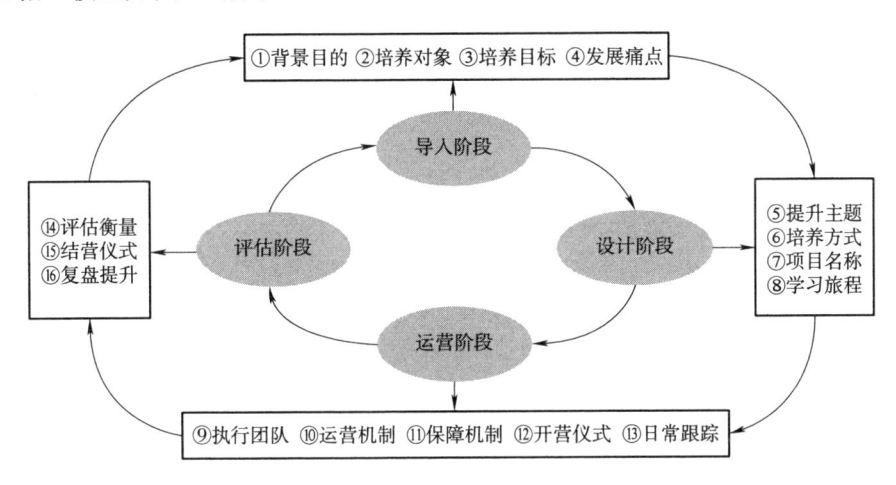

①背景目的 ②培养对象 ③培养目标 ④发展痛点

导入阶段

评估阶段 ← → 设计阶段

⑤提升主题
⑥培养方式
⑦项目名称
⑧学习旅程

⑭评估衡量
⑮结营仪式
⑯复盘提升

运营阶段

⑨执行团队 ⑩运营机制 ⑪保障机制 ⑫开营仪式 ⑬日常跟踪

图7-5 人才培养项目设计模型

一、背景目的

人才培养项目首先要回答的问题就是为什么要启动这个项目，最根本的是想解决什么问题，给企业带来什么价值。阐述背景目的的核心是发现人才差距，两个基本维度分别是战略端的需求和人才端的不足，如图7-6所示。

看战略需求	看人才差距	看动作不足
××岗位群体是战略、经营目标落地的主力军 经营目标：基于未来业务拓展和业绩规模的增长，要实现"三年百城"的业绩目标，未来需要××量的岗位人才。	数量准备、胜任情况及后备梯队储备深度有待提升 盘点数据：目前满岗率为80%，胜任度为58.9%，后备梯队储备深度为30%。 从具体能力看：在业务规划、视野开拓、继任培养、协作影响、团队能力打造都有待提升。	一直以来缺乏系统性培养动作的输入，靠自然生长 过往两年在××岗的提升中缺失系统性的培养动作，或只是在其他项目中涵盖了部分人员，对此岗位上的群体关注度不高，主要靠其自然生长。

图7-6 某公司梯队人才培养项目背景目的内容

二、培养对象

确定培养对象及其数量，即回答"谁应该被培养"这个问题，保证最合适的人在培养池中，是项目成功的重要前提。培养对象选拔的基本原则包括能力准备度高、成长动机强烈、企业忠诚度高、时间和地理因素合适等。

基于培养背景和目的，培养对象分为两类：在岗人员提升和后备梯队加速。如果是针对某个岗位上的在岗人员培养，可忽略选拔的过程，原则上是100%全覆盖，或者区分AB班，或者根据不同人的待提升情况分类培养。例如，一类人专门学习战略规划；另一类人专门学习团队打造。如果是针对后备梯队的培养，则需要认真筛选候选人。实际上，通过执行前面的人才评估和盘点动作，完成了人才的识别，确定了高潜力人才和继任者队伍，相关人员就顺理成章地进入后续培养动作。如果没有完备的人才评估和盘点，可以执行简易的选拔流程，通过公布入围基本条件，例如工龄、绩效、职级、必备经历等，邀请管理者提报和自荐的方式收集候选群体，随后可以通过基础条件对比、述职答辩和专项面试相结合的形式，选择几个重要的能力项进行打分评定，最终确定入池人员。后备梯队的培养数量，一般根据多个因素确定，例如未来人才需求、现有人才厚度、执行的可能性和培养漏斗，通常执行一个班次，人数规模在40人左右。

三、培养目标

很多企业在谈到培养目标时，经常用学员满意度、授课时长、出勤率、授课数量等过程性的执行数据来说明。如果我们换位思考，业务方更关心的是，通过系统的培养，人才的胜任度是不是变得更好，当出现岗位空缺时，内部人才供给的质量和效率是否更优，学习的知识和技能是否得以应用，从而转化为实实在在的业务成果等。

按照上述思路，可以看出相较项目目的侧重宏观性和方向性，培养目标则更加具体和明确，项目执行结束后会产生哪些具体看得见的成果，这也是衡量培养项目价值大小的重要指标，通常目标分为个人目标和组织目标，见表7-14。

表7-14 项目培养目标明细参考

维度	目标表述	具体内容
个人目标	胜任度提升	通过360度考评或者上级访谈评价，个人或者群体的胜任力水平得到提升，以及提升到什么程度。如果是岗位成果可以被量化的岗位，也可以直接设定业绩目标
	晋升提升率或高绩效占比例	培养结束后，观察培养对象群体的晋升比例或者高绩效占比是否有提升，本质逻辑与合格胜任率相同

续上表

维度	目标表述	具体内容
组织目标	梯队储备度	针对后备梯队项目，学员的整体继任储备度提升到什么水平，有时也称为人才出栏率、储备合格率等
	空缺满足率	当出现某类岗位空缺时，培养池中人才的供给满足率达到什么水平
	人才流失率	如果流失率高，也可以通过人才培养，展现重视和发展机会，设定降低流失率到某个水平
	业务成果达成	如果培养项目中有行动学习或者其他实践动作，也可以设定取得多少个业务成果，培养动作直接对应业务成果
	合格胜任率	针对在岗胜任的培养，可以看通过培养后，岗位人员的整体胜任率是否提升
	其他（例如沉淀打法、课程等）	有时候会是一些其他目标，例如跑通某个模式、沉淀某些知识体系等，可视项目的性质和需要进行设置

四、发展痛点

需求分析的本质，是找到现实与理想状态之间真正的差距，但实操中很多企业容易走入一个误区，过多地关注培养对象的需求，忽略了组织的需求。举个生活中的例子，有孩子的读者应该有体会，如果问一个小朋友喜欢什么，得到的回答大多数是吃糖、看电视、打游戏等，这些可以定义为他们的"需求"，但是对他们的成长帮助不大，甚至可能有坏处。现实中，家长基本上是督促小朋友看书、运动、参加各类亲子活动等，这些对他们的成长帮助更大。相信大家已经明白，在这个例子中，孩子想要的有时候反映了员工五花八门的甚至是不切实际的"需求"，家长也就相当于组织，那么组织希望员工掌握哪些技能、发展哪些能力去促进他们的成长，助力业务发展，这才是真正的需求。

关于需求分析有很多模型，其中比较经典的是20世纪80年代，行业内有名的戈德斯坦三层次模型。该模型是培训需求分析的重要理论基础，它最大的特点就是将培训需求分析看成一个系统，进行了层次上的分类，通过将组织、任务、人员的需求进行整合，使得培训需求更加全面化，分析结果更加科学化。该模型将培训需求分析分成了三个部分：组织分析、任务分析和人员分析。

该模型所传递的观点与上文的思想内核一致，都是需要站在组织的高度进行培养需求逻辑拆解，再聚焦任务工作场景定位当下的痛点，最后回归到具体的培养对象群体现实的能力薄弱项有哪些，三者相结合，同时考虑差距大小和培养难易程度，最终确定需要解决的发展痛点。

此处介绍自上而下的访谈法和自下而上的数据分析法挖掘需求，通过"差距—

紧急"二维矩阵完成最终定位。

访谈法既适用于管理层，也适用于学员本身，但基于我们的观点，建议进行管理层访谈，不仅可以明确需求，还有助于获得管理层对人才培养项目的支持和积极参与，可以按照以下逻辑向管理层提出问题。

- 背景介绍：××管理者你好，我是××，本次访谈的目的主要是挖掘管理者在管理、业务方面的痛点和需求，以便后续有针对性地匹配学习资源，帮助管理者更好地发展和自我提升，需要占用你20~30分钟的时间。
- 战略经营：你负责的部门，2023年的核心业绩目标是什么？（指标＋目标值）
- 任务策略：为达成业绩目标，有哪些重要的策略/举措？（任务/项目、常规＋新增）
- 困难挑战：你认为在落地以上关键举措时，面临的几个主要挑战是什么？（举例说明2~3个，主要收集可以影响的挑战，如预算有限这些不能影响的就不算了）
- 提升方向探寻：为了应对上述挑战，在能力上，你觉得自己的团队（重点可以指向对应的培养对象）在哪些方面做好了准备？哪些方面感觉还需要提升强化？（围绕能力模型进行提示阐述）请给这几个差距打分，按照1~10分打分，10分代表差距最大，0分代表差距最小。
- 学习主题聚焦：这些待提升的能力项，你认为从培训发展方面有哪些课程主题能帮助他们提升呢？（不少于三个，可以给出一些指引，例如业务规划、战略承接解码、业务视野、经营逻辑、业务规划、高绩效团队打造、影响力提升、识人用人、授权跟踪辅导、跨部门协作、复盘、文化激励、创新、全局高质量决策等内容）
- 培养方式挖掘：除了主题课程学习，你希望公司再给予哪些发展手段/方式来助力他们的能力提升，从而更好地达成任务目标？（例如参加总部重要会议、参与总部重点项目、发起主导助力业绩提升的项目来锻炼自己的能力、轮岗，请上级的辅导解惑、请同级分享实践案例，研讨共创会解决自己的难题，或者其他等）

访谈费时费力，还可能不容易找到共性规律，所以建议访谈选取重点关键人群，进行针对性的访谈，就需要借助自下而上的数据分析方法，快速定位差距项。一般采用360度考评的数据或者胜任力测评的数据进行分析，如果没有这些考评数据，也可以邀请管理上级，对照胜任力模型项，对培养对象进行简易的定性打分，收集数据进行分析，如图7-7所示。

最终，根据访谈得到的数据，综合进行整理分析，分别计算得出各个能力项的差距得分和紧急程度得分均分，结合360度考评或者测评数据分析，最终将所有的能力项放入"差距—紧急"二维矩阵中，其中差距大且紧急程度高的能力项将是首选项，其他根据特定的需要进行选择，如图7-8所示。

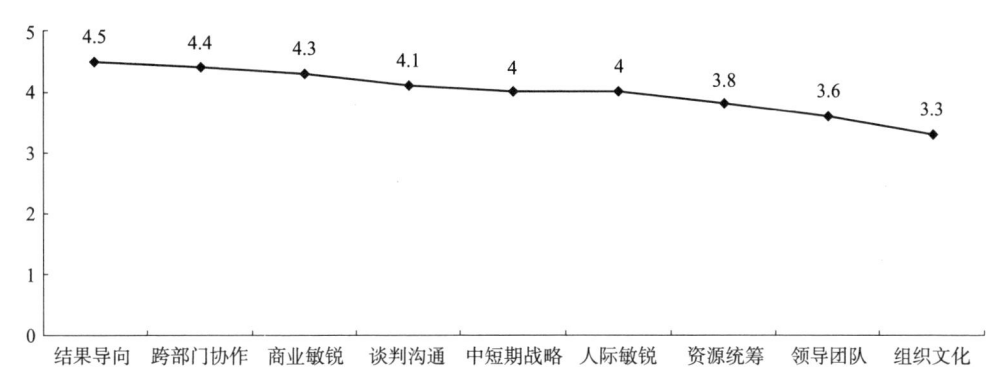

图 7-7 胜任力模型各项得分分析图例

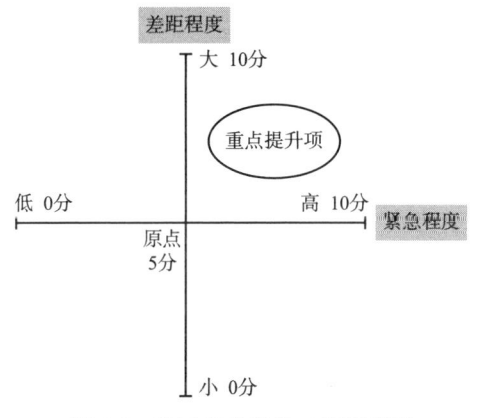

各项得分（从左到右）：结果导向 4.5、跨部门协作 4.4、商业敏锐 4.3、谈判沟通 4.1、中短期战略 4、人际敏锐 4、资源统筹 3.8、领导团队 3.6、组织文化 3.3

图 7-8 发展痛点定位二维矩阵图

差距程度：大 10分、原点 5分、小 0分
紧急程度：低 0分、高 10分
重点提升项

五、提升主题

提升主题和发展痛点实际上是一个事物的两个方面，既相同又不同。相同点都是围绕培养对象的提升诉求；差异点是通过需求分析找到的痛点，尤其是基于管理者访谈，由于每个管理者对人的判断，以及对胜任力标准的理解不同，极有可能只是看到一些零散的点，这个时候就需要项目组织方将众多的需求痛点聚类为几个大的主题方向。这个过程实际上是尝试站在一个更高的层面检视培养对象未来提升的方向，也是为后续的培养内容和方式提供指引。

需要提醒的是，提升主题不是为了提炼而提炼，过度的、笼统的提炼失去了"主题"的意义。例如将跟团队管理有关的内容统一提炼为"团队管理"，把与业务规划和执行管理有关的痛点都提炼为"管理业务"，这些就是太过笼统，见表7-15。

表 7-15　培养提升主题提炼示例

序号	提升主题	具体细化痛点
1	战略与经营	全局思考、战略规划与解码、经营管理
2	高绩效团队打造	大团队管理、管理管理者、团队的规划和凝聚力
3	影响协作	推动达成业绩、影响力、建立协同联盟

六、培养方式

培养方式的组合设计让学员从一开始就获得良好的学习体验。通常学习方式的组合可以分为四条路线，通过精心设计，融合多种发展方式，使学员在混合式学习模式中持续成长。四条主线的设计与PLP模型的逻辑本质是一样的，但向学员传递信息用四条主线更容易理解。示例如图7-9所示。

- 自我认知线，通过特定的方式，促进学员自我认知的提升，从内实现蜕变。
- 知识学习线，任何能力的提升都必然面临知识的盲区，需要补充必要的理论知识。
- 实践行动线，杜绝纸上谈兵，知识只有通过应用落地才能产生价值，才能实现内化吸收。
- 辅导成长线，"过来人"必要的经验输入，可以缩短自我摸索的成长周期。

七、项目名称

一个好的项目名称或者名称矩阵，就像项目品牌，集专业性、规范性和创意性于一体，不仅能够激发学员关注，还能传递项目品牌影响，更大的作用是助力企业人才文化的打造。行业内知名的企业都建立了自己的人才培养项目名称矩阵，从中可以总结出清晰的命名规律，即围绕一个主题元素，构建系列项目名称矩阵。主题元素聚焦在鲜明的元素，或者与企业品牌本身密切关联；系列式则是针对不同的培养对象群体进行差异化命名，突出项目定位，见表7-16。

表 7-16　知名企业人才培养项目名称举例

序号	公司名称	围绕的主元素	具体名称
1	腾讯科技（深圳）有限公司	龙	育龙计划、潜龙计划、飞龙计划
2	小米科技有限责任公司	火	星火训练营、火炬计划、燃计划
3	美的集团股份有限公司	树	新树计划、成荫计划、繁盛计划、总经理发展计划
4	中梁控股集团有限公司	梁	新栋梁计划、栋梁生计划、梁才计划、梁将计划、梁帅计划

第七章 人才培养：人才能力提升解决方案

IDP为牵引线，将四条线的内容整合进IDP中，在个人认知提升的基础上，进行各种形式的学习和实践，通过IDP过程辅导，实现能力提升

发展路径	发展方式	发展手段内容
认知线	测评反馈	1. 通过OPQ的个性潜力测评，更好地认知自我，认知自我的短板
	日常反思总结	2. 强制日常的总结和反思，实现自我不断提升的复盘，查找自身提升点和薄弱点
学习线	主题课程的学习	1. 主题课程：商业经营沙盘，影响者，领越领导力
	线上课程输入	2. 线上自主学习微课，作为知识和技能的输入，例如战略屋方法论等，参与大咖分享交流
	自我书籍知识学习	3. 自学书籍：《从0到1：开启商业与未来的秘密》《团队协作的五大障碍》《影响力大师》《战略解码》《4D领导力》（从中选择2~3本即可）
行动线	项目锻炼	1. 补足关键经历（如有）：通过轮岗或者专项工作任务，补足成长的关键经历 2. 项目实践：通过本岗位参加必赢之战，或者自我行动学习项目，锻炼提升
成长线	导师辅导	上级高管作为发展导师，进行日常的辅导和交流，围绕IDP推进

图 7-9 某人才培养项目培养方式路线组合图

167

除此之外，针对专项的人才培养项目也有很多命名方式，例如：
- 直接命名式，命名方式过于普通，在实践上不推荐。直接以培养对象为主题命名，例如常见的新经理转身训练营、中层干部培训班、新员工入职培训等。
- 以企业特征相结合命名，突出业务属性和培养项目定位。例如广汽传祺是汽车制造商，对新员工入职培训就命名为"传祺新动力成长营"。
- 以时间周期命名。例如清晨"八点钟领导力"、HRBP实战夜校。
- 突出项目寓意的命名方式。万科针对未来事业接班人的培养项目"珠峰行动"，珠穆朗玛峰是世界最高峰，也象征着培养顶级人才，成就顶级事业。龙湖集团校园招聘品牌"仕官生"，也是定位未来的管理者。

总之，人才培养项目的命名是项目设计至关重要的环节，立意鲜明、主题突出、朗朗上口的项目名称将带来持续而广泛的品牌影响力。

八、学习旅程

学习旅程设计的核心是安排各类具体培养活动开展的时间节奏，实现各类活动穿插搭配合理，执行过程张弛有度，保障学员的学习体验。学习旅程设计有以下3个关键要素。

（一）确定项目实施的总周期

实际上没有标准答案，受项目类型、目的、目标和培养对象的准备程度等因素的影响。以新员工培养项目为例，有的企业是两天的集中训练营，而有的企业是持续1~2个月的时间。以领导力培养项目为例，常见的周期都是一年，年初设计，过程执行，年末验收。

（二）结合业务淡旺季划分阶段

如果是一年的项目周期，通常会划分为3~4个阶段，每个阶段安排不同的培养活动，例如每双月或者季度集中安排两天左右的集中学习。同时，结合业务的淡旺季，例如房地产企业，每个季度的最后一个月都是全力冲刺业绩的关键时期，这时候就不宜组织集中性质或者需要投入度较高的培养活动。

（三）培养活动穿插进行，学员精力投入合理分配

学习旅程的设计要考虑学员的精力投入，就像心电图，要实现高低穿插，细水长流，牵引学员可持续的参与度。如果持续投入度太高，例如集中学习后立即进行行动学习开题，紧跟着读书学习分享，连续周末安排学习活动等。这样高强度的学习很容易让学员感到倦怠，不仅影响学习投入，还会影响工作正常开展。如果持续低投入度，例如安排较长时间的线上学习，相邻学习活动间隔时间超过1个月，则可能导致项目认知度和归属感降低，参与的积极性降低。示例见表7-17。

第七章 人才培养：人才能力提升解决方案

表 7-17 学习旅程设计示例

学习路线	培养方式	2月	3月	4月	5月	6月	7月	8月	9月	10月	11月	12月	次年1月	次年2月
IDP	IDP		沟通制定IDP											
认知线	能力测评	培养对象OPQ测评	测评反馈				总结跟踪评估		360度考评反馈		总结跟踪评估		总结跟踪评估	对比测评反馈
	自我反思			日常反思总结		日常反思总结		日常反思总结		日常反思总结		日常反思总结		
	集中授课		开营仪式及第一次主题授课		第二次主题授课			第三次主题授课			第四次主题授课			
学习线	线上微课			第一次主题微课学习			第二次主题微课学习				第三次主题微课学习			
	书籍学习				第一本书读完写总结			第二本书读完写总结				第三本书读完写总结		
	关键经历		根据个人成长经历、发展需要，在本岗位或者轮岗的方式丰富和弥补个人的关键经历，具体内容需整合到IDP中											
行动线	项目历练		个人项目历练，参加必赢之战或者自我设计行动学习的项目，具体内容要整合到IDP中											
辅导线	导师辅导		确立导师关系	第一次辅导		第二次辅导		第三次辅导		第四次辅导		第五次辅导		结营仪式

169

九、执行团队

一个项目执行团队，除了总统筹人外，通常包括三类角色：资源整合者、培养活动推动者和行政支持者。

资源整合者，是项目执行团队的核心。一个培养项目需要各方资源的支撑，这个角色主要负责这些内外部资源的有效整合。通常包括的资源有：内外部专家讲师、学员导师、上级领导、开营/结营嘉宾、场地资源协调等。有了这些核心关键资源的支持，项目的顺利推动才有了基本保证。因此，对这个角色的要求比较高，一般由总统筹人兼任，或者项目的核心负责人兼任。

培养活动推动者，是项目执行团队的关键。这个角色主要负责各项培养活动的落地执行，一个项目动辄十个左右的培养活动，往往是"你方唱罢我登场"式的穿插进行，甚至有时候是并行，要使得各个动作正常进行，就需要进行专门的统筹安排。例如IDP提升计划的跟踪，不仅需要收集总结材料，可能还需要组织集中性的述职汇报，监控实际的落地执行情况；线上学习课程的筛选匹配和推送；跟踪学习情况，等等。

行政支持者，是项目执行团队的基础保障。每一项培养活动都离不开行政后勤的保障，且纷繁复杂、事无巨细。例如每一次集中授课，场地的布置、物料的准备、学员行程对接、食宿安排等都必须做到顺畅且安全，否则有可能出现教学事故。

以上仅是介绍了三种角色，关于执行团队具体需要配置多少人，还需要根据项目项目的实际情况进行配置，目的是确保项目实施顺利。

以IDP的跟踪为例，不同的跟踪深度需要的执行人数也不同。如果仅仅是统一收集跟踪材料，做存档备案，1人足以。如果不仅要收集材料，还需要判断内容的合理与否，同时观察和了解每个学员在这个学习过程中不同时期的学习和工作状态，以及能力提升情况等信息，仅靠收集总结材料是不够的，还需要做访谈、观察学习过程中的表现等，可能1个人能跟踪3~5个学员，按照一个班级40人计算，就需要8人。

执行团队组建完毕后，就需要进行方案技术交底，工作计划制订和工作事项布置，定期组织交流，实现项目执行工作的顺利进行。

十、运营机制

保证项目的真正落地需要运营机制的保证，包括两部分内容：运营规则和全过程的体验设计。

运营规则指的是各项培养活动落地执行的要求，包括三个要素：内容要求、时间节点和匹配的工具表单。例如IDP计划制订及跟踪，需要明确各个阶段的时间节点、内容要求，对应的IDP计划表单和述职模板等。几乎每一项培养活动都需要有对应的运营规则，由项目团队分工执行落地，否则实际上无法实现有效的落地，无法落地执行的培养动作实际上是"水中花，镜中月"，无任何价值，见表7-18。

表7-18　部分培养活动运营规则示例

序号	培养活动	规则及执行内容概括
1	IDP计划	IDP内容要求、制定、跟踪、总结时间节点，IDP计划表
2	测评及反馈	测评周期、跟踪测评、发送报告、解读和反馈安排计划
3	书籍阅读	书籍确定、购买分发、阅读周期、读书总结分享要求及节点
4	导师辅导	导师确认及配对、辅导周期设计及节点、过程跟踪总结提报
5	影子计划	确定带教人、完成配对、影子学习内容安排、时间周期、结束总结
6	行动学习	行动学习八步骤的时间安排、对应工作表单和实际组织执行
7	集中授课	集中授课的内容确定、时间安排、集中交付和课后总结收集
8	短期轮岗	轮岗岗位确定、时间周期、填写轮岗计划表、过程跟踪和结束总结
9	专项任务	专项任务确认、拆解具体工作动作和时间节点、执行跟踪和结束总结
10	参加会议	参加会议类型、会议周期、跟踪参与和收获总结

运营机制的另一项内容则是学员全过程的体验设计，参与体验好的培养项目，不仅有助于提升学员的参与积极性，还对项目口碑有正向影响。有的企业认为，这些"花里胡哨"的设计是在浪费资源和时间，但要成为"别人家"的好项目，这些细节设计必不可少。我们经常看到每年高考录取结果公布后，网上就有晒录取通知书的视频，有用毛笔写的，有双份留纪念的，还有立体雕刻的，越是别出心裁的设计，越能收获一众好评。

体验设计的最终目的是创造"峰值体验"，对学员的参与感产生正向吸引力。体验设计主要围绕了四个方面开展，分别是视觉体验、物料体验、仪式体验和宣传体验。表7-19、图7-10列出了常见的体验设计点，读者可以直接套用，也可以据自己企业的特点进行参考设计，综合考虑项目目的、资源限制等因素，不宜追求所谓的极致体验。

表7-19　培养项目全流程体验点示例

序号	体验维度	具体体验点
1	视觉体验	统一主视觉、主题标识（logo）、主题标语口号、主题海报等
2	物料体验	定制服装、入学通知书、学员手册、纪念勋章、纪念笔记本和笔、学员专属桌牌、个人积分币等

续上表

序号	体验维度	具体体验点
3	仪式体验	开营/结营仪式、入场红毯签到留念、授旗仪式、集中宣誓、导师聘书、讲师邀请函、成长阶段记录盖章手册、结业证书等
4	宣传体验	过程中，通过公众号图文、抖音小视频等宣传手段进行宣传；结营时，制作结营记录视频，勾起满满回忆

图 7-10 培养项目部分体验点设计示例

十一、保障机制

体验设计是为了增强吸引力，保障机制是强调要求，保障机制也是围绕提高学员的参与性，设置参与要求，主要包括四个方面：纪律要求、学分制、退出机制和激励机制。

（一）纪律要求

从多个维度强化项目参与的纪律要求，分别有请假、缺席、迟到/早退、作业和课堂纪律。

- 请假：原则上不允许请假，如遇到必须请假的情况，需至少提前1周请假，需由直接上级逐级审批至总经理，请假邮件同步抄送项目组。
- 缺席：单次缺席扣除个人积分5分，直接影响优秀学员评审；单次缺席且未提前报备扣除个人积分10分，直接影响优秀学员评审；缺席2次以上直接退出学籍。
- 迟到/早退：课程迟到/早退，每次扣除个人积分5分。
- 作业：作业超时未交/未完成，每次扣除个人积分5分。
- 课堂纪律：严禁使用电脑办公，手机放入"停机坪"。

（二）学分制

将不同的学习活动积分化，同时过程不同通晒，不仅有利于参训管理，在项目结营时也是学员评优和项目总结的有力参考，见表7-20。

表7-20 培训学员积分制示例

方式	积分规则
IDP	按时制定完成积10分、日常跟踪达成5分/次
测评	测评按时完成积10分、反馈完成3分/次
自我总结	按时完成总结5分/次
集中授课	正常参加10分/次，现场张贴积分榜，小组按照总分值排出1~4名，分别奖励团队积分20分、15分、10分、5分，个人转训5分/次
行动学习	按时提交相关材料10分/次、过程研讨会正常召开3分/次，每次汇报前3名，分别给予15分、10分和5分
线上微课	学完规定推送的主题5分/次
书籍学习	学完3分/次，分享至学员群2分/次
关键经历	根据经历的业绩产出，上级给予1~10分打分
项目历练	根据项目的业绩产出，上级给予1~10分打分
导师辅导	按时完成5分/次

（三）退出机制

该机制是指学员达到了某种程度，就必须退出培养项目，对学员而言是最重的处罚方式，在实践中不到最后时刻，一般不会启用。该机制主要是起到震慑作用，同时是督促学员参与活动的有力武器。示例如下：
- 线下学习：集中线下授课缺席2次，行动学习超过一半的活动不参与。
- 作业提交：2次作业未交。
- 实战部分：项目组定期检核完成进度，明显滞后的个人。
- 日常表现及行为规范：绩效为C；人才盘点①②③格；管理失职；违反公司规章制度等。

（四）激励机制

对于表现较好的学员进行特别表彰，涉及物质激励和精神激励。
- 个人激励：项目结束，个人积分前5名——优秀学员称号+奖杯，全员邮件宣传，文化墙张贴，奖金池专项激励5 000元；个人积分第6名至第10名——优秀学员称号+奖杯，全员邮件宣传，文化墙张贴，奖金池专项激励3 000元。
- 团队激励：单次线下集中培训第一名小组——精美礼物；整体项目结束积分排名第一名小组——优秀团队称号，全员邮件宣传，文化墙张贴，奖金池专项激励团队10 000元。
- 实战激励：若轮岗，年度绩效整体为绩优，并被盘点为高潜，个人专项奖励3 000元；行动学习实战，结项时认定完成的前3个小组，分别奖励10 000元、8 000元和5 000元。

十二、开营仪式

开营仪式象征着培养项目的正式启动，各项培养活动正式进入执行周期。目的主要有两个：一方面，邀请管理层站台，体验企业对人才培养工作的重视；另一方面，是向各参与方和支持方释放明确的信号，各项工作要陆续启动开展。

一般情况下，开营仪式与第一次集中授课合并进行，主要内容包括：学员签到、项目介绍、嘉宾致辞、管理层致辞、学员代表发言、集体宣誓、合影留念、团队破冰等环节，见表7-21。

表7-21 培养项目开营仪式流程示例

序号	仪式环节	时间安排	具体活动
1	学员签到	8:40—9:00	准备签到墙，学员和参会嘉宾提前入场，利用记号笔进行签到，并安排摄影师拍照留念
2	项目介绍	9:00—9:20	主持人开场介绍，项目负责人就项目的整体设计进行介绍，对关键事项和节点进行重点说明
3	嘉宾致辞	9:20—9:30	嘉宾可就自己的感受、经历和项目价值进行致辞

续上表

序号	仪式环节	时间安排	具体活动
4	管理层致辞	9:30—9:50	管理层从管理层面提出期待和要求，并表示支持
5	学员代表发言 集体宣誓	9:50—10:00	学员代表发言，可围绕感受、感恩和决心等维度并带领全体学员进行学习投入宣誓
6	合影留念	10:00—10:10	全体参会人员进行合影留念，嘉宾和管理层通常可离场
7	团队破冰	10:10—11:00	简短的中场休息，组员进行破冰热身，并共同研讨小组管理机制，结束后进入正式的集中学习

十三、日常跟踪

日常跟踪是保证运营规则落地和项目顺利执行的关键环节，也是工作量最大、最考验落地执行能力的环节，是项目成功与否最大的挑战。做好日常跟踪除了严格按照既定的工作节奏推进外，还需要掌握三个跟踪秘诀，分别是勤、活、沉。

勤，指的是执行落地盯得勤、盯得紧。毕竟进入培养项目的通常都是高潜优秀员工，其本身工作任务繁重，仅靠他们的自主自驱，运营制度的规范，各项培训活动不太可能自发地完成，这就需要项目执行团队紧盯项目节奏，过程中不断督促学员完成相关活动。

活，指的是执行过程要灵活应对变化。一个残酷的事实是，尽管一开始设计了学习旅程，拟定了详细的执行计划，但往往多数情况下都会发生变化。例如原定的集中授课计划，因为老师的时间冲突必须调整，原定的行动学习过程汇报，由于领导评委的时间不好协调被迫改期，因此落地执行在强调计划性的同时，必须具备变化意识，预留弹性空间，灵活应对变化。

沉，指的是沉淀经验与总结经验教训。整体项目执行过程中就要注重经验总结沉淀，涉及的众多环节和活动，都遇到过哪些问题，最后都用了哪些有效的方法予以解决，并记录在共享文档中，不仅项目组其他成员可以及时参考，等到项目结束总结复盘时也可以作为材料输入。

十四、评估衡量

项目从设计到执行，走完了完整的周期，进行评估衡量需要对照开始设定的培养目标，看是否达成了既定的结果目标，能够非常直观地看到项目效果。例如高潜继任培养项目，一个常用的评价指标梯队储备度，即符合条件要求的继任者占待继任岗位的比例，看这个指标是否达到目标要求来评价项目效果。与此同时，我们也需要认清一个事实，那就是清晰明确的结果指标固然重要，但人才的成长需要天时、地利与人和，过程中受很多因素的影响，经过精心设计的培养项目是重要催化剂，但并不是唯一的决定性要素。

认同了这一点，我们不仅要衡量结果指标是否达成，还需要对整体人才培养项目进行有效性评估，了解更多的过程信息，此部分内容将在下一节详细阐述，此处不展开。

十五、结营仪式

伴随着各项培养活动执行完毕，整体项目就迎来了结营仪式，这与开营仪式相对应，一头一尾。结营仪式代表项目整体结束，需要进行总结回顾和参与人表彰，通常包括的环节有：项目整体回顾、颁发结业证书、优秀学员表彰激励、学员代表发言、领导致辞等环节，一般不需要太长的时间，基本控制在1个小时左右即可。

其中，项目整体回顾除了常规的项目设计回顾、执行过程回顾和一些成果产出回顾外，为了增强体验感，可以将过程中的照片、视频、团队、导师寄语等内容，按照时间顺序制作成一段回忆视频，让学员在收获和感动中结束这次学习之旅。

十六、复盘提升

项目结营仪式后，对于学员而言是一个培养周期的结束，但是对于项目方而言，还需要进行复盘总结，实现培养项目真正的闭环。复盘的价值在于总结提炼项目执行过程中的经验和教训，分析每一种培养方式的有效性和执行过程中经验点，从而为其他培养项目提供有价值的参考。

培养项目复盘主要包括：复盘时间、复盘参与人、复盘内容和经验教训总结。

复盘时间最好是项目结营后的2周内，不建议结营后立刻进行，毕竟一个长周期的项目结束，团队成员需要休整，最晚也不能够超过1个月，时间太久容易遗忘细节，也可能过了"热乎劲儿"，导致出现"走过场"现象。

复盘参与人主要是项目团队成员，此外一些核心培养活动的复盘，例如导师制、行动学习等，也可以适当邀请配合方参与，毕竟从外部配合参与方的角度反馈的信息更容易暴露一些不易发现的问题。

复盘内容是复盘总结的核心，此处建议根据项目实践周期，从前到后，复盘每一个过程活动，总结该活动做得好的地方、有瑕疵的地方，以及过程中是否采取了必要的调整优化措施。

通过经验教训总结，最终形成一份完整的项目执行"避坑指南"，不仅能够帮助项目成员迭代未来的项目设计和执行，还能够给予其他人借鉴，使更多人受益。

第七节　人才培养项目评估 4P 模型

任何培养项目的有效评估既是重点也是难点。如果说不清楚培养项目的影响点，那么就很难证明人才结构的改善是培养的功劳，这时候数字本身和培养项目都会受到质疑。因此，需要对人才培养项目进行更为全面和细致的评估，来完整地呈现项目价值。

在这方面，唐纳德·L.柯克帕特里克教授在1959年提出的方法"柯氏四级评估模型"提供了很好的框架指引，到现在已经有60多年的历史，全球各大企业也在实践这个方法，应用非常广泛。该模型将培训评估划分为四个层面，分别是反应评估、学习评估、行为评估和结果评估。基于该模型的底层逻辑，下面拆解人才培养项目的价值逻辑。

第一，培养项目提供的知识技能和培养方式，要能够真正解决学员的痛点，对学员而言有用，这是最起码的要求。如果没有这个基础，其他的改变均与培养项目无关。

第二，学员学习到的这些有用的内容，是否真正应用到实践，解决了自身的业务或者管理问题，是否产生业务价值。如果没有应用，作用也无从谈起。

第三，学员在实践知识、解决问题之后，是否将过程中的所思所想所做沉淀为能力，后续遇到同类问题可以触类旁通。

第四，能力的产生是否真正对最终的业务结果产生持续的看得见的正向影响，相关的业绩指标是否变得更优。

由此，提出人才培养项目整体效果评估的4P模型，分别从感知层评估（perception）、实践层评估（practice）、能力层评估（competence）和业绩层评估（performance）四层递进展开，由浅入深，围绕个人到集体、输入到输出、短期到长期，对人才培养项目进行全方位的评估，如图7-11所示。

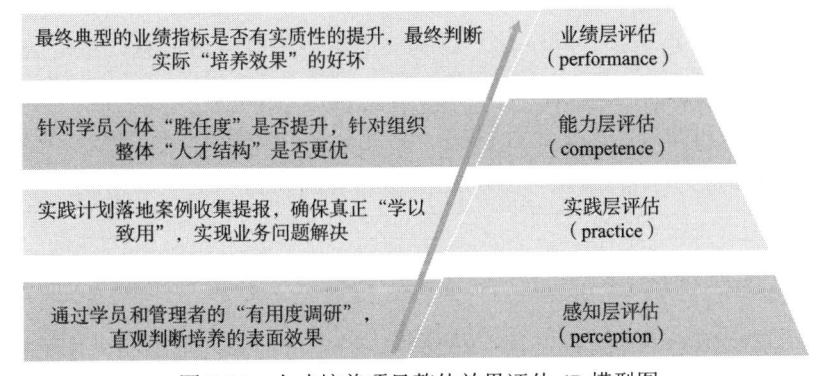

图 7-11　人才培养项目整体效果评估 4P 模型图

一、感知层评估

培养活动是否有用，往往在学员参与之后就可以直观判断，一般可采用有用度调研来操作，区别于常见的满意度调研，有用度调研更注重实际效果。满意度还是局限在活动本身，满意度调研的三要素是课程、讲师和组织，这与学员的实际难题链接不够紧密，虽然课程内容丰富、完整，讲师授课方式新颖，组织安排妥当，但不针对问题依然是隔靴搔痒。

有用度调研建议包括两部分内容：定量打分和定性感受。定量打分包括三个方面：工作关联度、问题解决度和工作收获度。定性感受则是收集学员的参与后感受，对自身的启发比较大，工作中会有帮助的内容，见表7-22。

表7-22 培养活动有用度调研示例

序号	评估维度	评估内容
1	工作关联度	该内容与你的工作联系度如何？（0~10分打分）
2	问题解决度	该内容在多大程度上有助于解决你之前的工作难题？（0~10分打分）
3	工作收获度	就该内容而言，你学习结束后感受到自身的收获如何？（0~10分打分）
4		该培训内容，你收获最大的三个方面是什么
5	延伸调研	你对本次的培训主题"×××"还有什么问题和建议

二、实践层评估

学以致用是最朴素的期望，也是基本要求。在感知到学习内容有用的前提下，如何促进学员实践所学。由于工作惯性的存在，仅靠内部倡导和学员自觉实际上达不到应有的效果，引入实践层评估，不仅是一种保障手段，还可以检查学员知识的掌握程度，同时一定程度上解决实际问题，一举三得。

实施实践层评估，最重要的是学员提交实践案例，将他们在知识应用转化过程中遇到的问题、解决的步骤、过程中的实际障碍、最终如何突破取得成果等内容描述出来，不仅是总结更是一种沉淀，将类似的案例进行整理汇总，进行公示传播，其他员工也可以借鉴学习。

案例故事编写的方法上文已经说明，不再重复，收集案例的过程，需要项目组成员跟催，同时把握案例质量，要阐述清楚具体的问题和采取的措施，避免"假、大、空"。

三、能力层评估

能力层评估围绕两个层面开展：个体胜任力是否提升，组织的人才结构是否优化。人才结构实际上反映组织员工群里胜任力水平是否优化。

个体在系统地学习知识并实践锻炼之后，如果没有实现能力提升，就说明白忙活一场。只有沉淀为员工能力，具备持久性，才能在日后的工作中不断解决出现的新问题。个体胜任力的评估一般采用对比法，即培养前后对测，通过分数高低判断能力变化，最常见的评估手段是360度考评，在培养项目结束后一段时间内采用相同的行为评估项，相同的评估人对个体再进行一次评估，分数提高则可以说明能力得到提升。

人才结构即提到的直接数量结果。如果是后备梯队培养项目，可以使用梯队储备度指标，该指标变优，说明符合条件的梯队人员数量变多了，人员胜任力得到了提升。如果是在岗胜任度提升的培养项目，可以使用合格胜任率指标，该指标变优，则表明在岗人员的胜任度得到提升。空缺岗位内部选拔满足率指标变高，表明内部人才越来越能满足业务需求，整体人员能力获得提升。

四、业绩层评估

取得业绩是培养项目最重要，也是最希望得到的结果，具有最强的说服力，但也是最难衡量、最难说清楚的。这个层次的评估要区分来看，综合考虑学员群体性质和是否能通过直接量化指标来衡量。如果答案是肯定的，则更容易操作业绩层评估，否则可能需要更长期的跟踪和观察，如图7-12所示。

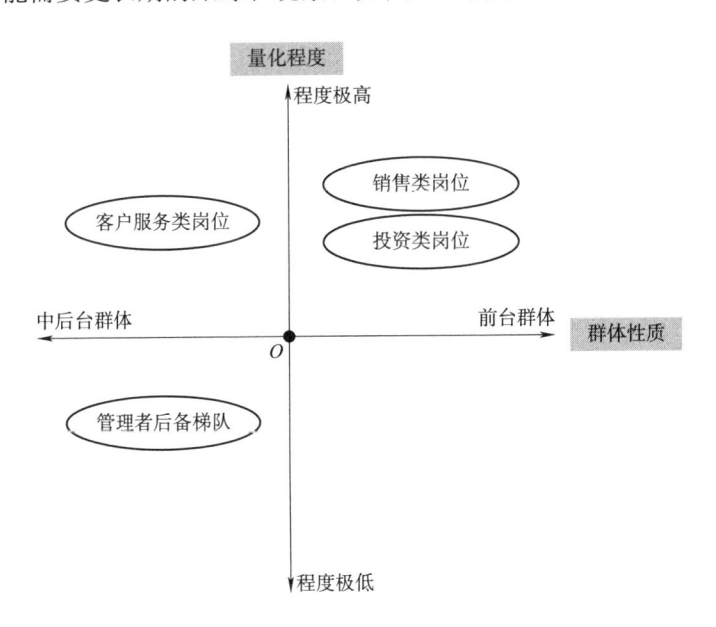

图7-12 业绩层评估可行性分析示意图

针对销售和投资经理这类前台群体的胜任提升培养，通过一系列系统的学习和实践，假设行之有效，在外部市场没有重大变化的情况下，逻辑上销售业绩会有提升，这种情况下用销售数据是否提升作为业绩层评估则相对合理。如果是创意设计、产品研发、服务管理这类中的群体，在短时间内通过培养实现岗位业绩产出的明显变化似乎不太现实，但这并不能说明培养无效，可能需要更长时间的跟踪。如果是针对梯队人才的培养，多个部门选拔的梯队人才，培养后再次散落回到各个部门，对业绩的影响将更加难以直接衡量。

虽然业绩层的评估有适用的场景，但这并不影响将它作为评估培养项目是否有效的终极衡量。一方面，是导向指引，任何培养项目的终极目标都是支持业绩达成，要求项目设计之初，就要始终围绕这个方向；另一方面，任何项目都要去寻找和设计那个可以衡量自身价值的业绩指标。需要提醒，业绩是终极衡量，但并不是任何时候、任何场景都要"一刀切"地要求取得业绩成果，评估也需要方法灵活。

第八章

人才任用激励：多维任用，激活动力

经过人才标准、评估盘点和培养提升，已经掌握了企业的人才资源状况。好比一场牌局，完成了摸牌，接下来就是怎么打好牌，赢下这场游戏，人才的任用和激励好比是企业经营这场商业游戏中不断地出牌，目的要实现人尽其才、才尽其能。人才任用和激励是人才发展飞轮模型的最后两环，不仅是检验前面工作是否有效，同时也是判断能否真正支撑组织能力，从而达成业务目标的重要抓手。这个任用的过程中，业务在变化，人员在变化，任用激励策略也在变化，这预示着新的人才发展飞轮模型的启动。

如何更好、更科学地实现对人才的任用和激励正是本章要阐述的内容，两者相伴相随并非割裂分开，合理任用能实现对人才的激励，激励恰当更能激发人的潜能。

第一节 人才任用四大导向

总体上，应该遵循一条基本规律，即坚持"看能力、传压力、促活力、激动力"的"四力原则"。这反映了对人才的任用，要坚持以业务结果为导向，基于岗位的能力要求，实现人和岗位匹配的机制化，将合适的人放在合适的岗位上，实现业绩。在具体实践上，要坚持以下四大人才任用导向。

一、战略导向

人力资源专家布莱恩·贝克尔等人合著的《重新定义人才：如何将人才转化为战略影响力》一书，详细地阐述了以战略为先，识别战略性关键岗位，通过差异化的人才任用策略，实现将"把A类人才放在A类职位上，为A类客户创造价值"。

二、能力导向

坚持人才能力与岗位要求相匹配，但又不能追求极致匹配。这不仅是因为所谓的完美匹配在现实中不会存在。假设一味追求，则出现"人等岗"或者"岗等人"的情况，前者是对资源的浪费，后者则会错失发展机会。京东在内部人才任用上也有"七上八下"的理念，即能力准备度在70%的情况下，就可以大胆启用，在实践中锻炼提升。

三、开放导向

保持人才的开放流动，在国内许多大型科技企业已经非常常见，百度在2011年就开始实施干部轮岗制度，华为、阿里巴巴、腾讯、京东等企业也都有类似的管理要求。保持人才的开放流动，将"我的人才"变成"我们的人才"，不仅让充分实现人才任用价值成为可能，还是防止小团体化的利器，从而杜绝人才板结化。

四、机制导向

"无规矩不成方圆。"要用机制实现对人才的高效率任用。虽然每一个任用决策都是由管理者做出，但这并不意味着可以随意发挥，必须遵守管理规则和要求。在岗任用的目的是要实现对员工绩效产出的管理，目标的设置、过程的跟踪辅导、事后的反馈提升等都需要有相关工作机制作为保障和支撑，例如在哪个节点启动哪项工作、相关工作的要求标准是什么等。一旦失去机制的控制和约束，势必造成混乱和无序，最终可能带来毁灭性的管理灾难。

第二节 在岗任用

从微观的角度看，一个管理者要实现对团队下属的高效任用管理，有太多的知识、技巧和工具。但是下文要呈现的内容则是从宏观管理的角度，站在企业管理的角度，通过搭建三层次的用人机制，实现高质量的任用管理，持续传导业务压力，保持人才活力，激发人才动力，如图8-1所示。

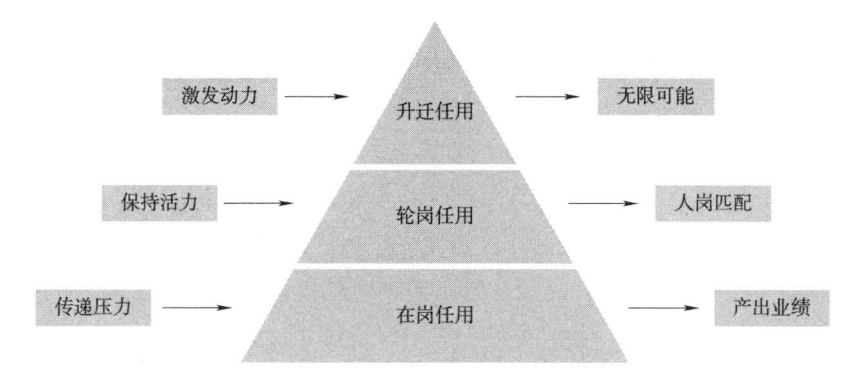

图 8-1 三层次人才任用机制全景图

无论多么正确的战略决策和业务规划，最终都是靠无数的员工个体进行分解承接，每一名在岗员工能否产出符合要求的绩效成果至关重要。企业人才任用机制的基础层，就是要抓好在岗员工的绩效管理，层层传递压力，最终产出业绩。

一个完整有效的绩效管理循环，可以用 PDCA 循环来说明，PDCA 循环是由美国质量管理专家戴明提出来的，又称"戴明环"。PDCA 循环包括四个环节，分别是：P（plan）绩效计划，D（do）执行实施，C（check）考核反馈，A（action）结果应用。完整的绩效循环，读者可以参阅市面上关于绩效管理的书籍资料，非本节论述的内容，此处主要聚焦如何制订绩效计划。

科学制订绩效计划，掌握一个原则、一个工具。一个原则是SMART原则，一个工具是华为的个人绩效承诺书（PBC）。

一、SMART原则

SMART原则是指在设置绩效目标时通常需要遵循的五个原则，避免目标设定模棱两可，确保科学有效，如图8-2所示。

- S代表具体（specific），用具体明确的语言说清楚要达成的目标范围，不能含糊或者笼统地制定目标。
- M代表可度量（measurable），指绩效目标是数量化或者行为化的，验证的数据或者信息是可以获得的，是检验目标是否达成的依据。

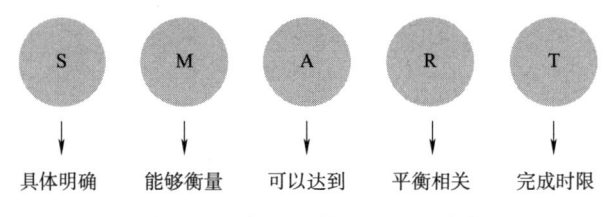

S 具体明确　M 能够衡量　A 可以达到　R 平衡相关　T 完成时限

图 8-2　目标设定的 SMART 原则

- A 代表可实现（attainable），指绩效目标在付出努力的情况下可以实现，避免设立过高或过低的目标。如果付出了很多心血都无法达成就容易放弃，如果轻松可以达成则可能根本不付出努力。
- R 代表相关性（relevant），指本目标是与工作的其他目标是相关联的，是与本职工作相关联的。如果没有关联或者关联度很低，这个目标达到了也没有意义。
- T 代表有时限（time-bound），注重完成绩效目标的特定期限，是一个月、一个季度、半年还是一年，在制订目标计划时要根据事情的轻重缓急，有侧重地分配时间。

二、个人绩效承诺书

拟定个人绩效承诺书（PBC），目的在于通过任务的层层分解，实现责任传导，让各级管理者和员工做出书面承诺，形成绩效契约合同，按照一定周期滚动管理刷新，帮助管理者和员工明确目标和努力的方向，避免事倍功半，将组织绩效目标落实到业务单元，再落实到个人，保证业务落地执行。

一份完整的个人绩效承诺书主要包括五个部分，示例见表 8-1。

关键组织目标：对管理者而言，是指其所负责部门组织的绩效目标；对员工而言，是指其所在最小部门或团队的绩效目标。首先，需要有清晰合理的组织目标，这个制定和沟通的过程，也是实现团队上下同欲、力出一孔的过程，团队每个人都要清晰知晓团队的整体目标并始终围绕此目标规划自己的工作。

个人绩效目标：包括数量型指标和关键工作任务。并非全部工作任务，而是关键的、重点的、方向性的工作，既包括结果，也包括完成结果要去执行的过程关键工作任务。

能力提升计划：目标的实现要靠个人专业能力的支撑，针对绩效目标的达成，自身要提升的能力有哪些，打算采取哪些行动，实现绩效达成和能力提升的正循环，这部分计划的完成情况不作为绩效评价的内容。

员工自评综述：主要是员工对考核周期内的工作结果和表现进行总结自评，复盘反思。

上级主管评价意见：对被考核者的总体评价，包括个人业绩目标和能力提升计划的完成情况，既有亮点肯定，也有改进建议。

表8-1 个人绩效承诺书示例

姓　名			部　门				岗　位		
考核周期							考评上级		
第一部分：关键组织目标									
序号	考核指标	指标定义	权重	季度/半年度/全年目标			评分标准	实际完成结果	自评得分	考核得分
				门槛值	目标值	挑战值				
1										
2										
第二部分：个人绩效目标，包括数量型指标和关键工作任务									
序号	考核指标	指标定义	权重	季度/半年度/全年目标			评分标准	实际完成结果	自评得分	考核得分
				门槛值	目标值	挑战值				
1	数量KPI									
2										
3	关键任务									
4										
第三部分：能力提升计划									
序号	需要提升的能力	发展/学习活动计划			计划完成时间	完成情况及效果	自评得分			
1										
2										
期初个人确认签字及日期				期末考评上级确认签字及日期						
第四部分：员工自评综述									
自评意见（字数不超过300字）									
第五部分：上级主管评价意见									
评价意见（字数不超过300字）									
期末个人确认签字及日期				期末考评上级确认签字及日期						

第三节　轮岗任用

通过员工岗位业绩管理和能力评估，团队内的员工群体可能会出现三种可能：一部分员工不胜任岗位；一部分员工稳定贡献，希望寻求新的突破；一部分员工展现出了很高的发展潜力。利用人才盘点机制，能够实现员工的清晰分类，基本上落位在人才九宫格的左下角和右上角位置，此时通过推动内部轮岗，目的就在于实现更好的人岗匹配，是激活人才、发展人才的同时满足不同业务用人需求的有力武器。

轮岗机制，也可以称为活水机制。腾讯在2012推出人才"活水计划"，目的是建立透明通畅的内部人才流动市场机制，在帮助员工成长的同时也能够快速支持重点项目的人才需求。

一、轮岗的分类

轮岗从形式上可以划分为行政性强制轮岗和市场性自主轮岗。行政性强制轮岗，是根据组织要求安排员工流动，这种流动通常是基于两个目的：满足业务发展需要，或者促进员工能力提升。市场性自主轮岗，是员工通过内部人才市场平台，根据自身的情况内部重新选择部门和岗位，部门与员工自由自主进行双向选择，最终确认。

轮岗从涉及人群和目的上可以划分为发展性轮岗和激活性轮岗。发展性轮岗，顾名思义，更加侧重发展导向，主要针对高潜或者绩优人员，对应人才九宫格地图右上角员工。为了促进他们更好地胜任未来更高级别的岗位，而特意安排的轮岗，补充关键工作经历。例如长期在一线工作缺乏职能管理视角和经验，特意安排到总部相关职能部门轮岗，弥补经验短板，促进更全面的发展。激活性轮岗更注重激活，主要针对的是长期绩效平平甚至是不佳的人员，或者长期在某个岗位上工作，思路和视野容易固化，对应人才九宫格地图左下角员工，正所谓"橘生淮南则为橘，生于淮北则为枳"。这样的激活安排，目的在于换个环境、换个工作内容，激发新的成长动能。无论何种轮岗，目的都在于通过人才的不断调配，保持组织活力，实现人才与岗位匹配度不断动态螺旋上升式优化。

轮岗从时间周期上可以划分为长期轮岗和短期轮岗。长期轮岗是指到新岗位工作，需办理异动手续，不再负责原岗位工作。短期轮岗是指到新岗位进行岗位体验或历练，经过1~3个月的时间，结束后再返回原岗位。

要实现轮岗任用的机制化，实现岗位和人才配置优化，需要从组织层面进行专门设计和强制安排，推动员工长期性的发展轮岗或者激活轮岗。

二、轮岗机制设计

需要考虑的因素包括但不限于以下6个方面：轮岗数量要求、轮岗对象条件、轮岗路径建议、轮岗激励牵引措施、轮岗保障机制和轮岗实施流程，见表8-2。

表8-2 长期轮岗任用机制参考示例

工作维度	发展性轮岗	激活性轮岗
轮岗理念	高潜人才需要不断锤炼和考验，在不断解决新问题、大问题的过程中实现蜕变，越是优秀的人才越要轮岗	环境、工作和人际关系的变化会带来人才的新生机，打开能力的天花板，打破个人舒适区，老人做新事，激发成长新动能
轮岗数量要求	原则上不低于符合轮岗条件人数总数的25%	原则上不低于符合轮岗条件人数总数的80%
轮岗对象条件	主要针对管理岗，专业岗人才参考执行，符合任意条件即纳入轮岗范围 1. 近两年显示是管理层继任者 2. 高潜群体，近两年盘点结果至少有1次在⑦⑧⑨格，无①②③格或绩效C/C- 3. 其他绩优群体，近两年度绩效为A/A+，或者是绩优标签	管理岗和专业岗人才全部涵盖，符合任意条件即纳入轮岗范围 1. 同一岗位连续任职满3年，职责内容未发生重大变化 2. 连续2年未晋升且无高绩效A/A+ 3. 近两年人才盘点结果至少有1次在②③④⑥格
轮岗路径建议	导向锤炼人才，给予更大/重要的职责、更难的业务，弥补关键经验/经历，增强多元化业务视角，鼓励跨条线、跨职能轮岗发展	专业跨度适度，老人做新事，打破舒适区，主动刷新，优先在本部门、本体系内部同类岗位间轮岗
轮岗激励牵引措施	1. 组织绩效考核，管理岗轮岗指标纳入部门组织绩效考核作为加分项，年底进行排名，给予前3名表彰和团建奖励 2. 针对轮岗个人，给予半年周期异地轮岗补贴，按月发放，轮岗后1年内绩效表现优异者，或者在满1年后的人才盘点中评为⑦⑧⑨格，可获得晋升加薪倾斜 3. 高职级管理岗晋升，在晋升提名前的2年周期内，必须有跨部门、跨条线或者跨职能的轮岗任职经历 4. 在内部竞聘、评优表彰等场景下，轮岗人员享有优先考虑的资格	
轮岗保障机制	1. 业务保护：管理者轮岗开始6个月内，原则上轮入或者轮出部门直接下属不进行长期轮岗安排，遵循上轮下不轮原则，维护业务的整体稳定 2. 职级薪酬保护：原则上轮岗人6个月内不降级，薪酬总额不降，薪酬结构按照公司制度执行 3. 绩效保护：绩效按照新岗位进行考核，设置绩效保护期，原则上保护期为2个绩效周期 4. 盘点保护：超过3个月在新部门进行盘点，轮岗未满12个月的，本年度盘点结果可享受保护政策，原则上不可盘点至①格	
轮岗实施流程	各部门按照规则梳理轮岗资源池，确定轮岗人员，轮岗前进行轮岗沟通，发起审批流程，由轮出和轮入的部门管理者和HR进行审批	

硬币总有两面，轮岗也不例外，轮岗机制的推行，能够使需求部门找到符合岗位要求的员工，也能够促进人才发展，激活人才活力。但不可否认，也会带来负面效应，增加人才管理的成本，业务短暂的阵痛，甚至是冲击。无论如何，高潜绩优员工加速发展，不适岗员工调整和激活，也是管理者必然要面对的用人课题，强制性轮岗的推行提供了一个可行的解决方案。

第四节 升迁任用

升迁任用机制可以细分为两个方向：晋升管理和竞聘管理。晋升主要是维持原岗位不变，随着业绩和能力的不断提升，给予职级晋升认可，同时给予更大的岗位职责，促使产出更大的工作业绩。竞聘管理，是围绕新的岗位需求，更侧重管理岗需求，从现存的员工群体中选拔合适的人员配置上岗。

一、晋升管理

有的企业针对员工的晋升管理，往往没有规范的管理机制，全在管理者的主观判断，"觉得到时候了，可以晋升了"。这样近乎人治的管理方式，不仅无法形成良性的用人生态，更容易滋生管理问题，员工可能在长期的"等待"中消磨了成长的期望，极易造成"劣币驱逐良币"的局面。因此，需要搭建常态化的晋升管理机制，管理员工发展预期，牵引成长，构建良性的发展通道。

做好晋升管理的核心是晋升标准、晋升周期和晋升规则。

（1）晋升标准

这是晋升工作的前提，首先必须有各个职级的胜任力标准，运用上文中提到的建模方法，可以构建适合本企业岗位要求的胜任力标准模型。

（2）晋升周期

一般情况下，以年度为单位，可选择年度或者半年度作为晋升周期。传统行业相对稳定，企业业绩变化和人员能力变化相对缓慢，建议以年度为单位，每年进行1次集中性的员工晋升。互联网或者强调创新变化的行业，企业业务变化迅速，人员能力更有可能在快速变化中得到提升，可以半年度就进行1次员工晋升，年度2次。

（3）晋升规则

这是晋升管理的核心关键，清晰规范且保持相对稳定的晋升规则，才是保证晋升工作顺利进行的"压舱石"。晋升规则的设计包括但不限于以下方面：晋升理念原则、晋升入围标准、晋升比例、晋升组织方式、晋升结果审批和时间节奏安排，见表8-3。

表8-3 晋升规则参考示例

工作维度	具体规则内容
晋升理念原则	1. 价值观第一：价值观为纲，将价值观作为人才任用、评价和发展的第一标尺 2. 以岗位标准定级：对照胜任标准，评估候选人员，依据业绩、能力等内容判断候选人待晋升职级的适配程度 3. 逐级晋升：原则上不跨级晋升（跨级属超规特批，原则上不允许）
晋升入围标准	1. 晋升红线：最近一个年度，绩效无C/C-，盘点无①②③格，无行政处罚 2. 施行晋升积分制度：从上次晋升起的年度绩效评估中，一次A绩效积3分，B+绩效积2分，B绩效积1分，C/C-绩效无积分。年度内4个绩效周期，如果有两个A以上的绩效成绩，可额外积1分。如入职后当年无年度绩效，默认B，计1分，入职一年以内的员工原则上无晋升资质 3. 晋升目标职级不同，积分要求不同，高级经理以下积分要求2分，高级经理及以上积分要求3分 4. 各部门请按照提报条件，按照最终晋升比例的120%进行适度超额提报
晋升比例	晋升目标职级不同，晋升比例差异化控制 1. 经理级及以下不限制比例，各部分根据资格标准自行控制 2. 高级经理级晋升比例30%，以所有符合入围条件人群为基数 3. 高级经理级至副总监级，晋升比例20%，基础逻辑同上 4. 总监级及以上，不设定具体比例，一事一议
晋升组织方式	由HRBP组织成立晋升评审委员会，以晋升述职答辩的形式进行晋升评审 1. 评审会由评审主席、专业评委和IIR评委构成，总计不少于5人 2. 评委职级不低于目标职级2级 3. 评审方式计票制，候选人晋升需获得不低于70%的通过票（四舍五入） 4. 直接上级和间接上级不可作为评委，且每位评委均不可就本场所有候选人全部投通过票，否则视为无效
晋升结果审批	分公司晋升工作对接人汇总结果提报审批，完成分公司HRD和总经理审批确认，提报集团HRVP和总经理最终审批确认
时间节奏安排	1月24日完成方案审批和宣贯；2月15日前完成晋升提名提报；3月5日前完成晋升答辩评审；3月10日前完成分公司内部审批；3月20日前完成集团结果审批；3月30日前完成结果公示和反馈；4月1日系统正式生效

二、竞聘管理

当出现岗位空缺，尤其是管理岗位空缺的时候，采用内部竞聘的方式，选拔优秀人才予以任用，既满足用人需求，实现对人才的选拔任用，对员工本人而言也是一个机会，一种激励，一举两得。竞聘的操作方式与晋升的操作方式类似，首先发布空岗信息和相关要求条件，其次通过自荐和推荐的形式收集候选人，对照岗位要求，组织竞聘述职和评审，最终确定合适人选，完成审批后配置上岗。

第五节　四维激励手段激发员工内生动能

员工激励在企业管理中发挥着非常重要的作用，这一点毋庸置疑，不仅可以吸引并保留优秀人才，还能通过激励员工从而产出更高的业绩水平，助力企业发展。但我们也要看到，"摸鱼""躺平""划水"等网络用语热度持续不减，甚至已经成了职场调侃的口头禅，这样的社会现象需要引起企业界对员工激励机制的思考。过往"胡萝卜加大棒"式的激励管理方式还能否持续发挥作用？新的时代背景下，青年日益成为职场的主力军，企业应该以何种方式调动员工的积极性，为企业创造更大的价值？

一、激励是动机管理

在设计激励机制前，有必要明确一个内容，那就是激励应该聚焦什么内容。只有明确了这个内容，才能够使具体的机制落地奏效。人力资源专家伊恩·麦克雷和艾德里安·弗尔汉姆在他们合著的《激励与绩效：员工激励多样化方案》一书中，开篇就提到人们的选择及行动的结果都取决于其动机及被激励的程度，可以说，动机与激励是一切行动和一切成果的源泉。

在实际的工作和生活中，为什么不同的人面对同样或者类似的情况，表现却不一样？实际上，背后就是人们的动机不同，以及针对动机的激励方式出现了偏差，"有钱难买我愿意"说的就是这个道理。

人们同时会展现出两种不同类型的动机，分别是内在动机和外在动机。

- 内在动机，指的是任务本身的兴趣或愉悦带来的动机，这存在于个体内部而非依赖于任何外部力量的驱动，例如接手有挑战性的工作、做有意义的事情、参与决策等。
- 外在动机，指的是从事某个活动的行为是为了取得外部收入或者避免外部惩罚，外在动机来源于个体的外部，例如金钱、分数、惩罚、保险、福利、竞争等。

二、激励四象限模型

研究人们的动机离不开对人的假设，以及建立在人性假设基础上的激励理论。每一种假设都没有绝对的对与错，分别揭示了人的不同剖面，更全面地了解激励对象——人，也就更有助于企业根据不同的情景、不同的群体设置针对性匹配的激励措施，见表8-4。

表8-4 人性假设和激励理论

理论名称	核心呈现	具体内容
人的属性假设	经济人假设	最早由经济学家亚当·斯密提出,核心观点是:人的行为动机根源于经济诱因,人都要争取最大的经济利益,工作就是为了取得经济报酬。因此,企业需要用金钱与权力、组织机构的操纵和控制,使员工服从并为此效力
	社会人假设	该假设的理论基础是人际关系学说,这一学说是由霍桑实验的主持者梅奥提出来的,核心观点是:人是作为某一个群体的一员有所归属的社会人,人具有社会性的需求,人与人之间的关系和组织的归属感比经济报酬更能激励人的行为。社会人不仅有追求收入的动机和需求,在生活工作中还需要得到友谊、安全、尊重和归属等
人性假设	X-Y理论	由心理学家道格拉斯·麦格雷戈提出,核心观点是 1. X理论:人类本性懒惰,厌恶工作,尽可能逃避;绝大多数人没有雄心壮志,怕负责任,宁可被领导骂;多数人必须用强制办法乃至惩罚、威胁,使他们为达到组织目标而努力。因此,企业管理的唯一激励办法,就是以经济报酬来激励生产,只要增加金钱奖励,便能取得更高的产量 2. Y理论:要求工作是人的本性,人们喜欢工作,并渴望发挥其才能;多数人愿意对工作负责,而且能够主动承担责任,寻求发挥能力的机会;人对于自己参与的工作目标,能实行自我指挥与自我控制。扩大工作范围,尽可能把员工工作安排得富有意义,并具挑战性,工作之后引起自豪,满足其自尊和自我实现的需要,使员工达到自我激励
双因素理论	激励—保健理论	心理学家赫茨伯格提出,企业中的有关因素可以分为满意因素和不满意因素。满意因素,是指可以使人得到满足和激励的因素。不满意因素,是指容易产生意见和消极行为的因素,即保健因素 1. 满意因素:包括成就、赞赏、工作本身的意义及挑战性、责任感、晋升、发展等 2. 保健因素:包括公司政策和管理、技术监督、薪水、工作条件及人际关系等

理解了人们行为背后的动机,以及关于人的种种假设,参考"双因素激励"理论,可以总结出来企业激励机制的设计可以有两条路线:物质路线和工作路线。金钱物质属性的高低,工作本身的属性和非工作属性因素,都会对特定的对象产生激励作用,并不存在放之四海而皆准的绝对有效的激励措施。

按照这两条路线构建"激励四象限模型",如图8-3所示。

第一象限:工作属性和物质属性"双强"。围绕工作任务达成给予的物质激励,我们常见的绩效奖金、年终奖、专项奖金等都属于此类。

第二象限:强工作属性,物质属性弱。围绕工作任务本身给予的非物质激励,例如赋予有意义的工作,承担更大的职责,管理更大的团队,从而满足高成长、高成就动机员工的期望。

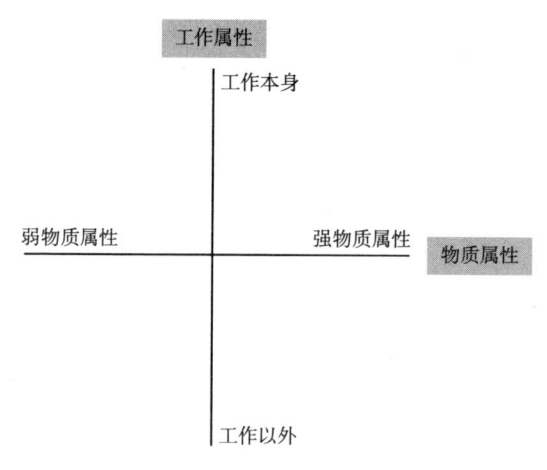

```
           工作属性
            |
            | 工作本身
            |
            |
            |
弱物质属性    |    强物质属性
------------+------------ 物质属性
            |
            |
            |
            |
            | 工作以外
```

图 8-3　激励四象限模型

第三象限：工作属性和物质属性"双弱"。这个方面的激励措施往往会被忽略，而提供学习深造的机会、构建良好的工作环境等都属于这一类。

第四象限：工作属性弱，物质属性强。像大型企业，提供非常完善的福利，甚至是员工购房无息贷款等，都属于这一类。

基于以上四个象限，围绕员工不同的动机，可以在企业层面设计统一性的激励政策，管理者在员工层面施行多样化、有针对性的个性化激励措施，根据人才盘点九宫格结果，差别化推进。下面列出了一些举措，可供参考，见表8-5。

表8-5　人才激励举措示例

激励象限	激励手段	具体内容方向
第一象限	绩效奖金	员工在本职工作上产出高绩效，可以通过给予绩效奖金的形式予以激励回报，可设置为常态化的激励手段，销售提成、项目奖金等都属于此类
	加薪激励	对于绩优、高潜的员工以年度/半年度为周期进行加薪激励，或者对于薪酬水平绝对低或者倒挂的员工进行适应性调整，适度公平
	利润共享计划	设置一定的规则，年度经营利润的一部分作为激励奖金，让员工享受到企业发展的红利，例如华为的股票分红就属于这类
	专项工作奖励	临时专项工作的突破给予奖励，例如京东每年在"618"大促期间都会推出专项激励项目，以表彰大促期间业绩突出的个人和团队
	员工持股计划	设计股票激励计划，使公司的发展目标与个人的努力方向实现一定程度的一致
第二象限	事业发展	基于员工发展意愿和个性特质，匹配更合适的工作。例如高成长动机员工，赋予更有价值的工作和更大的权责范围；不善、不愿与人谈判交涉的员工，更多地发挥专业所长；喜欢自主、灵活和追求变化的员工可以多安排趣味性、灵活自主、创新性的工作等

续上表

激励象限	激励手段	具体内容方向
第二象限	各类表彰名誉	企业可以设置多种多样的表彰和表扬，激励工作中表现优异的员工，此类激励形式灵活丰富且成本较低。例如年度评优表彰、专项表彰、管理者日常的表扬、各类竞赛排行榜、特殊成就奖、价值观奖励等
	晋升/增强岗位地位	晋升即是任用也是一种激励，或者给予有荣誉地位的职务、顾问角色等
第三象限	职业/事业发展机会	给予员工参加培训和提升个人能力的机会，提供资源和条件，鼓励学习深造和学历提升，制订专项的职业发展计划等。例如京东联合名校发起专门的项目"我在京东上大学"，提供学校资源帮助员工学习提升
	适宜优良的工作环境	工作环境往往被企业忽视，一个环境优美、办公设施齐全便利、基本生活配套完善的工作环境对员工也是一种激励和吸引，像许多互联网"大厂"都会有比较"高大上"的办公环境，费用不充裕的企业也可以布置小而美的温馨环境，关键在于是否用心
	营造轻松良好的工作氛围	作为企业经营者和各层级管理者，要努力营造舒适、和谐、愉快的工作氛围，这样的方式有很多，日常及时表扬、特殊节日道贺、团建聚会、日常沟通等
第四象限	各类福利措施	美味的工作餐、下午茶、商业保险、各类补贴慰问金、通勤班车等。像华夏幸福有"幸福+"福利体系，除了常见的形式外，还为员工提供洗衣服务，这是因为很多员工是外地且在偏远的项目上工作，洗衣服可能是痛点，可见企业的用心程度。常见的大企业也会设置员工购房基金，提供无息贷款，帮助员工实现购房梦想

以上是一些激励手段的举例，每个企业和管理者都可以围绕这四个象限设计适合自己的员工激励手段。人才激励不是一成不变的，企业和管理者要以高度的敏感性，因事、因时、因情景地推动员工激励工作，促进人才创造业绩的奇迹。

参考文献

[1] 柯林斯.飞轮效应：从优秀到卓越的行动指南[M].李祖滨，译.北京：中信出版社，2020.

[2] 尤里奇.人力资源转型：为组织创造价值和达成成果[M].李祖滨，孙晓平，译.北京：电子工业出版社，2019.

[3] 吕守升.战略解码：跨越战略与执行的鸿沟[M].北京：机械工业出版社，2021.

[4] 贝克尔，休斯里德，贝蒂.重新定义人才：如何让人才转化为战略影响力[M].曾佳，康志军，译.杭州：浙江人民出版社，2016.

[5] 蒂奇.高管继任：伟大的公司如何搞砸或迈向卓越[M].张擎，徐汉群，赵实，译.北京：机械工业出版社，2016.

[6] 韩文卿.胜任力模型咨询笔记：世界500强企业搭建方法[M].北京：中华工商联合出版社，2021.

[7] 诺姆四达集团.解码胜任力[M].北京：光明日报出版社，2014.

[8] 田效勋，李颖，刘瑞利.高潜人才：培养下一代领导者[M].北京：中国人民大学出版社，2021.

[9] 赵晓光.人才培养这样做才有效[M].北京：中国经济出版社，2021.

[10] 唐长军.行动学习画布：团队互助学习实操指南[M].北京：电子工业出版社，2019.

[11] 拉宾.如何在组织内有效开展导师制[M].刘夏青，刘白玉，译.北京：中国青年出版社，2018.

[12] 睿正人才管理研究院.识人的智慧：人才评鉴方法与工具[M].北京：机械工业出版社，2020.

[13] 何欣.重新定义培训：让培训体系与人才战略共舞[M].北京：中国法制出版社，2018.

[14] 李恩怀，张婷，罗霞.企业人才孵化器：人才培养项目设计与实施[M].北京：电子工业出版社，2020.

[15] 尤里奇，布罗克班克，扬格，等.高绩效的HR：未来的HR转型[M].朱翔，吴齐元，游金，等译.北京：机械工业出版社，2021.

[16] 邢雷.华夏基石方法：人才评价中心[M].北京：企业管理出版社，2013.

[17] 林丽萍.从零开始学胜任力模型建模与应用[M].北京：中华工商联合出版社，2021.

[18] 查兰，德罗特，诺埃尔.领导梯队：全面打造领导力驱动型公司[M].徐中，林嵩，雷静，译.北京：机械工业出版社，2018.

[19] 李常仓，赵实.人才盘点：创建人才驱动型组织[M].北京：机械工业出版社，2018.

[20] 北森人才管理研究院.人才盘点完全应用手册[M].北京：机械工业出版社，2019.

[21] 陈雨点.华为人才管理之道[M].北京：人民邮电出版社，2020.

[22] 倍智人才研究院.大五人格心理学[M].北京：企业管理出版社，2015.

[23] 曾双喜.破译人才密码：移动互联网时代的人才管理实战应用指南[M].北京：经济管理出版社，2016.

[24] 刘永中.行动学习使用手册：一本书讲透行动学习如何落地[M].北京：北京联合出版公司，2015.

[25] 李祖滨，汤鹏，李锐.人才盘点：盘出人效和利润[M].北京：机械工业出版社，2021.

[26] 闫巩固，高喜乐，张昕.重新定义人才评价[M].北京：机械工业出版社，2019.

[27] 麦克雷，弗尔汉姆.激励与绩效：员工激励多样化方案[M].龙红明，译.北京：人民邮电出版社，2020.

后　　记

  我从很早就有写书的想法，但迟迟未付诸行动，直到2021年国庆节前后，获得了一段休息的时间，开始强迫自己认真思考。自从下定决心开始写作，几乎将所有的休息时间全部投入其中，将近一年的时间，每天都是后半夜入睡，至此书完成，如释重负，同时倍感欣慰。

  在成书之际，首先要感谢这十年来工作过的企业和遇到的同事们，人生的每一步都不白走，每一段经历都有收获。过往的经历，不仅使我学习了很多知识和技能，提供的土壤和环境也使我能够有效实践我的工作方案和计划，在过程中更是得到了许多同事、朋友的关心和帮助，他们一直助力我的成长。

  要特别感谢我的爱人张当珍女士和儿子六一。写作需要投入时间和精力，也会遇到各种各样的困难，照顾家庭和孩子的重任全部落到了爱人的头上，她不但没有抱怨，反而时刻鼓励我，让我有了足够的动力坚持下来。每天少有的亲子时光是我释放压力的窗口，六一发明了很多小游戏，如"捉迷藏""开车""打枪作战"等游戏，每次都玩得不亦乐乎，也带给了我很多快乐的时光。

  愿我们都不负每一份热爱！

申晓刚

2024年1月